BRILL

世界马克思主义研究文库

马克思《资本论》中的时间范畴

[塞浦路斯] 斯塔维洛斯·汤巴佐斯◎著

郑吉伟　孙炳炎◎译

天津出版传媒集团

天津人民出版社

图书在版编目（CIP）数据

马克思《资本论》中的时间范畴 ／（塞浦）斯塔维洛斯·汤巴佐斯著；郑吉伟，孙炳炎译. —— 天津：天津人民出版社，2021.12

（世界马克思主义研究文库）

ISBN 978-7-201-18126-4

Ⅰ．①马… Ⅱ．①斯… ②郑… ③孙… Ⅲ．①《资本论》－马克思著作研究②马克思主义－时间经济学 Ⅳ．①A811.23②F091.91

中国版本图书馆 CIP 数据核字（2022）第 002553 号

Original English version of "Time in Marx：the Categories of Time in Marx's Capital" by Stavros Tombazos ISBN 97890042127263 © （2013）by Koninklijke Brill NV，Leiden，The Netherlands. Koninklijke Brill NV incorporates the imprints Brill | Nijhoff, Hotei and Global Oriental.

天津市版权局著作权合同登记:图字 02－2015－28

马克思《资本论》中的时间范畴
MAKESI ZIBENLUN ZHONG DE SHIJIAN FANCHOU

出　　版	天津人民出版社	
出 版 人	刘　庆	
地　　址	天津市和平区西康路 35 号康岳大厦	
邮政编码	300051	
邮购电话	（022）23332469	
电子信箱	reader@tjrmcbs.com	

策划编辑	王　康
责任编辑	郑　玥
装帧设计	回归线视觉传达

印　　刷	天津海顺印业包装有限公司
经　　销	新华书店
开　　本	710 毫米×1000 毫米　1/16
印　　张	23.25
插　　页	6
字　　数	280 千字
版次印次	2021 年 12 月第 1 版　2021 年 12 月第 1 次印刷
定　　价	98.00 元

"世界马克思主义研究文库"总序

习近平同志指出,在人类思想史上,就科学性、真理性、影响力、传播面而言,没有一种思想理论能达到马克思主义的高度,也没有一种学说能像马克思主义那样对世界产生了如此巨大的影响。这体现了马克思主义的巨大真理威力和强大生命力,表明马克思主义对人类认识世界、改造世界、推动社会进步具有不可替代的作用。

从 1848 年《共产党宣言》的发表标志着马克思主义诞生,至今已经170 年了。尽管时代和环境条件发生了很大变化,但马克思主义像燧石一样,历经千磨万击,更加焕发出真理的光辉,其基本原理依然是科学真理,我们依然处在马克思主义所指明的历史时代。坚持马克思主义和发展马克思主义相辅相成。发展 21 世纪马克思主义、当代中国马克思主义,必须立足于中国,以宽广的世界眼光,深刻认识马克思主义的历史意义、世界意义、时代意义和现实意义。

当前世界形势正在发生深刻复杂的变化,世界正处在百年一遇的历史大变局之中,产生了大量错综复杂的现实难题和全球性问题,提出了大量亟待回答的理论课题。这就需要我们加强对时代和当代世界的研究,分析把握其出现的各种变化及其本质,深化对资本主义和国际政治经济关系深刻复杂变化的规律性认识,把握全球化发展的趋势和新科技革命的机遇及挑战,探寻世界和平与人类发展进步的可靠路径。马克思主义是正确揭示人类历史发展规律、实现无产阶级和人类解放、追求人的自由而全面发展的科学理论,具有与时俱进的理论品质。坚持和发展马克思主义,必须用宽广的世界视野,全面把握世界马克思主义发展的历史和整体现状,及时跟踪当代世界马克思主义思潮,密切关注和把握国内外马克思主义研究新成果,从而推动我们对当代世界与中国发展中的重大理论和重大实践问题进行系统的、全面的、深入的研究,进一步坚定"四个自信"。

综观当代世界马克思主义思潮,不少学者对资本主义体制性危机困境、结构性矛盾以及生产方式矛盾、阶级矛盾、社会矛盾、治理困境等进行了多层次、多角度的批判性揭示,对资本主义危机、资本主义演进过程、资本主义新形态及本质进行了深入分析,对社会主义制度的发展和完善、社会主义现代化的实现路径、人类命运共同体的构建进行了积极探索,对中国特色社会主义思想进行了深入研究,对各马克思主义流派之间的对话和批判进行了科学探讨。这些研究有助于我们正确认识资本主义的发展趋势和命运,准确把握当代资本主义的新变化、新特征,加深对当代资本主义变化趋势的理解,同时也能彰显社会主义制度的优越性,推进马克思主义中国化时代化大众化。学习研究当代世界马克思主义思潮,有利于我们立足于时代特征,更好地运用马克思主义观察时代、解读时代、引领时代,真正搞懂面临的时代课题,深刻把握世界历史的脉络和走向;有利于我们以正在做的事情为中心,深入总结中国特色社会主义实践,更好地实现马克思主义基本原理同当代中国具体实际相结合。

在具体实践中,马克思主义在西方文化语境中已经与各种批判理论相结合,我们应当对其进行批判性认识。20世纪70年代以后,西方马克思主义涌现出众多与特定的批判理论相结合的流派,主要包括分析的马克思主义、生态学马克思主义、女权主义马克思主义、文化的马克思主义、发展理论的马克思主义、后马克思主义,等等。这些流派研究方法各异,立场也不尽相同,甚至存在着对马克思主义的误解、误读与曲解。对此,我们既不能不加甄别地囫囵吞枣,也不能囿于教条故步自封,而是要放眼世界,对世界马克思主义研究成果概而观之,才能对其优劣长短作出富有说服力的判断,从而做到吸收其精华,剔除其糟粕。马克思主义已深深嵌入当代世界文明的发展之中,经过一代又一代学者的传承,成为把握时代精神并且引领世界思想潮流的话语体系。随着中国经济的迅速崛起及2008年资本主义金融危机的爆发和蔓延,我们在新时代面临的诸多问题使国际思想界更加重视对马克思主义的研究,马克思主义已经成为国内外学者,尤其是左翼学者理论建构的重点。这为在全球化的背景之下,深入研究新时代中国特色社会主义的理论与实践提供了更丰富的思想资源。

基于新时代所提出的新要求以及马克思主义理论发展本身所蕴含的实践性和开放性研究要求,为推动马克思主义研究,特别是世界马克思主义思潮的研究,我们决定编译出版"世界马克思主义研究文库"。本文库从国内外马克思主义研究的经典文献和最新成果中,选择具有重要理论和现实意义的作品,持续推出系列成果,其中的部分作品将在已有译介的成果基础之上重新加以整理和译校。

本文库秉承经典与前沿并重的原则,内容涵盖以下四个专题:

一是"马克思主义经典文献系列"。我们将通过对一些原始文献进行权威而准确的翻译,适当填补国内相关文献译介的空白。这一方面可以推进我们对马克思主义发展史的研究,彰显马克思主义理论的连续性和丰富性;另一方面也有助于我们回顾历史,反思社会主义发展过程中的经验和教训,进一步坚定马克思主义信仰和社会主义信念。

二是"西方马克思主义经典系列"。西方马克思主义包括由卢卡奇等人开创的解释路向及其后获得发展的诸流派,是在当时的历史背景下对西方社会主义道路的理论探索,为马克思主义的发展提出了一系列重大理论和实践问题。这些思考无疑推进了马克思主义的理论阐发,并且彰显了马克思主义理论内在的生命力。回归相关经典,有利于我们理解西方马克思主义与马克思主义之间的关系,也有利于推进对马克思主义传播的研究。

三是"马克思主义的当代阐释系列"。一方面,西方资本主义出现了许多新现象、新变化,2008 年爆发的金融危机使世界上很多有识之士深刻反思当代资本主义的危机和弊端;另一方面,中国作为世界上最大的发展中国家,在经济快速崛起的同时,也在走近世界舞台的中央,在全球治理中发挥越来越重要的积极作用。因此,关注国内外学者关于马克思主义的新近研究成果,了解他们如何看待资本主义的危机以及如何回应新自由主义的挑战,将有助于我们在把握资本主义新变化的同时,推进对马克思主义经典文本的当代解读,进而更好地回答一系列人类所共同面对的全球性问题。

四是"马克思思想研究系列"。马克思、恩格斯科学理论的创立,对各理论学科和专业,以及世界社会主义运动产生了广泛而深刻的影响。当我们在新的时代背景下再次回到马克思的经典思想,我们仍能深刻感受到马克思与时代同行的脚步。马克思的理论无疑是一座博大精深的思想"富矿",通过引介当前国外学者对这一思想"富矿"不断深入挖掘所取得的理论成果和收录国内权威、新锐学者的经典或前沿作品,借以呈现其对马克思思想阐发的多重视角,将有助于我们拓宽研究视野,进一步推进马克思主义及其中国化的理论创新。

在选编和选材的过程中,我们力求体现出以下三个特点:

一是理论性。我们将选取具有重要理论意义和学术价值的研究成果。尽管研究者运用的方法、材料和数据不同,一些观点和理论也不尽相同,甚至相反,但都充满着理论逻辑和理论探讨的火花和灵感。当然,书中的观点和立场并不代表选编者的观点和立场,相信学术同人自有慧眼和判断。

二是综合性。世界马克思主义流派纷繁复杂,国内外研究马克思主义的相关成果涉及方方面面,包括经济、政治、文化、社会、生态等各领域,我们力求选取有代表性的研究成果。

三是前沿性。正确的理论是对历史、时代、实践提出的问题的科学回答。实践的变化发展必然会提出新问题,产生新情况,这就要求马克思主义者必须站在时代前列,反映时代进步的要求,必须抓住时代主题,回答时代提出的问题。我们将选取具有理论创新性、学术前瞻性、反映当前热点和焦点问题的一些研究成果。

党中央高度重视马克思主义理论研究和建设工作。随着中国特色社会主义进入新时代,随着马克思主义理论研究和建设工程的纵深推进,中国共产党不断开辟马克思主义理论发展的新境界。马克思主义理论研究不断取得新成就,学科体系、教材体系、话语体系建设不断取得重要成果,国内外学术交流日趋活跃,研究成果不断涌现且质量日益提高。本文库由中央编译局的有关专家学者和相关高校、科研院所的专家学者通力合作,编译出版国内外研究马克思主义的代表性成果,力求为推进马克思主义事业做出应有的贡献。

季正聚

2017 年 12 月写于北京

献给丹尼尔·本赛德、乔治·拉比卡、琼－玛丽·文森特

目　录

第一部分 ｜ 生产时间

第二部分 | 流通时间

第三部分 | 有机时间:生产时间和流通时间的统一

英文版导言

本书首版是在法国这一相当不同的社会、政治和经济环境中写成和出版的。本书的写作是在 1988 年至 1991 年之间(1994 年出版)。这时，苏联解体,柏林墙倒塌,主流媒体宣扬资本主义取得决定性胜利。

我的政治和学术传统从来不属于与斯大林政权本质相关的左派的其他传统,但是几乎不客观的历史也没有宽恕我们。在那种特殊的背景下,人们很难将很多时间花在一个"确定死亡和被埋葬"的思想家上。但是坚强的信念使我们从事这种工作,将其在不确定的时间遗忘在抽屉里是一种冒险:马克思并不是 19 世纪的人物,他也不主要分析英国资本主义。更为关键的是,他"揭示了"商品这一现代财富的细胞形式,他在其中发现的整个世界仍然构成我们社会的、物质的和精神的整体。当前,马克思的一些著作——特别是《共产党宣言》——比《圣经》卖出的还要多。这绝不是偶然的:马克思的目标在地域上已经传播开了,已经渗透到生活的各个方面,甚至是最亲近的生活。

这就是为什么迟早会超越媒体炒作的(media – hype)、臆想的历史"终结"的原因。马克思将重新出现在公开的舞台中央。事实上,他从来没有缺席。他属于一种奇特的现实,甚至当他缺席时,他实际上是在场的。马克思部分地是雅克·德里达(Jacques Derrida)所称的"幽灵现实",或简单地说就是"幽灵":

如果存在类似于幽灵的东西,那么有理由质疑在场的秩序,特别是质疑在场、在场的实际现实与相反的任何东西之间的界限:缺席、不在场、非有效、不准确、虚幻,甚至总体上是幻影,等等。首先质疑在场本身的当代性。①

这在根本上意味着当前或有效的在场的另一面不是可能不被提及的其他状况即无关紧要的其他状况,而是它本身的其他状况,一种决定性的缺席,一种出场的缺席。我们时代的困境和恐惧——尽管它们的幽灵的诸多咒语继续令人担忧地呻吟——将如何以不同的方式进行解释呢?

本书不仅不同于对马克思著作特别是《资本论》的写作时间和出版的历史解读的趋向,也不同于与法国主导的马克思著作特别是《资本论》解读方式相关的趋向。法国马克思主义的主要演化方向是将马克思从它"黑格尔的"遗产中"解放出来",强调马克思青年时期和成熟时期著作的"认识论断裂",本书在《资本论》中"发现"一个更加"黑格尔的"马克思。本书的目标不是否认马克思青年时期和成熟时期著作之间的本质差异(essential differences),而是强调《资本论》的"科学"是"德国的科学"(运用马克思自己的表达方式),即不是量反对质、普遍性反对特殊性、本质反对表象、观念反对现象、规律反对趋势、真理反对谬误、哲学反对经济学、政治经济学批判反对政治经济学、必要性反对偶然、逻辑反对历史的科学。"德国的"首先要求黑格尔的辩证法必须从它应受的一些方面进行阐述。这也意味着诸如拜物教、异化、对象化(reification)、错误的意识(false consciousness)等观念——没有这些观念,就不可能理解资本主义社会关系——可以用极为严谨的方式来表达。马克思的优点是修复了"模糊性"和"神秘性",作为理解社会世界的必要步骤,同时将它们融入现实的理性和去神秘化的理论中。

---

① Derrida,1994,p.39.

本书现在重新出版，这次是在当前仍然没有走远的资本主义大危机的背景下以英文出版。这次危机不仅仅是处于已经走向崩溃边缘的放松管制的金融体制的危机，而且是自 20 世纪 80 年代初以来逐步实施的资本再生产的新自由主义的危机。更具体地说，这是源于新自由主义努力恢复利润率的"有毒的"资本主义的危机。在这个意义上，当前的危机是应对 20 世纪 70 年代危机的措施的危机。随着当前危机的爆发，始于 20 世纪 70 年代的收缩长波大大加深，尽管新自由主义极为成功地强化了社会不平等，社会不平等从来没有像我们今天这么严重。资本主义是能够将技术和工具性知识的最深刻发展与最大的社会衰退结合起来的社会体制。伴随着空前规模的自由灾害的威胁，这些因素构成一个真实的文明危机。

本书从马克思角度将危机看作由于资本的三个根本"节奏"的矛盾结合起来而引起的经济"失常"——①价值增殖的节奏，②生产资料的再生产节奏，③商品价值的实现节奏。本书不仅有助于理解收缩的长波，而且有助于理解当前阶段即自 2007 年以来的危机：对马克思来说，危机并不必然是由利润率下降引起的，因为利润率下降只能是危机的结果，而不是它的原因。

马克思的"幽灵"复仇般地回到了公众的视野，这就绝不是偶然的了。另外，由于它的经济和社会后果，危机也在语言层面上造成灾难："自由市场"已经再次成为"资本主义"，同时，"国际关系"常常被称为"帝国主义"，"社会冲突"有时成为"阶级斗争"。谁在当前还敢说"市场为了社会利益能够自我约束"，或者自认为"私有化"必然导致公共企业更有效率呢？这场危机已经消除了 20 世纪 80 年代所听到的过多的委婉语，如"现代化""弹性""调整政策"和"改革"等。另外，还没有为失业者、穷人和无家可归者提供委婉语；也没有服务于已经受到削弱、鄙视和边缘化的整个人类的流行语。不用再怀疑的是，通过银行投机、投资基金和所有形式的全球赌场经济（casino economy）的高手获得的利润，其真实来源是日常劳动者的血汗。

语言转换像随着它的幽灵的微笑一样，是短暂的冒险，因为语言和思想仅仅是阶级斗争和剩余价值的客体。我们这个分裂和离心时代的文明危机，已经预示着一个新的长期的社会阶级斗争，其结果无法预测。在这种背景下，研究马克思著作（特别是《资本论》）是必不可少的。它不可能使我们能够预测未来，但是它确实能够使我们更好理解危机的本质，厘清它的过程，从而更有效地参与到当前和未来的斗争中去。当前无法判定可能呈现出来的令人悲伤的，但具有历史意义的结果的前景。

在这个版本中，我纠正了法文版中的一些错误，同时进行了一些小的变化。值得一提的是，增加了一章，即《黑格尔的测量理论和价值作为"本质"》。

我希望能够热烈地对那些给予帮助从而使我完成本书的人，以及推动本书所引发讨论的人表示感谢。特别是，我希望感谢安托万·阿托斯（Antoine Artous）、戴维·布罗德（David Broder）、塞巴斯蒂安·巴德根（Sebastian Budgen）、皮埃尔·库尔-萨利（Pierre Cours-Salies）、德夫罗斯·埃科罗默（Daphnos Economou）、米歇尔·赫森（Michel Husson）、乔治·法拉克拉斯（George Faraklas）、斯塔西斯·柯沃拉基斯（Stathis Kouvelakis）、卡琳·迈耶（Karin Meyer）、西蒙·马塞尔（Simon Mussell）、玛丽亚·彼得鲁（Maria Petrou）、凯瑟琳·莎玛莉（Catherine Samary）、恩佐·特拉沃索（Enzo Traverso）、科斯塔斯·沃格普洛斯（Kostas Vergopoulos）和克里斯蒂安娜·沃里阿蒂（Christiana Voniati）。我也希望感谢克里斯塔基斯·乔治欧（Christakis Georgiou）将本书翻译成英文，感谢他们在此期间的出色合作。

本书献给丹尼尔·本赛德（Daniel Bensaid）（没有他，本书可能仍然被锁在抽屉里），乔治·拉比卡（Georges Labica）和琼-玛丽·文森特（Jean-

Marie Vincent），他们是我在过去几年里失去的三位朋友。在过去的 30 年里，他们的理论成果常是激励我思考的源泉，并且现在仍然如此。没有他们的贡献，马克思主义的影响可能在法国和更大范围的世界中更加贫乏。我特别要感谢他们提供给我如此慷慨的帮助，感谢他们的友谊，尤其要感谢他们教会我这样的道理——没有"忠于无知人民"的情感，就不会有卓越的理论著作。

斯塔维洛斯·汤巴佐斯
2010 年 12 月

序言

我听说，有人告诉斯塔维洛斯·汤巴佐斯（Stavros Tombazos）"马克思主义终结"的说法是"疯子的事"。明显地，我们都知道这事关不同的情况。但是这一想法也并不是不相关。让我们宣布康德主义或黑格尔主义终结了，这样我们就能够把自己从解读《纯粹理性批判》（*the Critique of Pure Reason*）和《逻辑学》（*The Science of Logic*）的麻烦中解脱出来。这将节省太多的时间和精力……来写讣告或参加葬礼。

对于汤巴佐斯来说，他并没有疯子的任何特征。他不会害怕《资本论》中的主要部分，而这部分不为第一国际的领导人所接收，现代的纨绔子弟声称没有必要捍卫这部分，他也认为，解读它，对于那些想要理解我们生活的世界如何运作和如何改变它的人来说，是至关重要的。汤巴佐斯的书为这种看法提供了证据。尽管这一主题有内在困境，但是这本书写法清晰、严谨，充分体现了它的作者作为已经阅读过以前所有重要著作的研究者的能力，也充分体现了他是一位能够直接阅读文本的通晓多国语言的人。这个标题最好是"解读《资本论》"（Reading Capital），如果这个标题以前没有用过的话：解读整个《资本论》，严格忠于它的推理顺序，正如马夏尔·果鲁特（Martial Gueroult）对待笛卡尔（Descartes）的《沉思录》（*Meditations*）一样；（重新）构建它的三卷的连贯性、它的整体性即"活的有机体"和它的逻辑即与它的逻辑相结合的逻辑。"资本的目标是资本本身"——这就是需要承认解读的基本规范,发现它的悖论或者探寻它的内在矛盾。

"时间"的考察似乎是与这个目标相关的最恰当的考察:考察"时间",或者更确切地说,彼此交叉或确定的时间。单向的暂时性是生产的时间,而周期的暂时性是循环的时间。这两个方面在资本的有机的暂时性(organic temporality)中结合在一起。汤巴佐斯显现给我们的是,《资本论》中的三重结构及其还原的内在运动意味着我们一方面要采取辩证法的观点,另一方面我们尊重"概念"(the notion)的要求。前者要求人们自身具备矛盾的观点,旨在形成矛盾的(也就是非武断的)统一体和"形式的辩证法";后者要求我们区分本质和现象这两个相同的现实性,确立"资本恰恰是时间的概念组织"的看法。

因此,黑格尔恰恰此时被看作一条"死狗"。我们清楚的是,这绝不是试图重新恢复名誉,与那些诋毁黑格尔和马克思之间关系的人进行论战。双方说了"观念"的语言。一方面饶有兴致地完全复活了古典的方法,解读了资本如何应对黑格尔演绎推理的三段论,即资本正是"社会演绎推理"(social syllogism),解读了资本如何与"思想"的逻辑相一致,换言之,如何沟通"观念"和现实,如何与致力于"生活"的《逻辑学》第二卷第三部分相一致。另一方面,正是黑格尔的"度量"理论,提供了理解马克思主义的价值理论的最好方法,在一定程度上说,后者"不是经济均衡理论,而是非均衡理论"。所以《资本论》第二卷——一些人(政客)常常从第三卷开始而忘记第二卷,还有一些人(理论家——他们可能是经济学家或哲学家)并没有走出第一卷,也忘记了第二卷——应该被完全重新恢复和重新确定它的地位。

对拜物教理论的阐述构成了汤巴佐斯著作的核心。我相信,在所有致力于这个问题研究的著作中,汤巴佐斯的阐述是最好的。循环和生产过程的复杂关系不能仅仅通过表面和基础的比喻,或者"确立的表象"或

"现象性的形式"来理解,在那里经济与法律平等是相互呼应的。这种复杂的关系确立了周转时间和生产的单向时间的关系,甚至更重要的是将使以镜像方式运行的这两个过程浮现到表面上来。所以它们不可能分离,因为在再生产过程中,任何一方是另一方时间的一部分。剩余价值在生产过程中产生,也在循环过程中合法化:"如果商品不能售出,它就什么也不是。"这也是人们必须指出(带有某种阿尔都塞主义)拜物教理论根本不是废弃之物,也与那些理论家认为它们处在"表象"层面,个人是自由和平等的观点不同。这还与另一些人仍然坚持认为《资本论》并不旨在用本质反对现象的观点不同。物化和异化的概念留下一个模糊地带,它们又局限于这个地带,所以它们整体的理论份量可能会打折扣。第三卷中著名的"三位一体公式"(trinity formula)就是这个问题的最终结果,人们局限于其自身的社会关系之中。但是人们可能由于对这个问题从来没有让步而在这里缺乏对亨利·列斐伏尔(Henri Lefebvre)的积极评析而感到遗憾。资本的逻辑——时间淹没于其最终目的——声称"经济与社会过程之间存在巨大断裂"。

《资本论》确实是马克思想要它"从工人阶级观点"完成对政治经济学的批判,也就是成为一本政治著作。资本主义生产方式和剥削已经成为全球性的——我们比该书的作者更了解这一点,并不会突然消亡。正如汤姆巴佐斯在结尾部分所说,下述事实是一个必须与其他时代所共享的明显事实:马克思是自由思想家,并且,对于我们时代和马克思所处的时代同样如此,他是一个主张人的权利的理论家、一个真实的理论家、一个有待进一步研究的理论家。这也是本书的教训,它证明了《资本论》分析的现实性,也就是相关性和有效性。因此,让我们遵循这个指南吧。

英文版译者注

"生产的时间"（the time of production）是用来翻译法语"le temps de la production"的，指的是生产过程的连续性时间。在本书中，作者运用了"le temps de production"这个术语，被译为"生产时间"（production time）。这表示生产商品所必需的时间。也存着同样的区别："循环的时间"（the time of circulation）和"循环时间"（circulation time）

法文版后记

斯塔维洛斯·汤巴佐斯的这本书是这个系列的第一本笔记。

季节性的笔记对我们来说就是季节性的。

季节具有它们的不确定性,它们的突发性,它们的不规则性。尽管它们到时会出现,但是它们挑战单一的和空白的时间。

我们运用这些笔记,企图在"当前的悲怆"中进行我们的工作,不是在一周甚至一昼夜的基础上而是遵循早期缓慢而沉重的节奏,与新闻性的繁琐和当前事件的不连续性保持距离,与屈从于事件的短新闻条目的极端对立保持距离。

这些笔记采用的是自由的和可变的形式。平台作为文本或论文的结集,不是著作也不是杂志,根据内容及其背后的紧迫性,有时是一种,有时是另外一种,有时是短的,有时是长的(尽管可能从印刷运行的支配下解脱出来),它们的卷次也不同,旨在与"规则自由"重新联系起来。能够从抽屉里几百本书中取出一本,开始一次耐心而谨慎的冒险,远离表面现象、平台效应和蛊惑人心的宣传。

反对潮流的笔记? 偏离轨道,更带有时尚界的病态。后卫的笔记本? 为什么不是呢? 当军事放弃了战争,当抗争在几乎普遍的变节中消失,随后形势发生逆转,它们成为前卫,就不用再清除它们了。

加入不投降的后卫。

当风向标在旋转着的风中失去控制，在掩盖后退中就没有羞耻了。愉悦后就是心胸狭隘、持久、固执和不协调。将未来的鼓动丢弃，不知何时可以出现意想不到的可能性，人们必须在不可接受的入口首先画一道线，并且知道如何重新开始。

重温过去糟糕地汲取的教训。用被击败者的屈辱来重复和沉思挫败者的骄傲，不用以媾和者的屈辱混同失败者的尊严。我们设法及时发出警报，预测了这场灾难。尽管如此，这并没有使我们感到释然。那些为共产主义理想而战的人，是不会从原封不动的官僚的崩溃中走出来的。这并不是不公平的争论。但是为什么历史就应该是公正的和道德的呢？

在这种不公正的重压之下，选择至少是明显的：要么加入胜利者的行列，炫耀战利品，要么进入抵制和不屈服的行列，寻求新的经验。

赋予谎言新的含义，"忠于事实，受害者在其中还有话说"。

反革命从来不是一场轻易能推翻的革命。这是一个与对立面迂回的、不对称的、旷日持久的过程，也有复辟和保守。人们常常错误地认为，时间会耐心地消磨过去，走向不可避免的命运。时间不会做任何事情。它伴随着，它会再生产，也会持久化，它遵循守恒的定律。

事件在它的干扰和间歇中被确定下来。

这是革命为什么没有准时爆发的原因。

太早或太迟。它们从来不会真正成熟。

它常常是一种鲁莽的方式。

这种"缓慢的渴望"的绽放，在突然间释放出来。

但是一旦事件发生了，就不会消亡。事实上，人类历史上的这种现象不会被遗忘，因为它揭示了人类本质中的特性，揭示了这样一种政治学不可能通过蛛丝马迹来抹掉先前事件的过程的进步力量：只有人性中的本质与自由结合起来，以及随之形成法律的内部规则，才能宣示它是一个关于其时效性的偶然事件，即使以非决定主义的方式。但是尽管这种事件的目标在今天也没有实现,在革命或人员构成也可能最终会失败的时候,随着时间流逝,任何事情都回到以前的轨道(正如一些政客现在预测的,将来真正发生了),当然,这种哲学预言也就失去了它的效力。正因为这种事件太重要了,与人类的利益太密切地交织在一起,对世界所有方面的人太重要了,所以它必须在有利的氛围中回到人们的记忆中,在诸如此类的新努力重新开始的时候要回顾它。

伊曼努尔·康德(Immanuel Kant)在1795年(也就是在"热月"时期)关于法国革命的看法完全适用于十月革命。

这些确定的时间需要审慎的"记忆走私者"(memory smuggler)。所以一些总有一天会使希望扩散的东西不会被遗忘。一些文本、争论,通过神秘的冲洗,作者的思想仍然存在,它不会随着时间的流逝而被抛弃。

历史终结的看法已经终结了。

是不是斗争不再推动历史发展,无法替代现存的秩序呢?但是永久性并不存在,现在的秩序会被进步所取代。偶然性的减少并不能消除不合时宜的突发事件,而且与库尔诺(Cournot)的预言相反,报纸不能取代历史。或者多元的冲突将走向有效的普遍性,或者野蛮主义在钟楼和教堂的残酷战争中再次胜利。

意识形态终结的看法已经终结了。

历史的自然化,通过公众舆论而实现真理的数量化,良好的意识在"非此即彼性"(Neither-Norism)中被糟糕地共享着,媒体的去政治化和慈善化等,这意味着意识形态正在各个方面发挥作用。后现代主义的话语沉溺于其自身震耳欲聋的漫无目的唠叨之中。神秘的过度产生正在如火如荼进行着。越来越多的神秘形成了,从一开始就具有全球性,一天中产生的神秘超过过去一个世纪。

政治终结的看法已经终结了。

它在经济的冷酷管制中被抹杀,在博弈论自私自利的算计中被抹杀,在单调沟通达成的共识中被抹杀。没有利害关系的政治产生了没有实际内容或合法性的代表。人们回想起民主像文明一样渺茫,邪恶的紧迫性并不能免除人们的善意。

"野蛮主义正在上升。"

而且在其指向的道路上,没有任何伟大的照亮的灯塔。

不是原因缺失。公民权需要捍卫和重构。团结性需要重建。有权利生存、工作、保健,有权利享受艺术和文化。但是现在只是一个朦胧而愤怒的自由人,在根本上没有赞扬或荣耀。

对立面不领情的时刻。

没有新的承诺,没有基本的行动,没有高涨的事业,只有"当前的悲惨"。日常生活中的沉默、放弃和小的让步,构成了大的妥协。战争在不同年代都有名目,但它完全是当代的。在新的全球支配与依附等级下,当前和未来仍然有战争的危险。

我们至少会一劳永逸地认识到政治并不是哲学的实现。真理不会被掌握,真理关系是难以捉摸的、运动的。"批判"只能在缓慢的运动赛跑中进行思考。政治家从事政治。对于两者都有足够的空间。改变世界在某种意义上仍然意味着解释它。

我们已经看到了(在科学的庇护下)将哲学和政治融合起来,或者(在政治的庇护下)将哲学与科学整合起来所产生的危害。为了规避这些危险,我们必须要从现在起自我满足于学科和知识边界的分工吗?对于这种空间隐喻,我们更喜欢区分时间与节奏。理论、政治学和实证主义科学并没有以相同的步伐前行。这些笔记都是轮回的,从一个临时的寄存器传递到另一个不同的寄存器,从理论或科学的耐心传递到政治应景。

谈到时间和季节,斯塔维洛斯·汤巴佐斯关于《资本论》的时间范畴的著作是必须要提到的。许多评论者坚持一般公式,据此各个政治经济学都是一种时间经济,从而预设时间就是"已经给出"的明显事实。

时间的经济化不仅意味着要节约它，而且首先意味着要组织它。"社会必要的"劳动时间不是作为一个不变的指标，它本身具有历史性、波动性和灵活性，作为不同的测量工具也与被衡量的对象一起变化。

斯塔维洛斯·汤巴佐斯解决了这个谜团。这种雄心勃勃的努力不仅意味着解读《资本论》的统一性，也意味着考察它与黑格尔的《逻辑学》之间的关系。随后的研究遵循着先前的道路，局限于哲学和政治经济学，这种不是源于实证科学的而是源于"德国科学"的"政治经济学批判"，马克思在探寻"成为科学"的不同道路中声称这是他自己的理论成果。

斯塔维洛斯·汤巴佐斯（希腊和德国思想研究者）对于亚里士多德、黑格尔和马克思的原著都了解，严谨而熟练地完成这些任务，从测量和演绎推理的黑格尔理论的视角阐明了价值问题、商品的扭曲或者价值向价格的转化。所以劳动时间似乎是抽象劳动与具体劳动、持续与强度之间内在矛盾的根源。呈现给我们的是，通过"这些矛盾的景观"，资本体现为"时间的概念组织"（conceptual organisation of time）。

斯塔维洛斯·汤巴佐斯将时间的具体问题作为他的出发点，阐明了《资本论》一般理解的东西和它自身逻辑的原创性。所以探求关于危机的失调，"更多地需要从例外的分析到以均衡角度进行分析"。它要求"完全不同的概念，这些概念不是从数字术语解释来表达，也优于认同逻辑的概念"。针对马克思的极为常见的批判是，他保留着时间决定主义认识论的趋向。这本著作引起我们关注马克思思想相反的趋向，它已经吸收了模糊逻辑（fuzzy logic）、混沌理论（chaos theory）、偶然与必然之间统一性的当代发展成果。

本著作的研究源于博士论文。它得到一致的好评，它的成就和严谨值得将它与遗忘在抽屉中睡大觉的成果区分开来。这些笔记如果能唤醒读者，也就完成它的使命了。

丹尼尔·本赛德

导　言

19 世纪学术遗产中最宝贵的资源是马克思的著作,特别是《资本论》,它与社会和经济现实在方法上具有相关性。因为战后积累模式的危机,《资本论》已经成为点燃新一代研究热情的主要源泉之一,其研究对象就是经济节奏(economic rhythm)和危机问题。同时,对马克思的借鉴变得越来越胆怯和隐蔽;似乎经济学家必须因为提到马克思或在他那里找到灵感而原谅自己;似乎有必要和义务将自己与马克思价值、剥削和资本理论切割开来。

从经济学家(包括马克思主义经济学家)看,对马克思著作的批判方法自然是完全"合法的"和必要的。不幸的是,这种针对马克思的批判常常在马克思的水平之下。当代经济思想远远没有耗尽这样一种周期性被遗忘而又周期性被重新发现的理论财富,正如它深受利润率波动和社会斗争的本质与强度的影响。

在许多的评论和解读之后,似乎学者对《资本论》无话可说了,只能重复细枝末节的研究。但是现象可能是误导性的。令人不可思议的是,在许多的评论、讨论和批判之后,《资本论》不管在经济学还是哲学层面并没有得到充分理解,仍然是高深莫测的。

例如,人们常常批判《资本论》的矛盾性,似乎它不言而喻地表明任何矛盾在定义和本质上缺乏分析的严谨性。但是《资本论》与认同的话语并没有共同之处。这是另一个被误导的表面现象,在方法论问题上,马克思逐渐放弃了黑格尔的方法。但是资本本身就是直接源于《逻辑学》(*The Science of Logic*)的"社会三段论"(social syllogism)。它的过程表明一种"内部组织"(internal organisation),而这在黑格尔那里则是活的"有机体"(organism)。《资本论》第一章,特别是关于价值形式部分,已经引起了广泛的研究,且被尊称为辩证法的经典,同时也被指责为"形而上学"(metaphysical)的。另一方面,资本的形式在《资本论》第二卷的前四章进行了分析,是理解整个《资本论》真正的"钥匙",这几乎没有引起什么关注,似乎对马克思来说,"价值"和"资本"构成了两个独立的几何学上的空间,两者通过纯粹的外部关系而联结起来。就马克思关于他本人的方法论以及他的方法与黑格尔的方法之间区别的著名论断,也就是关于"抽象"和"具体"关系的著名论断[1]来说,人们为何无止境地引证这一论断,旨在表明相反的观点,如果不是表明这两个方法"不相融"的话,这一论断成为马克思对于黑格尔的最具有争议的批评的典型例证:人们如果打开黑格尔的《哲学史》(*History of Philosophy*)第六卷,在阐述培根(Bacon)和伯麦(Bohme)的那一章,就会发现黑格尔界定"抽象"和"具体"的关系的方式与马克思是一样的。一旦达到了科学,人们就不再从"经验"出发了,在"思想"(idea)基础上构建就是一种重构。[2] 并且人们可能进一步放大《资本论》解读中主要矛盾的列表。

现在,唯心主义和唯物主义之间旧的争论不再吸引任何人的兴趣。教条已经被埋葬,正统也死了。正逢其时的是重新发现马克思著作的新

---

[1] 《马克思恩格斯全集》(第 30 卷),人民出版社,1995 年,第 30 ~ 41 页。

[2] "如果科学是完善的,那么思想就必须阐述其自身;科学不再从经验开始了。但是,为了使这种科学可能存在,我们必须从个别的走向普遍的——这种活动是对既定的经验主义的物质的反应,旨在引起它的重构。这需要先验知识(priori knowledge),似乎意味着'思想'必须从自身开始建构,所以只能是重构……科学在任何科学中,原则都是起点;首先,它们是特殊性的结果,但是如果科学完成了,它们就变成了起点。"(Hegel,1995b,p. 176.)乔治·法拉克拉斯(Georges Faraklas)提醒我注意到这一点。

维度,(重新)发现与过上与它的目标相对应的生活的伟大事业的严谨性。因为马克思在很大程度上闻名于它的研究目标,闻名于他分析和批判的市场关系的普遍化。当前,人们对他的理论著作的兴趣也受到"现实存在的社会主义"(really existing socialism)的失败和西方国家工人运动削弱的影响。但是如果现实的"科学的"方法与舆论、意识形态或当前的情绪相结合,它们如何被认为是有用的和"科学的"呢?是否存在一种经济现实的方法比马克思"更全球性的""更客观的"和"更丰富的",或者说,更贴近这个现实呢?批判指向了马克思,甚至那些有趣的和有用的——例外证实了这一规则——并没有提出替代的核心"概念"。趋势却走向了相反的方向。人们可能没有诸如"价值""资本"等概念也照样能够研究,这意味着许多著名的经济学家在价值论问题上采取了不可知论的(agnostic)态度,同时(自相矛盾地)承认需要一个整体性的(holistic)方法。但是人们如果没有一个将经济生活的各个时段联结起来的某些概念,那么如何理解常常存在于整体性的现实呢?如果没有"价值"或"资本",如何抵制关于商品及其盲目和局部现实的自私的计算呢?

《资本论》的目标就是资本本身。资本似乎是一个概念整体,具有连贯性也具有结构性,展现了过程的特征,因为这个整体性包含着它自身存在的一些规则。为了明确地表现这一点,我们选择"时间"作为分析的指导主线,因为它能够完成这个任务。

资本像其他任何经济一样,是遵循着它自身内在标准的时间的特定组织。《资本论》三卷在理论上的范畴与不同的时间相适应。第一卷的范畴遵循着单线的和抽象的时间性(temporality),均质的时间被认为是可计算的和可测度的时间。我们称其为"生产的时间"(the time of production)。第二卷的确立是适应于周期的时间性。"循环的时间"(the time of circulation)的不同范畴涉及价值的转移。最后,第三卷是资本的"有机的时间"(organic time),这一卷将生产的时间和循环的时间统一起来。

  《资本论》开始分析简单资本循环过程，在某种程度上说简单循环构成生产时间。商品作为历史上已经完成的活的有机体的一部分，它也是资本，在它的即时的简单性中体现了劳动时间与人经历的时间的差异性。它是"真正的抽象"（real abstraction），一种活生生的观念，一种避免了人的有意识控制的自动的社会理性。这种时间体现在货币中，而货币的自然形式可能代表它。在《资本论》第一卷中，这种抽象劳动时间受制于数量语言。抽象劳动时间以某种方式实际上受制于数量语言，因为生产时间与循环时间的完成对人们来说能够回到抽象劳动时间，从而掌握它隐含的从一开始就存在的矛盾。商品并不是一种简单的关系，甚至根本不是，而是一种复杂的、矛盾的经济世界。一开始就存在着最终的思想。在商品中，已经蕴涵了资本的一些思想。我们尽管遵循着《资本论》阐述的顺序，但是在价值问题上也有例外，要充分利用与生产观念不同的时间观念。价值并不与数量具有同一顺序，因为它超出了运用所谓准确的科学来测量的确定方法。社会必要劳动时间（socially necessary labour time）并不是一个量，而是一种"联结"（link），一种"关系"（relation），一种"指导原则"（regulatory principle）。它只能通过它自身所体现出来的差异结果来测量。它包含着必须定位于非均衡经济的真实的和内在的一种矛盾。

  简单循环是一种对话，一种商品与货币的抽象对话，一种与其自身价值的对话。这种对象导致了"负面的"（negative）结果。简单的循环自身表现为依附的"即时性"（immediacy），表现为在更高的序列中否定和保护自身的不完整的关系。简单循环是资本的即时的"表面"，具有后者赋予它的想象的、部分的和"客观的"形象。它既是资本，又是它的虚假表象，二者不可分割。但是想象和虚假的表象并不是确定的，偶尔附加在社会关系的现实上。它们是价值本身的本质产物和结果，是这个体制的本质方面的产物和结果，在每个方面都像剩余价值一样。这也是为什么阐述这个代表性东西像对它的批判一样是必需的。简单循环完成了，当然，它自身证明了存在商品的神秘时间,即剩余劳动时间或剩余价值。

因此,社会大剧的另一部分开始于——严格意义上,资本的生产过程——灰尘和机器的嘈杂之中,生产时间中体现了生产理性隐含的概念:不变资本、可变资本、剩余价值等。这些概念不仅表达了资本生产过程,更准确地表达了资本的生产时间。例如,固定资本像不变资本一样适应于生产过程,差异在于前者依附于价值周转的过程,属于循环的时间性。

在第二卷的第一部分,在简明的真正杰作中,读者再一次发现"资本的辩证法"(dialectics of capital)(《1857—1858 年经济学手稿》的著名分章节)比在《1857—1858 年经济学手稿》中看到的更加连贯和成熟。这里,资本是三个积极的"演绎推理"或过程的有机统一体,每一个都构成其他的发展和批判。它呈现为一种确定下来的活动整体、一种复杂的结合和相互依赖的机制,"概括"了经济现实。

但是这个整体位于高层面的抽象。为了找到具体的表达,它首要需要属于循环的时间的一系列概念:购买时间、售卖时间、工作期间、生产期间、周转时间、固定资本和循环资本等。循环的时间是一个"负面的"时间。它是对价值凝结的周期的限制,同时是这些周期的特定时期。资本由于它的周期而使自己长期化和多元化。抽象劳动时间呈现出新的转化和批判它的确定因素。

资本作为生产和循环的统一体,不仅仅是这两个领域的确定因素的"总和"。将它们联结起来的环节是内在的、有机的和概念上的。资本的有机时间(organic time)就是生产的时间和循环的时间结合起来的那个点,不会变成一种时间,并以这种方式产生具体的、稳定的、现象形式的资本:生产的成本和价格、工资和利润、利息和工资利润等。按照马克思的说法,现象并不是"非本质的",相反,它是本质表现的形式。很明显,现象形式产生虚假的表现和想象。但是这种想像并不是伪现象。它们本身是需要解释的现象。这就存在着马克思所说的"现象的本质化":现实是真实的。价值的本质将自己隐藏在价格背后,将自己伪装成利润和工资,与市场的偶然因素相融合;简言之,它使自己在外在上呈现出神秘性和同一性,同时,与它的内在本质不同一。

价值呈现的形式通过阐述它的本质并不能得到理解,它的每个方面有助于理解其他方面。本质的语言或反映可以分成两个范畴,现象被证明是解释它们所必需的:没有剩余价值,也就没有利润,但是没有利润,也就没有剩余价值。这就是不能理解自身存在意义的反映的二元论遭遇经济学家持续质疑的原因。关于价值和剩余价值的疑惑常常表现了——无意识地,对我们来说似乎是——一种合法性的哲学上的困惑。但是,解决办法并不在于放弃将经济生活统一起来的概念;这种解决办法迟早会引入一种"统计"的和经验形式的社会关系。另外,资本的语言并不是反映的语言,而是"概念"(the notion)的语言,这是一种超出"本质"的语言。

《资本论》中"本质"和"现象"的区分自然是无处不在的,但是它也屈从于"概念"的需要。这是为什么马克思对于人们仅仅略微关注他就对他进行批判而感到奇怪的原因。

资本准确地说是时间的概念组织。它既不是一件事情也不是简单的社会关系,而是活生生的理性,是一种积极的"观念",是正如黑格尔可能会说的经济的"即时的理念"(immediate idea),是马克思在多种场合所写的"实际的抽象"(abstraction in actu)。资本是其历史的逻辑。在抽象逻辑规律——内在于展开的经济理性——和历史时间之间,不存在隔离关系,而是一种相互交往和浸渍(impregnation)关系。前者在政治与经济制度的历史具体形式中实现,周期性地进入危机,突飞猛进地演化着。通过利润率的波动和危机,资本为历史"赋予节奏"(gives a rhythm),并引导历史,不用预先决定地走向随后的轨道,减少偶然性,而不会消除偶然性。历史决不是预先决定的"宿命"。大的危机恰恰是历史的单一时间被打断的时刻。它们是概率和可能性(probabilities and possibilities)的时刻。

资本产生了它的具体的、特定的内容，并与这些内容相冲突。超越这些冲突常常作为一种概率，根据形势或多或少是可能的，它是资本和它自身之间实现的一种和平，保证它进入一个新的增长时期。

资本是物质生产力的进步史，在以前的经济形式中并没有相等的东西。它同时是经济进步（技术、科学知识等）和社会进步的最激进的分离。前者与社会倒退、人类的蔑视和侮辱时期相适应，如果不是不可分离的话。它是一套不可控制的机制，或者更是异化的社会有机体的承担者。"理性的规律"和"历史"并不会受到人的"自由意愿"所干扰，经济的客观"理由"承担着阻碍社会个人的反对力量的角色。社会关系导致自发性，赋予它们自己的意愿，支配人并使人降为社会存在的无力的旁观者，既是他自身又不是他自身。工人被降为劳动时间的抽象，屈从于资本的生存节奏、生产的时钟和危机失调的自我组织。社会异化于个人，个人异化于自身。

马克思的"科学"不仅声称在最大限度上是"客观性"的，也是"批判的"并"服务于"一个事业。马克思足够强大来承担这一事业；马克思的"科学"不是隐藏事实，而是公开宣称它的使命。它没有必要隐藏某一"观点"或宣称人道主义原则，因为这些原则本身是主张普世性的。马克思既不批判自由，也不批判"资产阶级"权利，甚至不批判某种"传统价值"；相反，他只批判它们的伪善和不足之处。

马克思和黑格尔的语言呈现出它们自身的困难，部分地由于他们时代的必然性和语言环境。我们已经努力以更不神秘的和更常用的语言来"翻译"它们。

第一部分

生产时间

介绍

我们常常称"价值"既是一种语言又是一种逻辑。作为语言,它是商品和货币之间的柏拉图式的(Platonic)对话,而货币——特殊性中普遍性的化身——占据苏格拉底(Socrates)①的位置。所以它也是一套逻辑,是特殊性和普遍性之间的联结。像任何对话一样,商品和货币之间的对话不仅需要"交往",也存在着"对立"。价值由于这种"对立"或"矛盾"而成为活生生的语言。当商品摒弃前嫌时,矛盾并不会消失。所以社会必要劳动时间自然是矛盾的。令人不可思议的是,黑格尔的"本质"就是源于类似的矛盾。通过追寻"测量"的一波三折,我们将看到"否定"是本质,而本质类似于价值的决定;或者,如果人们想要这么说的话,价值是经济学中本质概念的自由运用。人们可能说这是一种歪曲:如果价值是"劳动",那么本质就是"空白"(nothing)。但正是马克思才这么说:劳动形成价值,不同于福斯塔夫(Falstaff)②的朋友的地方在于人们不知道从哪里入手理解它。价值是相互主体之间的客观性,不仅将相互独立的劳动者联结起来,而且是劳动的社会分工重新组织的运动,它与人们设想的可以测量的劳动的关系就是不可超越的真实的、内在的矛盾关系。在逻辑学领域是"空白"的东西可能就是经济学中的"劳动-价值"。所以我们略微偏离马克思的文本,在他的著作中发现非均衡经济学的有效的、活生生的理念(第一部分)。

《资本论》第一部分的对象不是前资本主义商品秩序,而是没有资本的资本主义,这明显是矛盾的。读者遇到关于时间逻辑的和历史的阐述,这两者一方通过与另一方面相矛盾并纠正另一方。本部分的目标是批判地分析资本的简单循环,换言之,这样的资本循环就是资本出现在循环的

---

① 苏格拉底是古希腊著名的思想家、哲学家、教育家,同时也是柏拉图的老师。——译者注
② 福斯塔夫是莎士比亚历史剧《亨利四世》中的人物。他是王子放浪形骸的酒友,既吹牛撒谎又幽默乐观,既无道德荣誉观念又无坏心。——译者注

稚嫩的耀眼光芒之中。从代表的形式看,简单循环是资本的"即时性"(immediacy),这在于它揭示了一个"错误"。自然地,等价物、合法品质等的交换既不是伪现实,也不是纯粹典型形式,相反,而是部分的、未完成的和依附的"事实"。简单循环的决定表现为它们成为更高级的资本关系的一部分时的内容,这种关系"否定"它们最初的原始性。所以商品—货币—商品(C – M – C)屈从于资本循环的时期,属于价值多元化的逻辑,不是为了满足需要。经济不平等附加在法律平等上。另外,这似乎对我们来说有用,即表明简单循环属于黑格尔所称的"化学过程"[另外,资本以同样的方式属于"生活"(Life)范畴]的逻辑现象的范畴,旨在强调《资本论》逻辑在概念上的特征(第二部分)。

最后,抛开商品、货币、简单循环和商品资本中呈现出来的物化的生产时间,我们集中关注在资本生产过程中呈现的生产时间。自然地,价值在这种过程中不会将自身降为人类学决定层面上吸收的劳动,不管是具体劳动或抽象劳动。它是在其特定发展阶段中表现出来的一种技术过程,成为组织工业生活的"内在的最终目标"(internal end – purpose)。工人和生产的物质因素降为过去和现在的劳动时间(不变资本和可变资本),成为在它自身生产、价值形成和多元化时的价值构成部分。不变资本、可变资本、剩余价值等——具有线性的和抽象的时间的特征——证明其自身并不是充分的概念,不能单独地站稳脚跟。这是因为资本与任何其他活生生的有机体一样,不能理解由外在辅助关系联结起来的不同部分构成的客体。

第一篇　商品和劳动时间

第一章

劳动时间作为超越历史的经济规律

　　劳动和劳动时间都不是分析资本主义生产方式的起点。劳动时间及其在不同生产活动中的组织与配置,在马克思看来就是各种社会形式中的"经济规律"。

　　如果共同生产已成为前提,时间的规定当然仍有重要意义。社会为生产小麦、牲畜等需要的时间越少,它所赢得的从事其他物质的或精神的生产的时间就越多。正像在单个人的场合一样,社会发展、社会享用和社会活动的全面性,都取决于时间的节省。一切节约归根到底都归结为时间的节约。正像单个人必须正确地分配自己的时间,才能以适当的比例获得知识或满足对他的活动所提出的各种要求一样,社会必须合乎目的地分配自己的时间,才能实现符合社会全部需要的生产。因此时间的节约,以及劳动时间在不同的生产部门之间有计划的分配,在共同生产的基础上仍然是首要的经济规律。这甚至在更加高得多的程度上成为规律。①

---

① 《马克思恩格斯全集》(第三十卷),人民出版社,1995 年,第 123 页。

　　引文中斜体的那句话（也）可以翻译如下："任何经济最终都是时间经济"，这种翻译同样与原文相吻合。"经济"在这里明显不仅仅意味着"节约"，而且更意味着"组织"。所以任何经济组织都是时间的组织。

　　马克思在《资本论》第一章的第四节中，注意到父权制家庭分配其劳动时间的目的在于以有效的比例生产出生活资料，将这种分配与自然条件相适应，随着季节变化而变化，并且根据年龄、性别等差异基础上的等级关系来分配劳动时间。他注意到在某种社会形式中，劳动时间用作土地的测量标准。例如，古代德国以一天的工作为基础计算一摩尔根土地。一摩尔根又叫作"Tagwerk"（一日的工作）或者"Tagwanne"（一个工作日）。同样的现象一定也在法国存在过，"journal de terre"（一日的工作就是一块土地）的表述证明了这一点。①

　　如果每种类型的经济都是时间经济，那么任何经济就是具体的时间组织。马克思在他关于《资本论》的通信中写道：

> 　　这种按一定比例分配社会劳动的必要性，决不可能被社会生产的一定形式所取消，而可能改变的只是它的表现方式，这是不言而喻的。自然规律是根本不能取消的。在不同的历史条件下能够发生变化的，只是这些规律借以实现的形式。②

　　上面的引文源于马克思1868年7月致库格曼（Kugelmann）的著名通信，这封信广为人们所熟知是由于完全不同的原因。在这封信中，马克思将价值观念必须加以证明说成是"胡扯"，因为在他看来，"每一个小孩都知道"任何社会形式如果没有停止劳动就根本不可能生存下去。

　　人们是不是得出结论认为价值规律很明显，不需要坚实的基础了呢？

---

　　① 《马克思恩格斯全集》（第四十四卷），人民出版社，2001年，第89页注释(26)。
　　② 《马克思恩格斯选集》（第四卷），人民出版社，2012年，第473页。

所有引用这段论述而没有具体说明其内容的人都暗示这种看法。这足以使他们想起青年马克思根本不是价值理论的支持者。① 但是马克思在同一封信中具体地阐述了这些引起争论的段落:"科学的任务正是在于阐明价值规律是如何实现的。所以,如果想一开头就'说明'一切表面上与规律矛盾的现象,那就必须在科学之前把科学提供出来。"②

所以那种试图在《资本论》开头的一些段落中找到价值的基础的想法是天真幼稚的。价值规律不会马上就确立起来,而是通过一些段落声明、发展和证明它自身。价值不是在《资本论》第一章,而是在整个《资本论》中必须表明它是什么,用它的结果来衡量它的有效性。价值不仅仅是分析的起点,也是到达的终点。

劳动时间并不必然是"价值"。事实是,价值并不仅仅是劳动时间,这意味着为了"阐明资本的概念",

> 就必须不是从劳动出发,而是从价值出发,并且从已经在流通运动中发展起来的交换价值出发。从劳动直接过渡到资本是不可能的,正像不可能从不同的人种直接过渡到银行家,或者从自然直接过渡到蒸汽机一样。③

如果说劳动时间和交换价值或资本之间的关系类似于"自然和蒸汽机"之间的关系,那么我们明显地不能将交换价值弃之于共同意识的地位。劳动不同于价值,劳动时间也不同于价值量。它们在特定社会体制的价值形式——市场体制——中也具有特定的内容和特征。劳动时间和它的现象形式是下面各章的分析目标。

---

① Mandel,1971。本书的第三章的标题就是"从拒绝到接受劳动价值理论"。
② 《马克思恩格斯选集》(第四卷),人民出版社,2012 年,第 473 页。
③ 《马克思恩格斯全集》(第三十卷),人民出版社,1995 年,第 215 页。

第二章

抽象劳动：形式与内容

首先，货币在马克思看来是特殊的商品，这是因为它的自然属性可以代表一般劳动时间。

一切商品的货币存在应该结晶在其中的那种特殊商品所必须具备的物理属性——就其直接由交换价值的本性产生来说——就是：可以任意分割，各部分是同质的，这种商品件件全无差别。作为一般劳动时间的化身，这种商品必须是同质的东西，只能表现量的差别。①

上述引述来源于《政治经济学批判大纲》(*The Contribution to the Critique of Political Economy*)，它所表达的思想也可以在《1857—1858 年经济学手稿》和《资本论》中找到。对马克思来说，货币是"它本身的价值的表现形式"。②

马克思对于这种贵重的金属的自然属性很感兴趣，因为他在其中看

① 《马克思恩格斯全集》(第三十一卷)，人民出版社，1998 年，第 442 页。
② 《马克思恩格斯全集》(第四十四卷)，人民出版社，2001 年，第 104 页。

到了一般劳动的特征。在《1857—1858 年经济学手稿》中，他注意到"被体现者的条件——它的概念规定，它的一定的关系——中包含着对体现者的要求"①。

货币是价值的"代表主体"或"象征"的思想在后来的《政治经济学批判大纲》和《资本论》中被抛弃了。② 货币代表了抽象劳动时间，但它不是其象征。这仅仅意味着商品-货币本身必须是价值。如果它在某些意义上是价值的象征，那么其他特殊商品也会以同样的方式成为价值的象征，即体现出抽象劳动。这种论断的线索根本不可信，在当前也极为没有相关性。当不可改变的货币符号像黄金在过去一样得到同样程度的信任时，货币就越发清楚的以不同于特殊商品的方式象征着价值。另外，在《资本论》第二卷的手稿中，马克思似乎修正了他对这个问题的看法，因为他在这些手稿中提到"象征性的货币"，"只是某些国家所特有的单纯价值符号"。③

在货币上呈现出的劳动时间只能是时钟的单一的、抽象的时间，它的各个部分（分钟、小时和天）是同一的。但是单一的劳动时间似乎不首先归为这种抽象时间。单个的时间具有特定的内容，它的每个部分都是不同的。简言之，时间是主观经历的时间。正是在这种特定意义上，马克思在《1857—1858 年经济学手稿》中写下了这么一段话：

> 劳动时间本身只是作为主体存在着，只是以活动的形式存在着。从劳动时间本身可以交换（本身是商品）来说，它不仅在量上被规定了，而且在质上也被规定了，并且，不仅在量上不相同，而且在质上也不相同；它决不是一般的、自我等同的劳动时间；作为主体的劳动时

---

① 《马克思恩格斯全集》（第三十卷），人民出版社，1995 年，第 124 页。

② 对应《马克思恩格斯全集》（第四十四卷），人民出版社，2001 年，第 105～108 页。但是必须强调的是，"商品-货币本身必须是价值"的思想并没有在《1857—1858 年经济学手稿》中消失。

③ 《马克思恩格斯全集》（第四十五卷），人民出版社，2003 年，第 129 页。

间同决定交换价值的一般劳动时间不相符合,正像特殊的商品和产品同作为客体的劳动时间不相符合一样。①

上述所论述的观点,不管它可能呈现出来的是如何简单,在《政治经济学批判大纲》中的一些段落里似乎并不存在完全明显的相反的看法:

> 劳动时间是劳动的活的存在,与劳动的形式、内容和个性无关;它是作为量的存在的劳动的活的存在,同时带有这种存在的内在尺度。对象化在各种商品使用价值中的劳动时间,是使使用价值成为交换价值因而成为商品的实体,同时又计量商品的一定价值量。②

上述引言中的矛盾是明显的。在这里,劳动时间确实指的是"个人的劳动时间,但是,这个个人与其他个人没有差别"③。人们只能诉诸这种(真正的)抽象,才能将无差异看作劳动的内容与形式的个性,因为劳动在量的层面并没有消除它在质的方面的特征。劳动时间并不纯粹是量上的,不是像时钟那样持续的、规律性的"脱离自我"。工人的个性在生产活动中被消除;劳动的经验成为相同的无尽的重复;简言之,劳动(以及它的内在度量)的抽象特征体现为与资本主义特定发展阶段相对应的"实践事实"和"真正的现实"。上述引文的意思在后来被明确地提出来了:"这样用时间来计量的劳动实际上并不表现为不同主体的劳动,相反地,不同的劳动者个人倒表现为这种劳动的简单器官。"④

正是因为这种颠倒,"不同的使用价值"是"不同个人的活动的产物",而商品作为"交换价值","它们代表相同的、无差别的劳动,也就是

---

① 《马克思恩格斯全集》(第三十卷),人民出版社,1995 年,第 121 页。
② 《马克思恩格斯全集》(第三十一卷),人民出版社,1998 年,第 422 页。
③ 《马克思恩格斯全集》(第三十一卷),人民出版社,1998 年,第 424 页。
④ 《马克思恩格斯全集》(第三十一卷),人民出版社,1998 年,第 423 页。

没有劳动者个性的劳动".①

在同一文本中,马克思提到商品时,注意到"它只是具有特殊内容的对象化的个人的劳动时间,而不是一般劳动时间".②

一个人明显不能劳动两次——一次是特定的、具体的劳动,另一次是一般性的、抽象的劳动。正是同一时间的相互对立,它的两个方面在一定程度上既创造了使用价值,也决定了交换价值,这种对立也有数量维度。从特定劳动时间的内容中进行"抽象"并不能充分决定一般劳动时间的长度。从一个到另一个数量上的过渡并没有任何特定概念上的困难,如果人们假定复杂劳动可以归纳为简单劳动(这使我们设想前者是后者的乘数)。另外,真正的劳动时间必须转变为平等强度的时间。

人们可能批判马克思没有充分阐述支配复杂劳动"归纳"(reduction)为简单劳动的规律,但是人们不可否认这种"归纳"在每天的交换过程中发生。

现在使我们感兴趣的不是复杂劳动归纳为简单劳动,而是具体劳动归纳为抽象劳动。换言之,如果如马克思所断言的"劳动时间本身只是作为主体存在着",那么一般劳动时间的内容是什么?

"普遍的"或"一般的"没有其他内容,任何其他的含义也没有,这正是对"特殊的"的否定。③ 例如,"动物"是一个表示动物一般性的词。它

---

① 《马克思恩格斯全集》(第三十一卷),人民出版社,1998 年,第 421 页。

② 《马克思恩格斯全集》(第三十一卷),人民出版社,1998 年,第 436 页。

③ 亨利·丹尼斯(Henri Denis)在他 1984 年的著作《黑格尔逻辑和经济体系》(Logique he-gelienne et systemes economiques)中对特殊性和普遍性的分析似乎令人满意:"在共同意义,也是在特定的科学(例如生物学)中,都有一个对狗的积极的界定。但是,如果我们要求这种界定进行得更具体些,那么我们得到什么答案呢?属于狗的特性将累积到我们面前;同时,我们被告之狗是同时拥有所有这些特征的动物:它有四条腿,两只耳朵,等等。或者,任何一个特定的狗都有这些特征和某些只属于它的特殊属性。树上绝没有两片完全一样的树叶,在地球表面上的同类物种的所有的树也同样没有。所以,试图列举出所有狗的共同特征,目的是界定狗是什么,就等于是排除或否定了特殊的狗。普遍性确实是对特殊性的否定。"(Denis,1984,p.86.)狗与特殊的狗之间的关系等同于动物与特殊的动物之间的关系。普遍性与特殊性之间的关系也适用于名称:"在工厂中工作的'保罗·杜兰特'与锻炼身体的'保罗·杜兰特'存在很大不同:前者悲伤,后者欢快,等等。但是,人们赋予他们同样的名称。"(同上)

既不表示猫也不表示狗,尽管猫和狗都是动物。但是在马克思看来,抽象的/一般的劳动时间作为某种"实质"的量,具有特定的内容;它不能归纳为简单的普遍性。

在形式Ⅱ中,20 码麻布 = 1 件上衣,或 = u 咖啡,或 = v 茶,或 = x 铁,等等。在这一形式中,麻布表现为它自身的相对价值形式,并且能够按照特殊等价形式与其它任何单个商品发生关系:一件上衣,一磅咖啡,等等,能够按照它的特殊等价形式的循环与所有商品发生关系。与麻布相比,任何单一类型的商品都不能被计入它的简单等价形式中,如同个别等价形式中的情形一样;只是到了特殊等价形式的时候,也就是,一种等价形式排除了其它的等价形式。换言之,这样的资本循环就是资本出现在循环的稚嫩的耀眼光芒之中仅仅是倒转的形式,并且因此是包含在后者之中的。在其中,麻布是以其它一切商品一般等价形式的相反形式出现。正如同,除了狮子、老虎、野兔和其它所有构成动物王国的不同种族、物种、亚种、家庭等的真正动物之外,还有其它动物,也就是整个动物王国的个体化身。这种将所有现存种类事物中相同东西包含在自身的一种个别的现实性,是一种普遍的现实性,例如,动物、上帝,等等。①

货币,"一般价值形式"中的上衣(或"货币形式"中的金),并不是简单一般等价物,而是一般的/单个的、具体的等价物,或者说是"等价物的单个性"。这一思想源于 1867 年《资本论》第一章,此前在《1857—1858年经济学手稿》和《政治经济学批判大纲》中已经形成。

　　在交换过程中,一切商品都同作为商品一般的那个分离出来的商品发生关系,都同作为一般劳动时间在一种特殊使用价值中存在的那种商品发生关系。因此,它们作为特殊商品同一个作为一般商

---

① 《马克思恩格斯全集》(第三十卷),人民出版社,1995 年,第 157 页。

品的特殊商品对立起来。①

换言之,普遍性的商品是一种既像所有其他商品一样,又区别于其他所有商品的特殊商品。它只通过其功能处在交换过程中,但也是唯一的,因为它是唯一被赋予体现普遍性使命的商品。货币在马克思看来所发挥的作用类似于在柏拉图(Plato)对话苏格拉底(Socrates)中所发挥的作用。苏格拉底不仅仅在实践上是唯一的,同时他在其他人中也是特殊的。尽管在他的人性和学术优势中缺乏任何偶然性,但他是与特定方式的推理相比的理性;与特定的道德价值相比的伦理;在特殊性或普遍的个性中体现普遍性。②

在这一点上,有必要承认这些关于货币和价值的讨论之间的联系。从经济行为人的主体观点看,特别是从出卖者的观点看,似乎一般的／抽象的劳动时间存在于特殊的／具体的劳动时间下一个层面,或者处在其之外。这是市场经济的特定属性。

与一些马克思的分析家的看法相反,抽象的／一般的劳动像价值一样不可能归纳为在确定的时间内"脑力""体力""神经"等的一种简单生产性消耗。这种劳动在生理学上的现实并不是市场社会的特征,而更应该看作是一种人类学上的事实。然而,市场社会与所有其他社会形态的区别,恰恰在于抽象劳动及其数量不再是简单的生理学上的现实。

在马克思看来,抽象的／一般的劳动像价值一样不能归纳为具体的／特殊的劳动的"类型"。前者不面对后者,同样的,人不面对"保罗·杜兰特"或"吉姆·史密斯"。

抽象的／一般的劳动时间如何存在于特殊的／具体的劳动时间下一个

---

① 《马克思恩格斯全集》(第三十一卷),人民出版社,1998 年,第 441 页。

② 弗莱施曼(Fleischmann)也注意到,苏格拉底也是黑格尔在《逻辑学》(*The Science of Logic*)中出现的单一"观念"的一种幻觉。参见 Fleischmann,1968,p. 245。

层面,或者处在其之外呢? 这种表述的内涵是什么呢? 首先,它意味着抽象的/一般的劳动时间或价值是一种生产活动,必须翻译成它们可能传播的"国外语言":

> 观念不是这样转化为语言:观念的特性消失了,而观念的社会性同观念并存于语言中,就像价格同商品并存一样。观念不能离开语言而存在。观念必须先从本族语言翻译成别族语言才能流通,才能进行交流,这种场合的观念才可作较多的类比;但是这种类比不在于语言,而在于语言的异族性。①

所以在生产者的语言下一个层面的是外化于他们的另一种语言,它们有自己的逻辑和规则。特殊的劳动必须是可以被翻译的,被翻译为抽象的/一般的劳动。翻译的过程就是交换过程。后者就是资本主义经济的柏拉图式的对话。这些对话中的每一个特殊的看法都声称是普遍性的,但是只有苏格拉底的"批判"才能"验证"特殊的看法中的普遍性因素。

商品以效用客体的形式产生于生产领域,其次才是价格。价格是特殊商品内的抽象劳动时间的证明和外部化。这种劳动时间还不是客体,它只作为观念存在;还不是作为一个在生产者的口袋里的客体,而是作为一定数量的货币,作为生产者的意识中的思想。一般的劳动时间只能在交换过程中对象化,商品在这里必须从它的即时性过渡到它的即时的存在:在这个过程中,它变为货币,一种普遍性的商品。

在这个过程中,人们比较他们的私人劳动,并且以这种方式将他们自己与另一个人进行比较。他们以间接的方式这样做,即将他们劳动的产品比作价值,比作一定数量的价值,比作抽象劳动和抽象劳动时间。每一

---

① 《马克思恩格斯全集》(第三十卷),人民出版社,1995 年,第 112~113 页。

个生产者通过为其他人生产，从而也为自己生产，所以依赖于后者。因此生产者的生产独立于他们自己的需要。他们中的每个人都生产使用价值，却是对他人而言的使用价值。结果是生产体系中的生产者普遍依赖，没有人在这个体系中为自己的需要而生产。这些需要由于是不可测量的，因此只能被估计出来。所以管理原则必须干预生产者和消费者、售卖者和购买者；他们两极之间必然存在着调节。这些管理原则，以及他们两极之间的"中介"和"调节"，①就是他们的社会关系，这种社会关系不可避免对个人产生影响，因此呈现出支配的抽象性、自发性和独立性。这就是为什么在市场社会中，"生产过程支配人而人还没有支配生产过程"②。

中介在这里指的不是货币，而是社会必要劳动时间。商品在交换过程中根据自动的规范原则将它自身替换为另一个商品，同时在概念上等同于它自身，在数量上会有变化。抽象社会劳动时间通过决定商品交换中的比例关系，因此重新组织起社会劳动分工。它随之形成"他们的私人劳动的社会关系就表现为现在这个样子，就是说，不是表现为人们在自己劳动中的直接的社会关系，而是表现为人们之间的物的关系和物之间的社会关系"③。

货币以可以理解的方式存在于商品的下一个层面，或者处在其之外。社会必要劳动时间决定交换价值，必然与各种使用价值联系在一起，成为价值的承担者。这种分裂为两个商品——商品和货币——指向了更深刻的现实：它指向了社会关系的自发性，指向了新的理性的"诞生"。抽象劳动时间或者价值就是这么陌生（奇怪），是一种自发的和独立的社会关系，它作为一种自然规律作用于个体上。它没有其他内容。

交换价值是个人要面对的社会关系，呈现着自然条件的外观。这种

---

① 这种表达是马克思本人的，参见《马克思恩格斯全集》（第三十卷），人民出版社,1995年,第293页。

② 《马克思恩格斯全集》（第四十四卷），人民出版社,2001年,第99页。

③ 《马克思恩格斯全集》（第四十四卷），人民出版社,2001年,第90页。

现实的直接后果是社会关系表现为事物之间的社会关系。"这不相干的个人之间的互相的和全面的依赖,构成他们的社会联系。这种社会联系表现在交换价值上。"

> 活动的社会性质……在这里表现为对于个人是异己的东西、物的东西;不是表现为个人的相互关系,而是表现为他们从属于这样一些关系,这些关系是不以个人为转移而存在的,并且是由毫不相干的个人互相的利害冲突而产生的。……在交换价值上,人的社会关系转化为物的社会关系;人的能力转化为物的能力。①

当我们想要具体探究一般的/抽象的劳动时间的内容时,这会使我们讨论商品的拜物教。这不是偶然发生的。没有比一些马克思主义者相信的那样更荒谬了,即认为马克思努力转向这个问题是不必要的、只是补充性的,甚至是肤浅的或令人困惑的。价值与被称为"拜物教"的这种现代"宗教"不可分离。

"商品的拜物教特征"并不是荒谬的现实,尽管它起源于"荒谬的意识"。社会关系是自发的并支配着个体,这一事实处于资本主义生产方式的本质之中。它就是其基础。这种生产方式不断再生产代表个人的意识形态,这就是与这种生产方式相对应的社会关系相伴的事实。这就是为什么这些社会关系似乎是不可改变的,像自然规律一样永久存在。马克思不是化学家。他是哲学家和经济学家。他的"客体"是不可理解的、物质的客体,相反,它是社会现实,更具体地说是资本主义社会和与它相对应的物质上依赖的社会关系。这种个体代表它们与自身的社会关系的方式构成了这些关系的一部分,不可能孤立地进行考察。这些代表不是外在于"真实的客体"的。

---

① 《马克思恩格斯全集》(第三十卷),人民出版社,1995 年,第 107 页。

交换价值与拜物教之间的关系在《政治经济学批判大纲》和《1857—1858 年经济学手稿》中已经形成,但是《资本论》对这种关系进行了最清晰和最连贯的阐述:

> 实际上,劳动产品的价值性质,只是通过劳动产品表现为价值量才确定下来。价值量不以交换者的意志、设想和活动为转移而不断地变动着。在交换者看来,他们本身的社会运动具有物的运动形式。不是他们控制这一运动,而是他们受这一运动控制。要有充分发达的商品生产,才能从经验本身得出科学的认识,理解到彼此独立进行的、但作为自然形成的社会分工部分而互相全面依赖的私人劳动,不断地被化为它们的社会的比例尺度,这是因为在私人劳动产品的偶然的不断变动的交换比例中,生产这些产品的社会必要劳动时间作为起调节作用的自然规律强制地为自己开辟道路,就像房屋倒在人的头上时重力定律强制地为自己开辟道路一样。[①]

在这一段中,存在的思想多于语句。抽象劳动在这里不能被归纳为特定商品中的社会必要劳动时间,而是呈现为一种自发的主体,其生产者就是它自己的局部的、多样的活动,就是它的特定的表现。这就是自我再生产和自我发展的主体,像一个真实的活的社会有机体一样。

事实上,人们通常将一般的/抽象的劳动时间或时间看作自发的社会关系,或者说拜物教是这种关系的直接结果,正如我们已经认为的那样。但是我们将这些简单的观察看作我们的出发点,我们能够最好地理解马克思的一些构想(这使他的一些评论者感到困惑)和更好地探讨它们的具体内容。

例如,路易·阿尔都塞(Louis Althusser)疑惑“使用价值”被认为“价

---

① 《马克思恩格斯全集》(第四十四卷),人民出版社,2001 年,第 92 页。

值”的“承载者-载体”（bearer－trager）以什么方式与它所“承载”的价值相矛盾。他得出结论认为这是一种“神秘”。①

这个结论似乎对我们来说是不正确的。马克思的表述没有任何神秘之处。商品如果不是对立的统一体，那么它可能是什么呢？它只能是保留下来的东西，它实际上根本没有具体的东西。商品如果是一种社会使用价值，那么它的生产可能花费社会既定数量的劳动时间。如果把商品的特定属性先放一边，那么商品的价值可能是这种一定数量的劳动时间。所以这种价值只能是由于词汇的滥用才可能是价值，因为它会与父权制家庭的“价值”或中世纪的劳役没有什么差别。

人们可以说，商品与后者的区别在于这样的事实，即它被生产出来是为了交换的。但是劳动产品的交换是不是市场秩序的具体特征呢？当然不是。印度社会中的铁匠不吃他自己生产的东西。商品交换与一般交换的区别是前者由价值作为中介，就货币来说它是外在于特定商品的东西。没有特殊性也就不存在普遍性，但是在这里是在货币中，在皮肉和骨骼中，体现了一般利益对于特殊利益、社会利益对于私人和个人利益、交换价值对于使用价值。

让我们更进一步考察商品的矛盾。它与价值问题密切相联。这个矛盾首先体现在技术层面：

举例来说：商品作为交换价值应当可以任意分割，作为使用价值却不能任意分割。或者，A 的商品对于 B 是使用价值，而 B 的商品对于 A 却不是使用价值。或者，商品所有者对于他们拿来互相交换的商品有需要，但这些商品是不能分割的商品，在价值比例上也不相等。②

① 阿尔都塞的前言（Avant－propos），载 Dumenil,1978,p.14。
② 《马克思恩格斯全集》（第三十一卷），人民出版社,1998 年,第 444 页。

　　商品的自然属性因此与"交换价值的一般规定"①相矛盾。但是使用价值与交换价值的矛盾不可能仅仅局限于直接交易的技术上的困难。②这些困难明显可以通过发行象征性的记录或"每小时劳动券"来克服。另外，众所周知的是马克思与蒲鲁东的激烈论战，所有人都认为可以通过引入劳动券来避免资本主义危机。③

　　使用价值与价值的冲突关系④在本质上与暂时性冲突相关：如果没有具体的/特殊的劳动时间，也就不存在抽象的/一般的劳动时间。决定价值的同一时间也生产使用价值，前者是具体劳动时间的主观的和抽象的表述。但是一般劳动时间，也就是两极之间的"中介"并不与抽象的认同 A = A 相对应。

　　　市场价值（马克思在这里将这种说法等同于价格）平均化为实际价值，是由于它不断波动，决不是由于和实际价值这个第三物相等，而是由于和它自身经常不相等（要是黑格尔的话，就会这样说：不是由于抽象的同一性，而是由于不断的否定的否定，也就是说，是由于对作为实际价值的否定的它自身的否定）。⑤

　　所以"价值形式的美"在于它是不断的否定的否定的结果。这远远

---

　　①　《马克思恩格斯全集》（第30卷），人民出版社，1995年，第100页。

　　②　阿尔都塞对《资本论》的解读的优点是已经将商品的矛盾看作是一个难题。这种矛盾不可能在于直接交易的困难。但是这种矛盾绝对没有任何共同的东西可以"调情"或"撒娇"，最终通过取消它来解决这一难题。

　　③　《哲学的贫困》，载《马克思恩格斯文集》（第一卷），人民出版社，2009年，第593～656页；《政治经济学批判（1857—1858年手稿）》，载《马克思恩格斯全集》（第30卷），人民出版社，1995年，第68～204页。

　　④　另外，这种关系意味着一般的/抽象的劳动不应该归纳为特殊的/具体的劳动。亚里士多德写道："本质从来没有对立面。第一本质——例如人的第一本质是动物，如何有其对立面呢？没有任何东西是它们的对立面。物种和天才都没有。"（Aristotle, 1938, p. 31.）

　　⑤　《马克思恩格斯全集》（第三十卷），人民出版社，1995年，第85页。

超出仅仅为"谜"的表述。另外，根据马克思自己的说法，"观念的社会性同观念并存于语言中，就像价格同商品并存一样"。价值是双重否定的产物，这既不是它的观念的外化也不是它的补充。

一般劳动时间或价值不仅指的是生产使用价值的时间，而且指的是旨在占有这些使用价值的等级形式所付出的时间。

所以价值就是这两个时间的联系和相互作用。对《资本论》的这种解读可能是很"异端的"。但是它不仅与《资本论》的精神而且与它的实际文本相对应。

马克思在1868年7月致库格曼的信中，强调"在社会劳动的联系体现为个人劳动产品的私人交换的社会制度下，这种按比例分配劳动所借以实现的形式，正是这些产品的交换价值"①。这意味着各种生产活动之间的联系是由于交换过程中发生的对抗（confrontation），而价值就是这种对抗。

马克思与"劳动券"理论的支持者的争论可以概括为一句话：如果价值可以分为价值和价格（根据《资本论》的术语，马克思可能用价值和交换价值这样的说法），那么同一劳动时间不仅与自身相等，也会与自身不相等，而在"劳动券"基础上这是不可能的。

所以一般的/抽象的劳动时间的概念角色并不仅仅适用于商品的共同因素，而且是"与商品相对立的第三物""固有的本质""存在于商品之外"。②

马克思的许多分析家对《资本论》第一章强调和回顾的东西是可公度性（commensurability）的原则。在数量上两个不同事物的量的比较的前提是它们被归纳为共同的质。对它们的评论没有承认可公度性解决了它以复杂的和间接的方式提出的难题。

---

① 《马克思恩格斯选集》（第四卷），人民出版社，2012年，第473页。
② 《马克思恩格斯全集》（第三十卷），人民出版社，1995年，第100页。

一般的/抽象的劳动时间一旦不再是简单的人类学上的事实,而是旨在成为一种社会关系,那么它就会采取货币形式,就采取与它的概念相适应的形式,以便面对特殊的商品并否定无条件的可交换性。

价值与使用价值相矛盾,因为前者以其即时简单性(指的是社会以货币形式付出的时间),旨在占有使用价值,而后者指的是在私有生产条件下用在其生产中的劳动时间。商品是使用价值和价值的统一体,但是等价物(货币)通过交换过程体现了价值与使用价值的对立。这个矛盾体现为或者外化于各种生产活动中社会劳动时间的不断再生产。并且,这确实是一个矛盾,因为个人不是根据他们的需要来分配他们的劳动时间,而是面对他们在市场中的商品,因此目的是根据这种方式产生的振荡强度重新组织他们的社会劳动。

我们根据这种方式是不是将价值等同于货币,将特殊商品等同于使用价值呢? 确实不是。下一章将表明为什么不是这种情况。

使用价值与价值的矛盾关系以极为惊人的方式表现在其激烈的资本主义过度生产的危机中。

列宁可能正确地注意到:

> 马克思在《资本论》中首先分析资产阶级社会(商品社会)里最简单、最普通、最基本、最常见、最平凡、碰到过亿万次的关系:商品交换。这一分析从这个最简单的现象中(从资产阶级社会的这个"细胞"中)揭示出现代社会的一切矛盾(或一切矛盾的萌芽)。往后的叙述向我们表明这些矛盾和这个社会——在这个社会的各个部分的总和中、从这个社会的开始到终结——的发展(既是生长又是运动)。①

除了"到终结"这样的表述之外,列宁的看法对我们来说似乎是完全

---

① 《列宁选集》(第二卷),人民出版社,2012 年,第 558 页。

正确的。

　　我们现在进一步具体考察"抽象劳动时间"这一概念的真实内涵,存在的风险在于脱离了马克思在《资本论》第一卷特别是第一章中的方法。但这仅仅是这些章节中仍然不明确的地方的明晰化和预测。①

　　我们已经连续地表明抽象劳动时间与生活中经历的时间不同,它不能归纳为劳动的生理学上的现实或类型,它并不外在于商品矛盾,相反,它内在于它。从实证角度看,它已经向我们揭示如下秘密:正是社会关系支配着行为主体,而不是行为主体支配着社会关系,它包含着矛盾,因为它既是特定商品的内在品质,又是其外在品质。

　　我们的分析从市场生产者的观点或商品开始。我们现在需要从劳动的观点开始进行考察。

　　抽象劳动作为一种普遍性首先是一种否定。它不是可以感知的现实。抽象劳动作为一种普遍性超出了所有劳动的局部行为,并包含它们。它是"绝对的"抽象,使我们脱离了劳动的所有具体的或部分的形象,是个人的经验意识的一种净化。这种意识的"净化",这种高度的抽象,都是必要的,因为只有这样,我们才能理解这样的方式,即"(抽象的)劳动……似乎不是不同人的劳动,相反,工作中的不同个人似乎仅仅是这种劳动的器官"。

　　我们必须切实采取路线。资本主义生产条件下的劳动并不是不同主体的劳动,相反,劳动就是主体,个人(特殊生产活动等)仅仅是它的器官。这意味着抽象劳动不是不同劳动的具体特征的抽象,而是一种抽象和根本性的活动。这是马克思谈到的真正的抽象。这仅仅意味着"人们"不会将具体劳动的特定特征放在一边,而是劳动本身以整体形式可以为人们所熟知。与生产方式的所有其他方面相反,资本主义下任何事情

---

　　①　读者如果愿意的话,可以先跳过这一章,最后再回到这一章。随后的讨论并不影响当前研究的连续性。

都可能发生,似乎劳动本身被理解为主体,似乎它以意识的"自我"存在的方式存在着。

抽象劳动作为普遍性,作为主体,在抽象的这一层面上只是形式主义的例子。抽象劳动是一个建立在它自己的局限性基础上,并受到它自己限制的总体。它是中立的。但正是这种总体马上会产生偏向,如果抽象劳动不是劳动的局部行为,那么对另外的什么东西是"中立的"呢?所以,抽象劳动产生于它自身内部常常称为"劳动分工"的分工。作为简单的中立,这是普遍性、本质和纯粹否定。作为这种中立的偏向,它在一定程度上将自己分为抽象劳动和具体劳动,它是特殊的。特殊劳动与特殊生产活动相对应,与由抽象的/具体的劳动对象化的特殊的使用价值相对应。可以说,这些是上述提到的"自我"的各种表述。

根据通常解读《资本论》的方式,商品将自身分为抽象的和具体的劳动,在价值与使用价值方面,如果它不是使用价值也不可能是价值,反之亦然。这是正确的,但还不充分。抽象劳动在它自身内部将自身分为抽象劳动(普遍性)和抽象的/具体的劳动(特殊性)。使用价值不仅仅是商品的一个方面,而且是价值的一个方面,是它的一种特殊化。使用价值作为一种自然形式,在资本主义中没有独立于价值的理论地位。在这种情况下,它是为了谁才是使用价值呢?当然,如果一个人将这个术语理解为一种注定不会用于销售的产品,那就另当别论了。但是这种产品通过什么方式与资本主义相关呢?使用价值一般情况下可以在没有价值条件下存在,只可惜这种情况下的使用价值在我们感兴趣的目标之外。使用价值作为价值的特殊化,也就是作为特殊的商品、特殊的生产活动等,只能有一种含义;简言之,它成为一般的人类劳动的特殊化或者社会劳动的具体分支。每次特殊化不是不可改变的,而经常是暂时的,因为它常常屈从于货币批判。对我们来说,似乎更正确地认为商品分为价值和价值/使用价值,旨在强调资本主义下使用价值的非独立(以及中立的)的特征。

所以抽象劳动呈现出两种形式:作为与自身(价值、普遍性)联系在一起的简单统一体和作为"合成"统一体(价值/使用价值、抽象的/具体的劳动、特殊性)。明显地,如果不是后者,也就不可能是前者。商品(固定资本等)在马克思看来是不是偶然被分为价值和使用价值,而不是价值和"统一体"呢? 可能不是。所以通常的词汇服务于简略的目的。

正如我们已经看到的,普遍性的商品或者货币是一个普遍性的具体,因为它体现了特殊性中的一般性。根据黑格尔的说法,它也可以称为"普遍性的个体"(或者非经验的)。它指的是抽象劳动的普遍性的方面和特殊性的方面统一体,价值与使用价值的统一体。它是它们的融合:货币的使用价值在于它的普遍性的和无条件的交换性。

在马克思看来,货币作为抽象的/具体的劳动的批判,是各种生产活动协调的中心。正是从所有不合适的"本质"中进行的主体/劳动的纯化,才使它不会自由地发展。正是由于消除了所有关于劳动的表述,劳动不可能再进行区分,它自我保护起来。这是一个它本身自我反思的时刻,就像古代的思想借助于苏格拉底的批判来思考和净化自我、澄清和发展自我一样。

这种对抽象劳动的"解读"是回顾性的。它建立在马克思根据《资本论》第一章的讨论基础上。有必要首先研究《资本论》三本理论著作,重新回到开始的地方,考察在这一点上什么东西仍然需要完善。抽象劳动作为价值被认为是一种普遍性、特殊性和个别性,它不可能只是其中的一个而抛开其他方面。这种解读是联系而不是脱离经济生活,因为每种情况包含了全部总体,且没有消除形式上的差异。我们相信这种解读与马克思的精神相吻合,绝不会成为关于《资本论》的作者的"稀奇看法"。

也有必要注意到我们的阐述方式纯粹是逻辑上的。明显不是作为普遍性的抽象劳动引入了它自身的分裂(正如我们注意到的),而是因为普遍性在逻辑上是前于特殊性的。正是人类的经济-历史行为才建立起社会关系。

它们在经济学上"解密"遵循纯粹的逻辑顺序,因为呈现在经济学家面前的是完全的客观的东西,它必须在逻辑上进行重构。这个客体在某一历史时期如何形成和为什么会形成,并不是经济学家关心的,但是它对于历史哲学家来说是至关重要的。

根据这种方式考察抽象劳动只是社会资本的一个初步的、抽象的类比。抽象劳动与表面现象相反,它只在逻辑上而不是历史上成为资本的先导,而抽象劳动只有作为资本才是真实的存在。

第三章

社会必要劳动时间

"空间和时间一般是被分开的两极:有了空间,我们也就有了时间。哲学对这里的'也'提出了质疑。"①

商品矛盾性本质的一个方面是,只有通过它内部所出现的一种差异性的事后结果,价值才能在数量上确定下来。社会必要劳动时间是一般的/抽象的劳动在数量上的确定,正如我们将看到的,它的定义是矛盾的。

马克思意识到他正在提出一个矛盾的社会劳动时间的定义。他在《资本论》第一卷第一章中,隐约地提到这个矛盾,但并不认为它是一个需要关注的重要问题。为什么呢? 很简单,因为在没有提到诸如剩余价值/利润、必要劳动时间(对于劳动力再生产来说)、工资、周转时间等理念之前,不可能明确地讨论它。马克思明确地讨论这一矛盾是在《资本论》第三卷第十章,名为"一般利润率通过竞争而平均化。市场价格和市场价值。超额利润"。

让我们从《资本论》第一卷第一章开始:

> 如果生产商品所需要的劳动时间不变,商品的价值量也就不变。

① Hegel, Volume I, 1970, p. 229.

但是,生产商品所需要的劳动时间随着劳动生产力的每一变动而变动。劳动生产力是由多种情况决定的,其中包括:工人的平均熟练程度,科学的发展水平和它在工艺上应用的程度,生产过程的社会结合,生产资料的规模和效能,以及自然条件。①

为了简化,我们将这种社会必要劳动的定义称为马克思的技术上的定义。社会必要劳动时间依赖于劳动的生产力,它在数学上成反比。劳动生产力越发达,既定数量的使用价值的生产所必需的时间就越少。我们注意到这种时间涉及的是平均强度下付出的劳动。这种对必要劳动的界定就是马克思所称的"时间的化身":

> 由经验确定的一定的产品量,现在只不过代表一定量的劳动,代表一定量凝固的劳动时间。它们只是一小时、两小时、一天的社会劳动的化身。②

但是后来的文本"纠正"了第一章中对社会必要劳动时间的技术性定义:

> 谁用自己的产品来满足自己的需要,他生产的虽然是使用价值,但不是商品。要生产商品,他不仅要生产使用价值,而且要为别人生产使用价值,即生产社会的使用价值。……最后,没有一个物可以是价值而不是使用物品。如果物没有用,那么其中包含的劳动也就没有用,不能算作劳动,因此不形成价值。③

---

① 《马克思恩格斯全集》(第四十四卷),人民出版社,2001年,第53页。
② 《马克思恩格斯全集》(第四十四卷),人民出版社,2001年,第221页。
③ 《马克思恩格斯全集》(第四十四卷),人民出版社,2001年,第54页。

尽管马克思确实在这一段里没有使用"社会必要劳动"这个术语,但是他在心里已经有它了。所以劳动时间是在"正常的"社会条件下花费的劳动时间的说法,并不充分。这种时间是劳动而不是劳动-消耗的说法①,也不充分,因为它需要社会承认。这意味着它必须出售出去,因为为了生产一个商品所花费的时间的有用性特征能够得到自我证明就是当它出售出去的时候。

这种对社会劳动时间的定义纠正了技术性的定义,但前者与后者相矛盾。第一种定义指的是社会(在正常条件下)生产商品所花费的时间,第二种定义指的是社会承认这种对社会有用的商品生产的时间;第一种定义指出了商品中表现出的时间的重要性,第二种指出了货币中表现出的时间的重要性。

将马克思的文本从这种矛盾的"黑恶"中拯救出来的唯一办法是,假定技术上必要的商品生产花费的时间在一定程度上必须是社会承认的。这是不可能的,因为这两种时间之间没有即时的联系。前者随着劳动生产力的变化而变化,后者随着社会阶级之间力量的变化而变化;前者指的是生活的社会技术条件,后者指的是与特定的使用价值相联系的社会需要的范围;前者指的是社会劳动分工,后者指的是收入分配。所以经济学家被迫作出抉择:或者他承认矛盾是客观的矛盾,或者他武断地——以使他的表述(伪)清晰为名——将社会必要劳动时间的两个方面中的一个方面置于优先地位。马克思选择了第一种解决办法,《资本论》开头也是这样做的,正如下面一段表明的,这一段是引自第一部分的第三章:

　　如果市场的胃口不能以每码 2 先令的正常价格吞下麻布的总

---

① 例如,一个人可以生产"20 米布"或者"整套"货币不是根据平均水平的生产率或劳动强度,而是根据与平均水平没有任何关系的个人的方法和速度。但是这些商品的等价物——两盎司黄金——不会改变。

量,这就证明,在全部社会劳动时间中,以织麻布的形式耗费的时间太多了。其结果就像每一个织布者花在他个人的产品上的时间都超过了社会必要劳动时间一样。①

《资本论》第三卷的第十章——正是考察我们现在阐述的内容——可惜的是,它并没有完成,常常并不明晰。② 它可能缺乏的不仅仅是"最后的接触"。但是在这一章的一些段落的基础上,可能重构马克思关于社会必要劳动时间的思想。

在市场上现有的物品量和这些物品的市场价值之间只有这样一种联系:在一定的劳动生产率的基础上,每个特殊生产部门制造一定量的物品,都需要一定量的社会劳动时间,尽管这个比例在不同生产部门是完全不同的,并且同这些物品的用途或它们的使用价值的特殊性质没有任何内在联系。在其他条件完全相同的情况下,如果 a 量的某种商品花费劳动时间 b,na 量的商品就花费劳动时间 nb。其次,既然社会要满足需要,并为此目的而生产某种物品,它就必须为这种物品进行支付。事实上,因为商品生产是以分工为前提的,所以社会购买这些物品的方法,就是把它所能利用的劳动时间的一部分用来生产这些物品,也就是说,用该社会所能支配的劳动时间的一定量来购买这些物品。社会的一部分人,由于分工的缘故,要把他们的劳动用来生产这种既定的物品;这部分人,当然也要从体现在各种满足他们需要的物品上的社会劳动中得到一个等价物。但是,一方面,耗费在一种社会物品上的社会劳动的总量,即总劳动力中社会用来

① 《马克思恩格斯全集》(第四十四卷),人民出版社,2001 年,第 128 页。
② 对应《资本论》第三卷第十章"一般利润率通过竞争而平均化。市场价格和市场价值。超额利润"。(《马克思恩格斯全集》(第四十六卷),人民出版社,2003 年,第 193~221 页。)

生产这种物品的可除部分,也就是这种物品的生产在总生产中所占的数量;另一方面,社会要求用这种特定物品来满足的需要的规模之间,没有任何必然的联系,而只有偶然的联系。尽管每一物品或每一定量某种商品都只包含生产它所需要的社会劳动,并且从这方面来看,所有这种商品的市场价值也只代表必要劳动,但是,如果某种商品的产量超过了当时社会的需要,社会劳动时间的一部分就浪费掉了,这时,这个商品量在市场上代表的社会劳动量就比它实际包含的社会劳动量小得多。①

这里运用"社会劳动"这个术语,一定会引起我们注意。马克思运用这个术语明显采用的是矛盾的方式。生产特殊商品的社会必要劳动时间并不与社会在市场上承认的相对应。所以一部分劳动时间就浪费了。社会与社会相矛盾,相排斥。②

现在有必要沿着马克思的方式,在特殊的生产部门层面上详细考察这种矛盾。他的目的是确认供给与需求规律和交换价值的联系。

马克思在讨论供给与需求时写道:"如果有两种力量按照相反的方向发生相等的作用,它们就会互相抵消,而不会对外界发生任何影响。"③所以在供给与需求平衡时,阐述马克思的与社会必要劳动时间决定的关系的思想是恰当的。我们将暂时撇开这种矛盾,以便更好地面对它后来提出的理论难题。

马克思假定在特定的生产部门,存在着三个阶级的生产,他们单个的价值不同。马克思考察了当这三个阶级所占的相对权重发生变化时,对社会劳动时间产生的影响。

---

① 《马克思恩格斯全集》(第四十六卷),人民出版社,2003 年,第 208 页。
② 这种表达是鲁伊·福斯托(Ruy Fausto)的,参见 Fausto,1986,p. 173。
③ 《马克思恩格斯全集》(第四十六卷),人民出版社,2003 年,第 211 页。

在第一种情况中，社会必要劳动时间与在平均条件下生产的阶级的单个价值相等。另外的两个阶级——一个在有利的条件下生产，另一个在不利的条件下生产——彼此相互抵消。所以市场价值是这三个阶级的单个价值的统计上的平均值。

在第二种情况中，在不利的条件下生产的阶级面对另一端的阶级并不是完全中立的，根据这种方式，市场价值接近（当然没有等同于）在有利的条件下生产的阶级的单个价值。

最后，在第三种情况中，在有利的条件下进行生产的阶级比那些在不利的条件下生产的阶级更有优势。所以市场价值接近于以有利条件进行生产的阶级的单个价值。

在这三种情况中，逻辑原则是同样的。社会必要劳动时间常常是三个单个时间段的统计平均数。

供给和需求在现实中从来不会相等，或者说，如果它们相等，那也纯粹是偶然的。但是这种不相等并不一定是经济趋势或结构失衡的体现。所以在承认产生市场价值和市场价格之间差异的这两股力量之间的不均衡后，在承认不时将取消彼此的差异后，这就变得非常容易了。当供给超过需求，商品就在它们的市场价值之下被出售，而当需求超过供给，它们就会以高于其市场价值被出售。

如果市场价值和市场价格只表现脆弱的经济趋势，那么它们之间的差异不值得任何更多的关注。但它确定发生这样的情况，即"有偿还能力的社会需求"可能屈从于在很大程度上与围绕分配的斗争相关的突然的和巨大的变化。

在这里顺便指出，"社会需要"，也就是说，调节需求原则的东西，本质上是由不同阶级的互相关系和它们各自的经济地位决定的，因而也就是，第一是由全部剩余价值和工资的比率决定的，第二是由剩余价值所分成的不同部分（利润、利息、地租、赋税等）的比率决定的。①

另一方面，供给也屈从于诸如"革命性的"技术创新而产生的突然变化。当结构失衡表现为供给与需求的差异时，对必要劳动时间的界定令人吃惊地呈现出矛盾。

马克思一旦将市场价值界定为三个阶级的单个价值的统计学层面的平均数，那么他就是想要考虑"社会需要"的范围，也就是"只要一方面有了整个生产部门的产品，另一方面又有了社会需要，这个量就是一个重要的因素了"②。

假定这个量就是通常的供给量……如果对这个总量的需求仍旧是通常的需求，这个商品就会按照它的市场价值出售，而不管这个市场价值是按以上研究过的三种情况中的哪一种情况来调节。这个商品量不仅满足了一种需要，而且满足了社会范围内的需要。与此相反，如果这个量小于或大于对它的需求，市场价格就会偏离市场价值。第一种偏离就是：如果这个量过小，市场价值就总是由最坏条件下生产的商品来调节，如果这个量过大，市场价值就总是由最好条件下生产的商品来调节，因而市场价值就由两端中的一端来决定。尽管单纯就不同条件下生产的各个量的比例来看，必然会得到另外的结果。③

---

① 《马克思恩格斯全集》（第四十六卷），人民出版社，2003年，第202页。
② 《马克思恩格斯全集》（第四十六卷），人民出版社，2003年，第206页。
③ 《马克思恩格斯全集》（第四十六卷），人民出版社，2003年，第206页。

这一段①并不很清晰。马克思首先试图考察市场价格与市场价值之间的差异。然后,他不是谈及这些差异,而是提出市场价值本身的决定。根据他的看法,当考虑到社会需要的范围时,市场价值可能不是这三大阶级的单个价值的平均数,而是处于两极的阶级中其中一个阶级的价值。当然,人们认为马克思在这一段落中在使用术语上有误,代替"市场价值"的应该是"市场价格"。我们不这样认为。市场价值与它本身之间的差异,需要认真考虑。

马克思继续说了下面一段话:"如果需求和生产量之间的差额更大,市场价格也就会偏离市场价值更远,或者更高于市场价值,或者更低于市场价值。"②

市场价值是从什么时候开始分离的呢? 如果不是它自身分离的话。

最终,下面这段话应该会消除任何萦绕着的疑虑:

> 在一定的价格下,一种商品能在市场上占有一定的地盘;在价格发生变化时,这个地盘只有在价格的提高同商品量的减少相一致、价格的降低同商品量的增加相一致的情况下,才能保持不变。另一方面,如果需求非常强烈,以致当价格由最坏条件下生产的商品的价值来调节时也不降低,那么,这种在最坏条件下生产的商品就决定市场价值。这种情况,只有在需求超过通常的需求,或者供给低于通常的供给时才可能发生。最后,如果所生产的商品的量大于这种商品按中等的市场价值可以找到销路的量,那么,那种在最好条件下生产的商品就调节市场价值。③

---

① 《资本论》1968 年法文版的翻译者是加利马尔(Gallimard),他根本没有翻译这一段。他注意到马克思"尝试通过引入供给和需求来详细说明市场价值方面的变化"。(Marx,1968,p. 1756.)

② 《马克思恩格斯全集》(第四十六卷),人民出版社,2003 年,第 206 页。

③ 《马克思恩格斯全集》(第四十六卷),人民出版社,2003 年,第 199~200 页。

我们在这里以更成熟的、更明确的方式看到价值概念为什么是双重否定的产物的原因。马克思正在说的是价值与自身相区别，因为它在市场不并代表它应该"代表"的东西，如果它被理解为既定数量的劳动。

社会必要劳动时间的矛盾的界定是与商品的矛盾的本质密不可分的。实际上，商品的矛盾以不同方式表现出来："在商品的供求关系上再现了下列关系：第一，使用价值和交换价值的关系，商品和货币的关系，买者和卖者的关系；第二，生产者和消费者的关系。"①

根据通常解读马克思的方法，这种决定处在彼此的外部。在这种解读中，价值规律和市场规律构成分离的几何空间，根据这种方式人们需要通行证才能从一个空间到另一个空间。这并不是马克思或恩格斯的意见。恩格斯捍卫马克思对洛贝尔图斯（Rodbertus）的批判，写道："只有通过竞争的波动从而通过商品价格的波动，商品生产的价值规律才能实现，社会必要劳动时间决定商品价值这一点才能成为现实。"②

价值规律是一种"无序的秩序"，管理原则是彼此之间独立地作出决策。价值或社会必要劳动时间使自身"更快：①资本有更大的活动性，也就是说，更容易从一个部门和一个地点转移到另一个部门和另一个地点；②劳动力能够更迅速地从一个部门转移到另一个部门，从一个生产地点转移到另一个生产地点"③。

马克思并没有仅仅用矛盾的方式界定社会必要劳动时间。他也从理论上提出了解决矛盾的办法。他认为在供给和需求既定的主要差异下，价值量可以用他的模式中两个极端的阶级中的一个作为出发点来决定。

但是我们对这个解决办法似乎非常不满意。这里，马克思与他的习惯相反，试图在后者有时间考虑自己之前思索他的目标。在这个时间能

---

① 《马克思恩格斯全集》（第四十六卷），人民出版社，2003 年，第 214 页。
② 《马克思恩格斯文集》（第四卷），人民出版社，2009 年，第 209 页；恩格斯的这个看法出现在马克思《哲学的贫困》德文第一版的前言中。
③ 《马克思恩格斯全集》（第四十六卷），人民出版社，2003 年，第 218 页。

够产生社会影响之前,确定生产这样一种商品的生产过程中的社会必要劳动时间有什么用呢? 如果没有澄清价值与自身之间的差距,那么三个阶级的模型有什么理论价值呢? 马克思本人似乎根本不满意他自己的论断:"如果供求决定市场价格,那么另一方面,市场价格,而在进一步分析下,也就是市场价值,又决定供求。"

> 除了价格由供求决定而同时供求又由价格决定这种混乱观点①之外,还要加上:需求决定供给,反过来供给决定需求,生产决定市场,市场决定生产。②

事实上,马克思在这一章里并没有充分地将他心中的这两个具体思想协调起来:就是①供给和需求最终成为"同义反复",不能解释价值,但是可以通过价值来解释;②"社会需要"和它的范围太关键了,却被忽略了。

某些《资本论》的马克思主义分析者并没有看到上述的任何矛盾。这也能解释为什么常常存在对《资本论》新的和更相关的解释。如果非矛盾原则的教条不被抛弃——一个特殊顽固的思想——《资本论》的真实含义就不会被掌握。我们因此将遵循与雅克·比岱(Jacques Bidet)相反的路径,他声称(如果我们正确理解他的话)《资本论》的矛盾"可以根据非矛盾的普遍性原则进行准确阐释"③。对马克思的矛盾的批判——例如卡斯托里亚迪(Castoriadis)④的批判——已经构成更加"丰富的"出发点。在卡斯托里亚迪发现社会必要劳动时间的"矛盾"很久以前,格里

---

① 最初的文本是"为了这个混乱……"(Zu dieser Konfusion...)
② 《马克思恩格斯全集》(第四十六卷),人民出版社,2003 年,第 212～213 页。
③ Bidet,1985,p.160.
④ Castoriadis,1978,特别是第 249～269 页。

格拉维希斯(Grigorovicis)在 1908 年就已经概述了这种"科学理解"的历史。[1] 罗斯多尔斯基(Rosdolsky)正确地掌握了社会劳动时间的这两个方面。与这个问题相关,他引用恩格斯的话,恩格斯也相信社会劳动"不论从个别产品对同类其他产品的关系上来说,还是从它对社会总需求的关系上来说都是必要的劳动"[2]。罗斯多尔斯基注意到许多学者将社会劳动时间的"矛盾"视为学术上"无法容忍的",然而,在他看来,它只是"表面上的"。[3] 这里看一下罗斯多尔斯基解读的局限,他的论断——企图表明这种矛盾只是表面上的——对于那些熟悉马克思著作的学者来说常常是脆弱的(几乎不存在)。[4] 另外,正是马克思本人提到了"混乱",使我们重新考察他的著作还没有解决的难题。但是这种混乱并不直接关系到这种矛盾,相反,它直接关系到价值规律和供求规律之间的确切关系。矛盾是真实的,必须如此处理,必须完全接受。这是我们在下一章要做的。

[1]　转引自 Rosdolsky,1977a,p. 90。

[2]　《马克思恩格斯文集》(第四卷),人民出版社,2009 年,第 211 页。原文为作者转引自 Rosdolsky,1977a,p. 89。——译者注

[3]　Rosdolsky,1977a,p. 90.

[4]　Rosdolsky,1977a,pp. 90 – 95.

第四章

黑格尔的尺度和价值作为"本质"的理论

　　与第三章"尺度"中看到的供给和需求难题相(矛盾地)类似的难题是"本质的生成"。"尺度"出现在黑格尔的《逻辑学》(*Science of Logic*)的第三部分。对我们来说,通过运用黑格尔的思想,似乎可能一方面深入探讨供给和需求之间的关系,另一方面深入探讨供求规律和价值规律之间的关系。

　　黑格尔在"尺度"里,阐述了"质"和"量"的内在联系。[1]

　　这一部分的第二章是"实在的尺度",部分探讨哲学家称为的"尺度的节点线"。这种表达表明由质上的不连续性规定的量的本质的演进。

　　这种节点线最流行的和最为人们所熟知的例子是水的节点线,因为温度的变化,它会经过固体、液体和气体三个阶段。黑格尔强调节点线的质的不连续性不是"逐渐"发生的,而是以突发的方式,通过质的飞跃:"任何生与死,不是向前渐进的,而是它被打断,从一种质向另一种质的变化的飞跃。"[2]

---

　　[1]　法文版的"尺度的理论"由翻译者安德烈·多兹(Andre Doz)进行了扩展,并进行了非常有意义的评论。

　　[2]　Hegel,1989,pp. 369 – 370;Hegel,1969a,p. 440.

节点线的另一个例子是音乐的协奏:"虽然连续的音符似乎越来越远离基调……事实是突然出现了一个回归,令人吃惊的节奏。"①

由于市场交换与化学合成的相似性是可以观察到的,因此我们在这里特别关注一下有关化学关系的节点线。黑格尔在"实在的尺度"这一章里,列出了不同程度复杂性的节点线的各种例子。

他在谈到化学物质如酸和碱时,注意到"他们似乎是内在的确定的东西,但是,事实是它们是物体的不完全的要素",为了将彼此结合起来就要消除他们的"隔离"。这些物质的质上的本质在一定程度上包裹在它们的量里面,因为它"存在于这种关系的特殊数量模式"②中。更具体地说,它是"构成物体质上的本质的""饱和度所要求的具体数量",因为正是通过这个具体的数量,物体"才从它自身的角度看是它应该成为的东西"③。黑格尔的观察可以转移到经济学领域。商品的主要社会本质在于数量表述,据此它与另一些商品相关。商品的所有者知道他的商品的"饱和度所要求的具体数量",即它能够交换的其他商品的数量。另外,马克思本人注意到化学合成与市场交换之间的相互性。谈到商品,他注意到"成为等价物,正如简单的化学物质按一定比例化合而形成化学当量一样"④。

让我们回到黑格尔的化学合成。化学物质的质上的本质(诸如碱和酸)可以运用"构成成分的系列特色"⑤进行具体化,而这源于它与那些物体的合成或中立(可能是与它进行合成)。例如,酸(A)具有他自身的特征,与碱根据一定的比例进行合成;我们就得到了下面的系列特征:⑥

---

① Hegel,1989,p.369;Hegel,1969a,p.439.

②③ Hegel,1989,p.357;Hegel,1969a,p.423.

④ 《马克思恩格斯全集》(第三十一卷),人民出版社,1998 年,第 427 页。这不是马克思看到的唯一的类似性。

⑤ Hegel,1989,p.352;Hegel,1969a,p.417.

⑥ 关于《资本论》第一章与尺度理论的关系,参见多兹(Doz)的《马克思的货物分析与黑格尔的计量理论》(*Analyse de la marchandise chez Marx et theorie de la mesure chez Hegel*),载 D'Hondt,1974,pp.62 – 91。

（A）$a/A = 1/2$，$b/A = 2$，$c/A = 3$，等等。（当然，这些数字是随机选取的。）

同样的原则也适用于另一物体酸（B）：

（B）$a/B = 1$，$b/B = (4)$，$c/B = (6)$，等等。

物体 B 和 A 通过它们的系列数字，成为可比的和可公度的。从这一点出发，这个极数成为它们"决定性的""共同的单位"[①]（$A = 2B$）。另外，在括号中的 B 级数的数字是可以推理的。

丹尼斯写了这样一段与上述相关的话：

> 但是，需要引起我们注意的是支配商品交换的同一规律。例如，瓦尔拉对这个规律进行如下概括："对于处于一般均衡状态的市场来说，任何两个商品的一个对另一个的价格必然等同于这两个商品在第三个商品中的价格关系。"[②]

黑格尔在讨论了"选择性亲和性"（elective affinity）[③]这个概念之后，回到了这些特殊的级数，旨在强调这种时间是中性结合（neutral combination）。根据这种方式，中性结合以某种方式"外在于它们自身"。这种外在化包括什么呢？例如，当第一次结合 a/A 消失，它的地位让给 a/B 和 b/A 的中性结合时，实际上它并没有完全消失。它在理念上出现在 a/B 和 b/A 之中，因为它的质上的本质是建立在数量决定的基础上的，而数量决定又隐含在这些结合中。所以它在物质上消失了，但是它在理念上继续存在，成为一种可能。

黑格尔然后提出这样一个问题，是不是存在一个原则能够解释这些

---

① Hegel，1989，p. 353；Hegel，1969a，p. 418.

② Denis，1984，pp. 68 – 69.

③ 关于这个概念的简史以及试图将其运用于社会科学（知识社会学），参见 Lowy，1988。

中性结合呈现为一系列的比例关系（"关系尺度"），各方都有它自身的质：为什么 a/A＝1/2，b/A＝2？是不是可能存在一种看不见的物质基底（material substrate），在某一节点线的所有的质的状态（中性结合）中"谨慎地"呈现唯一的质呢？如果是这种情况，那么"质的状态"可以被认为是同一质的不同数量表现。并且，如果这种质确实存在，它必然包括根据数量的变化对它的不同现象进行解释的原则，因为如果是相反的情况，没有任何东西使我们确认它的存在，它将会作为在所有的节点线的中性结合中的永久的质而自我否定。

> 与尺度关系的自身的关系区别于代表它数量方面的外在性和可变性，因为与这些相反的自身相关，它是一个确定现在的、质上的基础——一种永久的、物质的基底，这种基质作为尺度在其外在性与自身的连续性，必然在它的质中包含着上述提到的这种外在性具体化的原因。①

当然，黑格尔的这些思索是复杂的。但是如果我们将它们移置到经济学领域，我们更容易理解它们。中性结合或"关系尺度"对我们来说是交换关系。它犹如黑格尔提出了这样一个问题：除了交换关系之外，是否还存在着一种以物质的基底形式存在的交换关系，而这种物质的基底则隐含在所有交换关系之中。如果是这种情况，那么它的质不是所有交换关系的指导原则起作用的属性，又是什么呢？换言之，在对马克思的简单解释中，这种物质的基底将是生理学意义上的抽象劳动（肌肉等的消耗）；在新古典理论中，它可能是"稀缺性"。

新古典理论和对马克思的简单化理解一样，对它们来说，黑格尔在逻辑上已经证明这种基质——最初以假定的方式引入——在它内部矛盾的

① Hegel，1989，p. 367；Hegel，1969a，p. 436.

影响下扭曲了。

黑格尔为了简化他的分析,在"尺度"那部分的第三章"本质之变"①中将中立结合的数量降为两个。每一个中立结合现在被认为是基质的一个瞬间,一个"状态"或一个"方面"。根据这种方式,"(在节点线内)改变只是状态的变化,这种转变的主体仍然在这个过程中保持不变"②。

当然,在这个过程中保持不变的转变主体是基质,它作为指导原则,仍然与它自身保持同一性,尽管它有多种数量表现。

因此,基质(substrate)有两个状态,并且这两个状态可以相互转化。这种基质"与确定性、中性相关"。黑格尔继续说:"因此,它首先在本质上仅仅是它所呈现的数量上的外部中立。"③

基质的状态可以体现在数字上(它们的系数)。所以如果基质是这两个状态,那么它必然是这两个系数的"和"。这个状态是基质的瞬间或"方面",因此它"……受到它们之和的固定范围的约束"④。这两个状态中的一个的最大值对应另一个的最小值。黑格尔谈到这两个瞬间的"反向关系"(inverse relation)。正如多兹注意到的,"反向关系"这个术语并不是在它的数学准确含义上使用的。公式 $X \cdot Y = S$ 或者 $X/S = Y$,但是 $X + Y = S$,X 和 Y 代表的是"方面",S 是它们的和。

让我们在这里记住 $a/A = 1/2$ 和 $b/A = 2$。因为基质是"中立",它可能既是 $1/2$ 又是 2,也就是 $2\frac{1}{2}$。因此如果比如 a/A 的比例关系向上变化,那么 b/A 的比例关系一定会向下变化:两个状态中一个的最大值应对另一个状态的最小值。

这在经济学上意味着什么呢?黑格尔的中性结合实质上是一个新产品(例如,盐,当酸与碱结合)。至少当我们阐述特定商品的直接交换时,

① 黑格尔:《逻辑学》(上卷),杨一之译,商务印书馆,2009 年,第 409~418 页。——译者注
② Hegel,1989,p. 367;Hegel,1969a,p. 444.
③④ Hegel,1989,p. 376;Hegel,1969a,p. 447.

并没有从经济学的交换关系中产生新的物质产品。因此将与这种基质的状态相对应的两个系数（1/2 和 2）加起来，对我们来说并没有意义。但是将市场交换普遍化就会产生新的社会产品：生产者的相互依赖和货币。我们将逻辑上交换中的 A 看作一般等价物的形式，旨在面对黑格尔过去正面临的类似的难题。如果 A 是货币单位，那么 a/A = 1/2 就意味着商品"a"（a/A = 1/2）的价格是 1/2 美元（比如），而商品"b"（b/A = 2）的价格是 2 美元。

当黑格尔写到基质是它的状态的系数时，他告诉我们的既不多也不少，正好是马克思在将生产价格的总和等于所生产的社会价值时告诉我们的。正如在黑格尔那里，也就是在马克思那里，在总社会价值既定下，如果商品的生产价格增加，那么另一个商品的生产价格必定减少。

让我们回到"尺度"，以便顺着黑格尔的思维发展。基质的状态不仅由于它们的量的方面而不同，他们在质上也彼此不同。据此，"基质本身，作为中立，本质上类似于两个质的统一体"。所以"一个质通过它的量只在一方面占优势，另一个质在另一个方面也如此"[1]。为什么？因为如果每个中立的质（或状态）是建立在自身基础上，它将是独立的自我存在，基质将不存在了。换言之，因为两个状态的系数是相互依赖的，基质在质上保持不变，尽管量上发生了变化，所以基质在任何既定时间内一定是这些质的统一体。

如果这种分析向前推进，那么这些质（a/A 和 b/A）应该是可以计量的，所以是可公度的。但是当"a"和"b"代表特定的和不同的商品，并且当 A 代表货币时，这些化学物质只能成为可公度的。它们被归纳为两种理念上的和看不见的因素的简单表达，因此被假定是可计量的和可公度的。

必须假定这两个质，或者——等同于同一事物的事物——节点线的

---

[1] Hegel, 1989, p. 376; Hegel, 1969a, p. 447.

不同系数,是这两个因素或力量相互作用的函数。如果我们借助基质,想要解释节约线的状态的量上的差异,那么我们必须进一步假定这些质(或"因素",或"力量")中的一个必然:"一个质通过它的量只在一方面占优势,另一个质在另一个方面也如此,"假定这些力量在相反的方向起作用。

黑格尔继续说这就是为什么"关系的一方"(或者中立的每个差异)现在在本质上是这些因素的"反向关系",以至于一个因素的最大值对应另一个的最小值。

这意味着基质的两个状态从这一点开始,就是在数量上由一股力量对另一股力量的剩余来界定。如果我们回忆基质的两个状态 X(a/A = 1/2)和 Y(b/A = 2),以及两个理念上的因素 x 和 y,假定"饱和所要求的数量"是 a/A = 1/2(例如),那么就可以归纳出决定系数 X 的关系 x > y。类似的,饱和所要求数量为 b/A = 2,就可以归纳出决定系数 Y 的关系 y > x。

最初,基质(S)被界定(数量上的定义)为两个系数之和(S = X + Y)。但是这个定义已经证明是不充分的,因为它保留两个明显的质。所以基质必须满足另一个要求:它必须是两个看不见的质(或两个因素)的统一体,并决定节点线的系数。基质(S)也可以根据以下方式进行界定,以适应其每一时间的情况[1]:

$$(X)\, s = \frac{x+d}{2} + \frac{y-d}{2}$$

$$(Y)\, s = \frac{y+d}{2}\, \frac{x-d}{2}$$

如果是这种情况,我们需要表明基质是"每一个方面中的矛盾",它必须根据自己的约定来取消自身。[2] 因为基质的假定需要认真考虑,所

---

[1] 这里采用的的模型是多兹的模型,这可以在他关于黑格尔的尺度的评论中找到。参见 Hegel,1970a。

[2] Hegel,1989,p.379;Hegel,1969a,p.451.

以实际上必须假定两个因素是处于不断的均衡中,"等于说一个增加或减少,另一个同样会增加和减少"①。如果它们不是均衡的,两个因素中的一个通过它的剩余而保留下来,因为第二个因素将会完全消失,似乎是——将数量方面抛弃——第二个因素就从来没有存在过。但是我们已经承认基质在既定时间是统一体,这两个因素或相反方向相互作用的力量共同存在。我们拥有一种同样独立的无形的因素,而不是拥有两种状态中任何一个相互独立和无法简化的外在质量。

但是如果两个因素永久处于均衡中,那么我们如何解释 X 和 Y 在这种基质的基础上的数量差异呢?黑格尔得出结论认为:"每一个这些假定的因素都消失了,不管它被设想是在另一个之外还是等同于另一个。"②

黑格尔也运用行星的椭圆运动作为例子,阐述上述思想。曲线运动不能用向心力和离心力的相互作用来解释——这两股力量以相反的方向发挥作用。这两股是指一种"异化的力量",它们起源于这种运动的"反向关系":它的加速和它的减速。③ 这里,关注如下内容是没有什么用处的:我们感兴趣的既不是黑格尔的古代化学,也不是他关于行星的椭圆运动的看法。另外,对他来说,化学仅仅是一个"借口"。这种讨论既不是关于化学也不是关于宇宙学的,而是关于逻辑学。黑格尔运用这些例子作为具体的阐述,来探讨"质"和"量"的内在联系。

这两个因素在经济学只能是供给(x)和需求(y)。黑格尔告诉我们这两个因素不能解释价格的波动。如果这两个力量常常是均衡的,那么我们如何解释价格中的差异(Y > X)呢?这两个均等的相反方向作用的力量将彼此消灭掉,并不受外围的影响。如果两个力量之间有数量差异,那么另一个问题出现了:如果没有对应的"需求",那么"供给"又是什么

---

① ②　Hegel,1989,p. 379;Hegel,1969a,p. 450.
③　对于那些对黑格尔这些思想的范围和局限性感兴趣的人来说,可参见安德烈·多兹的学术评论以及黑格尔的文本本身。

呢？需要记住的第一件事情是均衡价格的出现,结果 x 和 y 是相等的。准确地说,如果 x 和 y 常常是均衡的,那么如何解释 X 和 Y 之间的数量差异呢？正如安德烈·多兹所指出的:"或者中立并不会成功地使自己差异化,或者如果差异化确实出现,那么这就是为差异而差异。"[①]这就意味着基质的两个必要条件不可能同时满足:如果"质的界定"的必要条件得到重视,那么数量差异与它的状态相脱离就不可能得到解释。类似的,任何试图解释数量差异的做法也就破坏了"质的界定"。

在我们的算例中,两个有不同使用价值的商品——不同外观质量(a 和 b)——的相反价值体现在 A(货币,一般性的商品)。除了它们的外观质量(它们的使用价值)外,可以假定存在一个看不见的和共同的质,因为两个特殊的和不同的商品呈现出"饱和度所要求的具体的量",彼此之间只存在量上的差异($a = 1/2A$ 和 $b = 2A$)。另外,商品生产者对它们的外观质量并不感兴趣,而是对它们"饱和度所要求的具体的量"感兴趣。直到现在,共同的质仍然没有被观察到。

同样的推理也可以运用于同一特殊商品,它们的相对价值(饱和度所要求的具体的量)在这一时刻与下一时刻就会有变化。例如,我们可以说商品"a"的相对价值或价格在时间 t2 比时间 t1 更低,我们假定它供给物理上的量已经增加,它供给的这种增加能否解释价格变化呢？明显不能,因为供的物理上的量的变化可以与对同一商品的社会需求的同样变化相伴随。上述提到的黑格尔的逻辑学不仅对于上述提到的节点线有效,它对于另一个由于结合而形成的节点线也有效,这种结合只包括根据比例结合的两个物体,它们具有不同的质。氧和氮的结合就是这样的例子:同一物质具有不同的"饱和度所要求的具体的量",特定的商品以同样的方式可能在不同的时间点具有不同的价格。

在第一种情况($a/A = 1/2, b/A = 2$)下,我们拥有不同外观质量,饱和

---

① Hegel,1970a,p.176.（多兹进行评论）

度所需求的不同的具体数量,我们寻求饱和度所要求的具体数量的可公度原则。在第二种情况下,我们拥有单一的外观质量,它在不同的时间点上呈现出具体的饱和度要求的数量。我们因此寻求这种同一外围质量呈现饱和所要求的不同具体数量的原因。这导致我们寻求独立于外观质量的可公度原则。在这两种情况中,我们都失败了。

我们从黑格尔的属于纯粹逻辑学的哲学思考开始,但是得出了非常具体的经济结论:供给和需求不可能建立在它们自身的基础上。在此基础上我们提到了第三个术语:这些因素中一个与另一个关系中的"剩余"。与供给和需求的关系相反,第三个术语一定是建立在自身的基础上,它可以独立地解释数量变化。

因此第三个术语不可能是考察商品的"稀缺性",因为稀缺性的理念在供给和需求之外没有任何意义。如果这种关系被放在一边,那么稀缺性将仅仅是商品的物理学的数量函数。几乎没有必要指出,作为物理学上的量的商品构成了无法衡量的量级。具有质 z 的商品 Z 以什么方式被认为与具有质 p 的商品 P 同样稀缺呢?这些质(z 和 p)作为度量标准,就是武断的选择。它们是通过与物理学上的物体相互比较的方式选择的外部尺度,是一种自然属性基础上的可能的物理学上的数量。这类度量标准和商品的社会"权重"之间存在什么关系呢?这是一个谜。当我们开始谈论"价格"和"货币"时,稀缺性的理念就具有了某种共同的社会标准的含义。商品 Z 比商品 P 稀缺,因为商品 Z 与 2 美元交换,而商品 P 与 1 美元交换。但是根据这种方式,这个论断与它所声称的正好相反:Z 比 P 稀缺,因为它更昂贵,而不是反过来。直到现在,没有出现支配交换关系的客观的逻辑原则。这种交换关系并不存在。

让我们假定存在第三个术语,它一定是建立在自身的基础上,我们暂时称之为"抽象劳动"。供给与需求相关的剩余以及反之亦然,所以只是指向由抽象劳动支配的不同均衡。更具体地说,设想供给和需求不平衡的唯一方式是将它设想为从价格的角度看的均衡,这种均衡与从抽象劳动角度看的均衡不同(一种与承认的实际付出的劳动相等的均衡不同的均衡)。根据这种方式,两个因素的差异意味着与它相对的特定商品的社会需要的劳动时间。

但是人们可能会说黑格尔的思想同样适用于社会必要劳动时间。仔细考察发现,确实是这种情况,但是质疑的细节特别重要:社会必要劳动时间被置于中立地位,与自身存在不同,同时它用来解释状态 X 和 Y。这种时间以矛盾的方式被界定。如果我们承认它对于因素 x 和 y 的两种定义,假定这些因素在状态 X 和 Y 是均衡的,那么数量的变化(Y > X)就没有什么神秘的:它源于交换过程所涉及的商品生产中的抽象劳动数量的变化。我们能够假定这种均衡,是因为不承认社会必要劳动时间实际上存在于生产主体"短缺"的形式中,这种短缺导致资本流动和支配社会劳动分工。① 劳动时间也可能"否定地"建立在自身的基础上。② 另一方面,如果我们将价值抛开,那么它所对应的与需求(或反过来)相关的供给剩余不可能建立在它自身的基础上,因为没有合理的方式使我们能够界定这种剩余是一种剩余。因素 x 和 y 被认为是不仅只在同一循环中,而且在生产过程中发挥作用的两种力量。

基质的否定是黑格尔著作中的主要逻辑范畴之一。他称这个范畴为"本质",在《逻辑学》第二部分对它进行了考察。

黑格尔写到中立被证明是"在任何方面都存在的矛盾;它所以被置于这种矛盾性的扬弃的地位,具有自我决定、自我生存的特征,它的结果和事实不是仅仅为中立的统一体,而是内在否定的和绝对的统一体,这被称为本质"③。

---

① 这是为什么抽象劳动的理念必然意味着某种资本流动,包括可变资本,即劳动。
② 可以说,与供给相关的需求过剩也存在于"短缺"的形式中。让我们注意到我们不是一般地阐述社会需要,而是阐述有购买能力的社会需要。
③ Hegel, 1989, p. 379; Hegel, 1969a, p. 451.

本质因此是"自我决定的""否定的和绝对的统一体",这就是说,它在"存在"(Being)层面上是"空无"(nothing),不可能是即时的客观性(objectivity)的一部分。这意味着某种"属性"(properties)——诸如"结合性"(associativity)、关系(relation)或"血统关系"(blood relationship)——并不属于"物质客体"(material object)。它们是思考具有这种客体面貌的主体的必要条件。

我们的分析导致对价值的界定,它非常接近(如果不是完全一样的)黑格尔的"本质"。但是一个问题出现了:如果价值是本质,本质又是"空无",那么价值如何是"劳动"呢?被界定为价值的"劳动"并不是即时的现实,并没有关于它的任何物质上的东西。正如我们已经注意到的,根据马克思的看法,它与福斯塔夫(Falstaff)①的朋友不同,因为我们不知道从哪里开始考察它。

劳动-价值是具有这种客体面貌的主体的必要条件。在我们看来,这个主体既不是马克思的,甚至更不是黑格尔的。它既不是经济学的思维,也不是哲学的思维,而是资本主义经济的"实际中的抽象"(abstraction in actu),是经济理性的展现,是支配社会生活即社会资本的异化的理性。

在马克思看来,价值是联结特定商品的生产时间与社会提出购买该商品的劳动时间的东西。它具有资本主义生产方式的属性,这两个时间只在偶然的情况下才会相等。所以价值不可能是"存在"范围的一部分。价值是一种与其自身相矛盾的东西。它存在的理由就在于这种矛盾。

但是它也表明这种矛盾并没有使价值脱离它的"物质内容"。基质(substrate)的辩证法并没有使我们脱离与劳动观念相关的某种"自然主

---

① 福斯塔夫是莎士比亚在其历史剧《亨利四世》和喜剧《温莎的风流娘儿们》中塑造的形象。作为一个破落的骑士,他上与太子关系亲密,下与强盗、小偷、流氓、妓女为伍。莎士比亚通过他的活动,再现了"五光十色的平民社会"。——译者注

义"。① 它只能使我们脱离数量和尺度的严格的、有限的话语。

价值或社会必要的抽象/一般的劳动时间可以界定为特定的商品和与它相对应的有支付能力的社会需要之间的"度量关系"(metric relation)。② 但是这定义很不令人满意,因为它实际上以经济均衡状态为前提。价值正是自发的、主导的社会关系,因为这种均衡并不存在。如果出发点就是代表这种均衡,那么劳动-价值似乎是一个脆弱的概念(原因正在于它导致否定基质),不再是一种社会关系。如果出发点是代表不均衡,那么对于价值的任何实证的定义将会被摧毁,因为价值必定是它自身的另一面。③ 所以价值是"自我决定、自我生存的存在……是内在否定的存在",它是"本质"。

对价值的界定与马克思在《资本论》第一版的前言④中的一个神秘的说法不无关系:"问题并不在于资本主义生产的自然规律所引起的社会对抗的发展程度的高低;问题在于这些规律本身,在于这些以铁的必然性发生作用并且正在实现的趋势。"⑤《资本论》的细心读者第一个"正常的"反应就是看到一个"矛盾":或者规律是自然的,体现着铁的必然性,或者它仅仅是一个趋势。将价值界定为一个自发的和内在否定的统一体,使我们

---

① 马克思写道:"如果把生产活动的特定性质撇开,从而把劳动的有用性质撇开,劳动就只剩下一点:它是人类劳动力的耗费。尽管缝和织是不同质的生产活动,但二者都是人的脑、肌肉、神经、手等的生产耗费,从这个意义上说,二者都是人类劳动……商品价值体现的是人类劳动本身,是一般人类劳动的耗费。"[《马克思恩格斯全集》(第四十四卷),人民出版社,2001年,第57页。]

② 例如,物体的"具体权重"(specific weight),即重量与体积的关系。

③ 换言之,它或者是在"正常的"技术条件下完成的抽象劳动的量(至少对于生产者来说是"正常的"),或者是以有用的方式耗费的抽象劳动的量,因此也是由消费者承认的量。如果出发点是代表部分的和偶然的均衡,那么价值就是一种"度量关系";如果出发点是趋势上的均衡,那么价值迫使自身进行否定之否定;如果出发点是代表危机情形或深刻的失衡,同时它似乎与自身不相容,那么它就比过去更加突出地表明它的有效性。绝非巧合的是,从长期紧缩浪潮(20世纪70年代早期到现在)开始起,"实际上的商人"(practical businessmen)和结构性危机的管理将运作的时间和它的强度、回报、弹性作为其战略的核心,而非马克思主义者或前马克思主义经济学似乎越来越抛弃了劳动价值论。

④ 也就是《资本论》第一卷的"第一版序言"。——译者注

⑤ 《马克思恩格斯全集》(第四十四卷),人民出版社,2001年,第8页。

能够将它看作赋予自身的"自然的"规律，看作一个趋势，具有铁的必然性。

将本质或价值界定为"自存的存在"（self‐subsistent being），就等于将它界定为一种"关系"：

> 在本质中，不会再发生超越；相反，只存在关系。在存在中，关系形式只（由于）我们的反映；相反在本质中，关系作为其自身的决定而属于它。当一种东西成为另一种东西（在存在的范围内），那么这种东西已经因此消失了。在本质中并不如此：我们在这里并没有真正的另一种东西，而只有多样性，一个与它的另一个之间的关系。所以，在本质中，超越同时也是不超越。对于从一个多样性的东西过渡到另一个多样性，第一个并没有消失；相反，两者都保留在关系中。①

商品作为"存在"（being）消失在"其他"（other）即货币中。商品的社会劳动时间并没有在货币的劳动时间中消失，两者都存在在它们的关系中。经济不均衡是永久的，但是走向均衡的趋势体现在铁的必然性上，同样重要。商品价值的"其他"（货币）就是它的"其他"，价值并没有在这种运动中消失，因为它就是这种运动。

所以所谓"供给和需求的不平衡"实际上仅仅是价值中的"矛盾"（tension）。这种矛盾起源于资本的运动，起源于各种社会部门中劳动时间的不断再分配。资本主义危机是价值体现的方法，目的是克服它的内部矛盾。

> 存在和即时通过自我否定，就是自我中介和自我相关——这种存在或即时就是本质。②

---

① Hegel,1991b,p.173;Hegel,1970e,pp.229–230.
② Hegel,1991b,p.173;Hegel,1970e,p.229.原初的一段是这样的："通过否定自己和中介自己，直接与自我建立关系，就是本质。"

　　这种关于价值的定义不仅仅是《资本论》解读的微薄的贡献,还使我们克服包括那些坚持马克思主义传统的人之间的很老的争论。它也是对解读资本主义经济更加微薄的贡献,使我们克服理论与现实之间不可容忍的二元论。一方面,我们有与均衡形势相对应的"理念"(Notions),而在另一方面,我们被迫承认这种均衡并不存在。但是非均衡的分析比从均衡角度的分析要求更多。正如我们已经看到的,它要求完全不同的"理念",它不可能被置于数学话语中,也比认同的逻辑要优越。任何对《资本论》的详细解读最终都要证明价值不可能被归纳为某种不同经济中生产耗费的和严格可计量的"人类能量"(human energy),所以每一个生产部门中的不均衡都彼此相互抵补。结果是证明既定的生产部门和市场在逻辑中可能承认的社会劳动之间没有完全的平等化,尽管货币存在不均衡。完全的抵补并不会使我们脱离均衡及其决定。它使我们成为庸俗和不可超越的矛盾的俘虏。

　　这样的假定是错误的,即价格的运动就是一个部门的价格高于或低于价值,并随着时间推移相互抵补。在延伸到什么时间会发生这种情况呢? 一年? 在一个工业周期的时间里,或者一个世纪? 尺度的时间单位只能是纯粹臆测的,如果存在抵补的话,那也纯粹是偶然的。另外,在赋予的价值随着生产率的每次演化而重新实现的体制里,任何在未来时间点的抵补实际上是不可能的。类似的,既定部门被低估的劳动时间根本不会自动地意味着另一个部门高估劳动时间,以至于彼此抵补这种差异。市场可能低估一个部门的劳动时间,同时并不高估另一个部门的同一劳动时间。顺便说一下,这也是为什么信贷、货币政策、更一般的行为者的心理学、预期等在经济危机中能发挥决定性作用。至多人们只能提到经济政策加重或缓和趋向抵补的趋势。希姆尔·阿米尔(Shmuel Amir)和乔治·邦伯格(Jorg Baumberger)在一篇"关于经济体制中的均衡与非均衡的含义"[1]（On the meaning of equilibrium and disequilibrium in economic systems）文章中，在提出一些著名论断之后，得出类似于下面所阐述的总体性的结论：

> 不均衡不仅仅是一种需要另外加以分析的与均衡状态相关的一种状态；它有质的不同……我们赞同那种对均衡理论的批判，已经开始遵循新的研究路径，但是，我们有诸多理由怀疑分析过程即本质上数学分析的明确的严谨性，一旦我们理解了真实的现象，那么它就会消失。[2]

这些"新的方法"可能实际上是非常陈旧的，没有引起人们注意。我们不辩驳这样的事实，即马克思与想象的均衡形式进行过"调情"。另一方面也是必要的，我们对这种思想进行辩驳，即认为这种调情是他的价值理论的开始和终结。假如我们接受有必要重新考察某些没有解决的问题，如社会必要劳动时间、从价值到生产价格的转型等，那么《资本论》就是一个连贯的确定的体系。教条主义和"正统的""解决办法"一样是值得怀疑的，《资本论》的作者本人认为解决办法只是暂时的。

所以我们会得出结论，认为亚里士多德的"可公度性"和黑格尔的"辩证法"是可以相互补充的。马克思正确地将它们"协调起来"，尽管这种努力并没有完成。[3]

---

① Amir and Baumberger, 1979, pp. 339–365.

② Amir and Baumberger, cited in Denis, 1984, p. 148.

③ 丹尼斯（Denis）引人注目地表明，在马克思（在《1857—1858 年经济学手稿》和《资本论》中呈现的）思想中，劳动价值理论和"辩证的"价值理论之间存在矛盾。与丹尼斯的看法相反，我们认为这"两个"理论不是"不相容的"。所以马克思不完整的经济理论不是失败的历史；参见 Denis，1980a。也可以参见本书第十九章，特别是 19.2 部分。

第二篇　从简单循环到资本

第五章

交换过程：历史时间和逻辑时间

从马克思方面来看，《资本论》第一部分中历史时间（本章5.1）与逻辑时间（本章5.2）的统一不应该被视为是导致难以看清文本含义的糟糕的决定。相反，历史时间与逻辑时间的统一本身就是逻辑的需要，因此它的分析对于理解《资本论》第一部分同样是必要的。为了简化，我们分别考察这两种属性。

5.1 历史时间

马克思区分了商品发展的三个历史阶段：①使用价值在交换过程中偶尔和不小心成为商品的阶段；②劳动产品的市场交换成为社会习惯，使用价值为市场而生产的阶段；③以及最后，只有作为活的机体的一部分才能理解的阶段。

根据马克思的看法，市场交换开始于"与别的共同体或其他成员接触的地方"，然后一点点地渗透到这些共同体内部。在商品的（前）历史阶段里,商品"它们交换的量的比例起初完全是偶然的"。① 所以人们看到在这里考察的商品只与《资本论》第一章中的商品保持非常遥远的距离,第一章中的商品交换是根据严格确定下来的比例进行的。

两个交换的商品之间的关系可以看作具有机械性和外部性的特征。出售的商品服务于它的拥有者就是吸引购买者的兴趣。出售者对购买者形成——由于商品——吸引力,但是商品并不会通过它们自身的本质而互相吸引。

因为市场交换越来越成为规律性的社会实践,生产就更具市场导向性,"机械关系"(mechanical relation)将自身转变为"化学关系"(chemical relation)。商品在市场中的结合产生了以前不存在的东西,这种东西并不拥有这些商品的任何特殊本质,但是拥有每个商品的社会的本性:价值/货币。

如果不从商品与其他商品的关系中进行考察,那么商品从这时起处于暂时的和孤立的状态,没有任何意义。它们像化学物质一样是不完整的因素,通过它们自身的本质相互吸引。"它们互相交换的量的比例是由它们的生产本身决定的。习惯把它们作为价值量固定下来。"②

马克思批判他那个时代的经济学家,因为根据他的看法,这些经济学家以机械的方式解释市场交换。他相信货币在商品的历史中构成了一个比简单的物物交换更高级的阶段,但是它不能被归纳为后者。正是在这一具体含义上,他写了下面这段批判的和讽刺性的话:

> 另一方面,他们始终坚持物物交换是商品交换过程的最适当形式,只是在技术上有某些不方便,而货币是为了消除这些不方便被巧妙地设计出来的手段。从这种非常肤浅的观点来看,一位有才智的英国经济学家说得倒很恰当:货币只是一种物质工具,如同船舶或者

---

① ② 《马克思恩格斯全集》(第四十四卷),人民出版社,2001年,第107页。

蒸汽机一样,它不是一种社会生产关系的表现,因而不是经济学范畴。因此,把货币放在政治经济学中来研究是弄错了,政治经济学同工艺学事实上是毫无共同之处的。①

因此货币不是一个简单的手段,而是表现一种没有货币就不能存在的生产的社会关系。交换价值就是这种关系,已经呈现为一种自发性和独立性,它在一定程度上是商品之间的直接联系,它也呈现为生产者之间的一种障碍。市场逐渐将自身树立一种与生产相对的自发的要素,生产者直接依赖于市场,间接地相互依赖。

与这种历史阶段相对应的商品是不是《资本论》第一章中的商品呢?根据马克思的观点,并不是这种情况:"如果说商品价值是由商品包含的必要劳动时间决定,而不是由商品一般的包含的劳动时间决定,那么,正是资本才实现这种决定。"②

在简单的实物交易 C – C 中,在第二个商品中已经存在着货币的观念,但它还不是真实的货币,第一个商品也不是真实的商品:"直接的产品交换一方面具有简单价值表现形式,另一方面还不具有这种形式。"③

在通过货币作为中介的交换 C – M – C(对这种关系没有其他具体化)中,商品和货币的思想已经形成,但是还没有完成。根据黑格尔的看法,真实并不是物体它自身形式上的和谐,而是具有它自身(这就是带有它的"理念")的物体的和谐。④

所以一方面如果资本以商品和货币为前提,因为它是两者运动中的统一体,另一方面真正的商品和真正的货币以资本为前提。在简单循环的过程(C – M – C)中,交换的目的并不出现在一系列蜕变中。特殊的商

---

① 《马克思恩格斯全集》(第三十一卷),人民出版社,1998 年,第 444 页。
② 《马克思恩格斯全集》(第四十六卷),人民出版社,2003 年,第 102 页。
③ 《马克思恩格斯全集》(第四十四卷),人民出版社,2001 年,第 106 页。
④ Hegel,1994b,pp. 249 – 50;Hegel,1970e,p. 323.

品通过倾向转变为另一种特殊的商品。第一个商品对于它的出售者来说
是手段,第二个商品是使用价值。交易的出发点和终点并不是一样的,尽
管它们的经济形式是一样的。

生产出卖是为了购买,而经济主体是人,交换是这种主体注意其需要
的手段。当然,人依赖于市场,如同过去依赖于气候条件一样。但是人仍
然是唯一的经济主体:每一个生产者的经济目的是他自己的保护和再生
产。他的经济关系呈现为一种自发的和自然的条件,但还不是面对生产
者的完全的、独立的主体。生产者面对的经济关系的自发性和对抗性在
历史上不是完全的。自然条件独立于人的愿望,但是人们并没有自己的
愿望。

同样的情况在它面对资本主义循环(M – C – M′)时,就不是真实的
了。这种循环可能是纯粹的商人资本的循环,正如它可能简单的是资本
的循环一样。在第一种情况下,我们阐述了简单的目的论的过程,即借助
于它的最终目标来理解过程。在第二种情况下,我们阐述了同一过程,但
是有差异即它现在是活的有机体的有目的的活动的一部分。

5.2 逻辑时间

根据上述可以得出,历史时间不是“非逻辑的”(illogical)。历史发展
等同于黑格尔的“理念”,因为上述提到的“机制”(mechanism)、“化学性”
(chemism)、“目的论”(teleology)、“生命”(life)都与黑格尔的“理念”的
具体时刻的原则相对应(我们在下一章将回到这一点)。

历史时间不可能绝对是非逻辑的,也就是说,不是纯粹编年性的和描
述性的,因为商品的三个时期在历史的空间和时间里相互交错,并呈现出
混乱的方式。这里马克思对史前的中间阶段或主体的形成感兴趣,它在
一定程度上只有这些阶段对于理解主体的当前本质有用才是事实。如果

商品和货币等于资本是事实,那么这三个术语构成一个统一体,并处于同一年代也是事实。周期通过质的飞跃成为其在完成时的状态。

资本主义秩序理所当然的是我们刚才讨论的整体性或循环。那些想要分析它的经济学家必须首先找到它的起点。这个起点是逻辑的,并不是历史的。事实上,《资本论》第一章阐述的交换并不是历史的,而是逻辑的。

《资本论》第一章中商品的前提是货币和资本,隐含着这一思想,目的也是假定它们成为前提。更具体地说,第一章阐述了倾向的逻辑起源,同时是商品和货币之间的角色分配。这将允许我们在以后构想资本。

《资本论》第一章以商品开始,并不因为它在历史上先于资本,而是因为它是最简单的客体。货币不仅仅是商品,它也是普遍性的商品,所以它不仅仅是一个简单的商品。这是为什么货币不可能构成一个起点的原因。这种起点的相关性常常受到以近乎成熟的论断为基础的质疑。贝内蒂(Benetti)和卡尔特利耶(Cartelier)的观点[1]无疑是很有趣的。更为有趣的是福斯托(Fausto)对这种批判的批判。[2]

上面已经提到了理解第一章中阐述的价值形式的第一个必要条件。支配它们的暂时性并不是历史的,而是逻辑的。

第二个条件是逻辑时间并不绝对是非历史的。换言之,价值形式不是纯粹理论、纯粹逻辑或武断的选择。它们承载着完成历史的重任,其终点必须在逻辑上进行分析。这在本质上意味着价值形式的前三种形式不是第四种价值形式的历史的过去,而是根据现在的情况阐明的过去,重新构建的不是作为实际发生的,而是逻辑上的——这样可以更好地理解货币形式,将商品和货币置于它们应该属于的位置上。

价值形式的前三种形式具有句法的(syntactical)性质,在第三种形式

---

① Benetti and Cartelier,1980.

② 那些对价值形式的严谨的评论感兴趣的,可以参见 Fausto,1986。

（Ⅲ）（一般价值形式）中，前两种形式不仅被消除也被保留下来。

如果人们向后解读第三种价值形式（Ⅲ）——如果人们以拥有一般等价物的交换方式来看待事物——那么他们就得到了第二种价值形式（总和的或扩大的价值形式）。这种价值形式因此得到保留。每个交换者都拥有的这种特殊的商品对他（主体方面）来说，就是这种商品的一般等价物。但是因为第三种价值形式的所有交换者发现他们都处于同样的形势，所以只有（客体方面的）一种单个的等价物。第二种价值形式（Ⅱ）因此被消除。

简单的价值形式（Ⅰ）在第三种价值形式（Ⅲ）中也得到保留。每一种处于隔离状态的特殊商品都与一般等价物进行交换。它因此在价值形式（Ⅰ）活跃的商品形势中以某种方式找到自我。另外，再强调马克思关于这种形式的内容和一般等价物的特殊性也适用于第三种价值形式（Ⅲ）就没有用了。价值形式（Ⅰ）也被消除，因为一般等价物并没有（客观地）呈现为一种孤立的状态，而是相反，它将极为多样的作为价值和价值量的商品彼此联系在一起。

另外，这也是为什么这种等价物不可能是第三种价值形式（Ⅲ）中的麻布，而是第四种价值形式（Ⅳ）中的金。货币形式的自我特征不是中立的，因为它代表了抽象劳动时间。从第三种价值形式（Ⅲ）向第四种价值形式（Ⅳ）过渡具有语义的（semantic）性质，关于第三种价值形式（Ⅲ）的看法同样适用于第四种价值形式（Ⅳ）。

所以需要强调的是《资本论》第一部分的主要困难在于同时呈现了逻辑性和历史性。在逻辑性占主导的情况下，逻辑性和历史性是并列的。历史性归为辅助性的地位。

逻辑性与历史性相互矫正，这样它们也彼此矛盾。事情变得更为复杂，因此逻辑性并不是非历史的，历史性也不是非逻辑的。马克思为什么要选择这种相当复杂的阐述方式呢？最有可能的是因为在周期的起点里已经有终点的思想。为了分析资本的概念,商品和货币需要假定为完成了的客体。商品和货币在逻辑上先于资本,但并不是在历史上先于资本。同时,它不可能沿着时间顺序或历史进行探索,亚里士多德的床或房子和现代商品之间的关系与猿人和人之间的关系是一样的。

我们现在能够回答关于《资本论》第一部分的研究中长期存在的主体问题。事实上,什么是这一部分的客体呢?前资本主义市场秩序或者资本主义?没有比围绕这个问题的争论更有趣的了,因为坚持前一种的看法与坚持后一种的看法一样多。一个指另一个,剩下的是虚假的无限延伸,只有放弃这两个命题才能避免这种局面。但是这两个论题都是错误的,尽管错误的程度不一样。第一种是庸俗的,第二种不完全是错误的,正如我们看到的那样。更具体地说,在最后的分析中,第一部分阐述了资本主义,但是要理解为什么如此就要求人们必须经历矛盾的景观。

显然,价值形式除了第四种价值形式(IV)之外,并不会如此实证性的和客观的存在于资本主义中。同样明显的是,社会必要劳动时间(至少对于马克思来说)只存在于资本主义中。这种简单的矛盾(同一类型还有其他情况)从自身来看,就使我们同时排斥了这两种论题。第一部分既没有阐述前资本主义市场秩序,也没有阐述严格意义上的资本主义(另外,什么是没有资本的资本主义呢?)。它的目标是否可能存在上述提到的两个术语之外的第三个术语呢?

福斯托认为,"为了走出虚假的无限延伸的对立的周期",人们不需要寻找另一片天地,因为这种天地并不存在,而是将自身插入到这个周期里。这种操作是最困难的操作,因为它是最简单的操作。人们不是避免这种对立,而是需要接受它,即假定它。假定的对立是一个矛盾。需要说的是,第一部分的目标既是又不是资本主义,它既指向又不指向资本主义,这就是答案。① 事实上,这个答案已经是相对令人满意的。但是正如

---

① Fausto,1986,p. 222.

福斯托本人所承认的,"这样的答案需要具体化"——他随后在同一著作中具体阐述了这个答案。《资本论》第一部分阐述了资本主义生产方式的"表面",阐述了一般等价物的自愿交换,这种自愿交换的法律形式是契约,需要承认参与者是私人所有者,是自由的、平等的个人。

> 为了使这些物作为商品彼此发生关系,商品监护人必须作为有自己的意志体现在这些物中的人彼此发生关系,因此,一方只有符合另一方的意志,就是说每一方只有通过双方共同一致的意志行为,才能让渡自己的商品,占有别人的商品。可见,他们必须彼此承认对方是私有者。这种具有契约形式的(不管这种契约是不是用法律固定下来的)法的关系,是一种反映着经济关系的意志关系。①

在起点上,第一章有逻辑上的交换,这种交换导致货币,最终导致商品—货币—商品(C－M－C)逻辑上的循环。我们在这里有一个逻辑上的循环,在于它的出现已经拥有某种历史上只有随着工业资本发展才会有的决定因素。但是工业资本并不是第一部分的逻辑发展(或者更具体地说,它并没有明显出场)。简单交换的逻辑循环并不构成与生产相对的资本的表象,生产是它的基础。它成为表象是因为它指向了商品和人的平等关系的存在,指向了各种自由愿望的融合,指向了相互承认私有财产。这些都是"表面上的"决定因素,也就是暂时性的因素,是普通意识最易接触到的东西。另外,生产没有缺席第一章,也没有缺席第一部分。商品是劳动的产物,劳动得到了详尽的分析。它们是价值和使用价值的统一体。从《资本论》开头几段开始,马克思不仅阐述了"表面"(交换关系等),也探讨了它的基础(抽象劳动等)。

这种平等关系既是又不是资本主义。这种关系是资本主义,因为法

---

① 《马克思恩格斯全集》(第四十四卷),人民出版社,2001年,第103页。

律平等、契约形式、自由的个人、劳动产品的自愿交换（以及等价物的交换）等，绝不是虚假的现实，相反是资本主义体制的本质决定因素。这种平等关系不是资本主义，因为这些决定因素在一定程度上不是全部事实、唯一的事实，这些决定关系是以更高层面的关系为基础的。它们不是自发的或独立的，它们是两面翻转的硬币，同一主体的另一面。这种关系就是工业资本。后者不仅是私人生产者、法律上个人之间的平等，而且是经济阶级之间的不平等之一。正是历史上血腥事件的结果即最初的恶，使当前的事物打上它的烙印，并将伴随着资本建立起来的秩序，直到它走向终结。在这种关系中，简单循环和它的决定因素并不会消失。它仍然保留在已经消除的形式中，它们是"扬弃"（aufgehoben）。

《资本论》第一部分阐述了一个逻辑上的客体，它事实上在资本中也是由资本保留下来和消除的；在这些客体屈从于这种运作之前，它阐述了一个摒弃的客体。在它被摒弃之前，实证地阐述了一个否定自身的客体。商品—货币—商品（C－M－C）循环证明的似乎是生产趋向于满足需要，而这种循环只是资本循环中的一个瞬间，资本循环的最终目标在于价值增殖。这个过程似乎是产生商品和货币，并且是商品—货币—商品（C－M－C）的需要，服从于满足需要的最终目的，福斯托称之为"简单生产"。商品—货币—商品（C－M－C）循环与资本主义不可分离，与资本主义的假象不可分离。① 另外，正是这个假象（参见后面的第 7 章）——才使得简单循环不能有效地隐藏——使马克思继续探讨工业资本，最后这个循环完成了。

但是简单循环及其决定因素诸如它们在第一部分出现的因素，由于

---

① 福斯托运用更为"技术性的"语言，提出了与我们极为类似的思想："如果人们更喜欢以这种方式来阐述，那么《资本论》中的简单生产理论是'否定之否定'。这种资本主义'被否定'是它的表面，这里似乎是一种实证的存在：它所服从的否定在这里'被否定'。《资本论》第一部分的目标因素在一定程度上是它的征象被颠倒的资本主义。'被颠倒的征象'（inverted signs）在这里不是指实证的'否定'的作用，而是指实际上'被否定'的假定的作用。"

不同原因指向了资本主义,即假象、幻想的表面现象或表象不是中立的或非本质的,而是经济秩序的基础性决定因素。行为者理解他们的社会关系的方式可能是错误的、部分错误的或正确的,但它从来不是伪造的事实。意识形态像剩余价值一样是社会关系的一部分,因为它对于这个体制的正常运作来说绝不是无关紧要的。① 并且,这种意识形态(我们将有机会回到该问题)并不是超经济形式的产物,而是经济关系本身如剩余价值的产物,《资本论》第一部分是导致发现隐藏在简单循环中的神秘的时间的路径(在《资本论》第二部分)。但是事实是简单循环隐藏和掩盖了这一时间,并不会自动地告诉人们关于它的起源即它的本质的一部分。这是为什么对"表面"(surface)的阐述和分析与对它的批判同样必要。因此如果简单循环的范畴正如它实际如此的那样,是"表面"的范畴,那么问题就变为同一资本主义将与资本主义的客观的"表面"现象以及它自身的决定因素相矛盾、否定,但不会根除。

总之,分析的对象确实是资本主义,因为在它即时性的扭曲的角度(第一部分)反映和观察的正是资本主义本身,旨在发现黑点、不连续性和矛盾(第二部分),最后带着关于它的外部表现的丰富的批判思想回到自身,但是它如果不扭曲自我也就不可能并且不会改变自我。

《资本论》第一部分无疑是困难的,但它是清晰的。这对于那些拒绝探索矛盾的路径,过于相信没有被证明和提升的"先验"的人来说似乎是模糊的。

---

① 意识形态似乎更多是"保留"而不是"消除"扬弃发挥作用。

第六章

简单循环作为观念的时间

对《资本论》的逻辑感兴趣的读者会发现自己面前有四个主要命题。这四个命题中只有一个命题是正确的。这个命题就是将《资本论》的运动描述为从抽象到具体的运动。对我们来说，我们似乎已经完全覆盖了这个问题。其他的三个命题是错误的。

根据前三个命题中的第一个命题①，《资本论》从"资本一般"（capital in general）或一般资本开始，过渡到"特殊资本"（particular capital），终点为"个别资本"（individual capital）。这三个时期对应《资本论》的三卷。似乎资本并不同时拥有所有三个形容词所表述的内容。这个论题提出了许多难题，并没有解决其中任何一个。例如，人们根据什么方式认为不变资本和可变资本属于一般资本（在第一卷中考察）？固定资本和循环资本属于特殊资本（在第二卷中考察）？商人或生息资本（interest bearing capital）属于个别资本（在第三卷中考察）？例如循环资本是不是属于"资本一般"的决定因素，可变资本以同样的方式属于它？并且如果根据这种方式设想的三个时期不能回答根据这种方式提出的问题，那么它们如何

①　特别参见 Dallemagne，1978。该书用这一错误命题作为其出发点。但是人们可以在这本书中找到许多有趣的思想。

是有用的呢？

根据第二个错误的命题①，《资本论》经历了从本质走向现象的运动。如果是这种情况，《资本论》将不是从商品开始，而是从价值开始；从剥削关系开始，而不是从交换关系开始。商品如何比货币更具本质性，简单循环如何比资本主义生产更具本质性呢？

根据第三个错误的命题②（尽管在程度上与其他命题不一样），《资本论》的运动是从"存在"到"本质"，从"本质"到"概念"。黑格尔《逻辑学》的这三个阶段对应的是《资本论》的三个阶段：简单循环、生产、再生产。那么《资本论》第一章的商品为什么伴随着它的本质（价值）？从《资本论》一开始，是不是考察存在和即时性的基础呢？从第一章开始使用的条件如"现象形式"难道没有将我们引入存在之后的普遍性？另外，这一命题如何与这样的事实协调起来，即简单循环像我们将看到的那样与"化学关系"的"概念"的具体阶段相对应。马克思不仅在这种关系的框架里组织他的思想，而且在这一点上，黑格尔的影响明显体现在语言层面上。

通过始于一些关于"尺度"的附加的论断，也就是我们已经在前面部分（参见第四章）遇到过的，我们将表明《资本论》中呈现的"存在"和"本质"范畴在这部著作中根本没有自主的地位，并且不可能有这种地位。首先，我们呈现著名的黑格尔的三题论（triad），然后阐述简单循环在资本的概念发展中的准确的逻辑地位。

6.1 黑格尔逻辑的著名的三题论

黑格尔写道："本质的思想……已经内在于尺度。"③事实上，基质呈

---

① A. 利比兹（A. Lipietz）提出这种看法，也有其他人提出这种看法；特别参见 Lipietz，1985，p.11（这是一本很杰出的著作，但是原因在于其他方面）。

② 参见 Theunissen，1974。

③ Hegel，1989，p.329.

现给我们的是概念,诸如认同(假定两个可公度的力量)、差异(以相反方向起作用的力量)以及认同和差异的统一体。黑格尔在"本质"论中形成这些概念,它们属于反映的逻辑。基质是一系列的决定因素,它们不可能属于它的假想的"物质性"和即时的存在,因为这些决定因素避开了众所周知的度量秩序。这种物质的"一些东西"就是基质,它通过否定它被假设的物质性,作为本质而决定自身。

在"存在"论中,主体在客体面前消退了,同时思想遵循逻辑上客体的自发发展,并认同它。"存在"是观察层次,更具体地说是简单的、形式上的思想对于客体的认同层次。思想观察并遵循着它自身的方法的客观性。"存在"论的特征就是主体的虚幻的愿望,即没有中介而理解客体的愿望,或者是作为对于自身无能为力的观察者的主体的积极干预。这是为什么雅各比·弗莱希曼(Jacob Fleischmanns)①将这种"存在"的观点看作前康德的教条的形而上学(pre - Kantian dogmatic metaphysics)。根据后者的看法,它足以遵循着存在和思想中的决定性,从而发现真理。"存在"论导致否定的结果。真理避开了客体。"存在"是那些想要不惜一切代价在客体中去发现的经济学家的观点,这种客体只存在于主体对于这种客体的要求中。这就是很好理解存在是外于马克思思想的存在的经济学家,尽管他所说的可能有细微差异。利比兹这样写道:"实证主义者可能反对这种观点:"现象世界和本质世界、'外部联系'的世界和内部关系的世界、显与隐之间是对立的,认为'阶级斗争'和'工资工人'像普遍吸引的规律一样,在现实中并不存在,它们仅仅构成使我们感知系统化的武断的方式。但是,如果我们要理解马克思,我们就必须采取他的'现实主义'的观点。"②

不仅是"工资工人"和"阶级斗争",而且"价值"和"资本"都是现实

---

① Fleischmann,1964,p. 46.

② Lipietz,1985,pp. 10 – 11.

主义的、客观的与理性的规律和现实相对应的系统化。理性之外不存在任何东西，除了最初的混乱之外，这些最初的混乱可以称为即时的具体、原始的事实或"物质的"现实。利比兹幻想的"实证主义者"将会注意到交换的混乱的本质，以及没有任何规制的规则对于"治理"本身来说具体化为源于理性的必要条件的"原则"和"普遍性"。利比兹的"实证主义者"表达了"存在"的观点。人们没有他的"现实主义"同样能够做到，没有丝毫的危险。但是人们没有马克思的现实主义，就做不到了——这就是说，像我们将看到的那样，比本质的现实主义更"大胆"——因为并没有其他的现实主义。

"存在""质""量"和"尺度"是自我否定的即时性的逻辑阶段，根据这种方式导致否定结果即本质。"存在"可能是本体论上的"再洗礼"（re-baptised），因为任何存在的事物都拥有质和量的方面，是它们的统一体，就是说，它是尺度。"本质"在本质论层面上就是"空无"。但是自柏拉图以来的最伟大的哲学体系都是这种"空无"的体系。

在"本质论"中，主体有更积极的作用。人们不再追随客体，而是向客体询问精心准备好的问题，目的是以这种方式获得与理性要求相符的连贯的答案。认知的主体思考客体。"反映"或"本质"的阶段特征是存在和本质之间固定的二元论。它是在逻辑上将思想分裂为两个不可分离的，但又独立的两极。"反映"这个术语在它的实用主义含义上就是表明这个阶段：两个事物是一样的，同时又不是一样的，因为它们彼此面对。

反映的存在和即时的存在之间的二元论也可能出现于经济学中。《资本论》充满着这种二元论：剩余价值/利润、价值/价格、劳动力价值/工资等。在逻辑学中像在经济学中一样，很难区分两个既一样又不一样的事物。利润在经常账户（current account）是可以看到的，而剩余价值只有对于心灵的眼睛来说是可见的。

马克思像黑格尔一样，思想开始了本质和现实之间的永久运动，它证明了最重要的方面是它们的关系。本质必须解释现实。但是这种二元论从它自身来看，并没有解释任何东西。它引起了两个范畴的分裂，而即时的存在和反映的存在必须共同存在，必须形成一个统一体。

反映的逻辑是"义务"（duty）的逻辑。但是反映的语言是不能建立这种统一体的，这种统一体正是观念。柏拉图哲学无疑更好地表达了这种矛盾，因为它比其他哲学隐藏得更少。一方面，思想（或本质）在柏拉图哲学中是稳定的；另一方面，现象的世界在它看来是流动的和随机的。所以事实是，一些"事物"是稳定的和永久的，另一些是流动的和暂时的。因此就存在着这两极之间的关系，尽管只存在相反的关系。所以现象对于思想来说是至关重要的，因为正是它们的对立才产生了额外的重要思想，这就是在稳定和流动之间存在着必要的和逻辑上的关系。思想的永久性已经瓦解，因为它证明现象推动思想的诞生，这些思想在原则上依赖于前者。"但是，如果现象像它的解释那样至关重要，如果不是简单地分裂就不能理解它自身的存在理由，那么解释通过思想为我们提供了什么呢？"①另外，正是这个问题成为这样一个事实的起源，即某些一致论的经济学家［例如布耶（Boyer）］断定他们"没有价值规律照样生存"。他们对于价值问题的"不可知论"（agnosticism）表达了一种绝对合法的在哲学上关于反映的二元论是否像它所解释的事物一样不复杂的可知论问题的困惑。我们在本书的最后一些章节里有机会回到这个问题。不可知论不是解决问题的办法。

超出反映的二元论的做法就是"黑格尔的概念"（Hegelian Notion），就是《逻辑学》中三题论的最后阶段，这一阶段特别吸引了我们：不仅因为它能够丰富对《资本论》的解读，而且因为它同时能够丰富对资本主义经济的解读。

亚里士多德远远高于最伟大的古代哲学家：

---

① Fleischmann, 1968, p. 49.

> 黑格尔反对"反映的逻辑"的含义……同样体现在亚里士多德思想里,唯一证明思想和现象既是一样的又是不一样的,这在字面上意味着只有思想是这种过程的现实,不是一些普通的本体论的区别:不存在本体论上的既与自身等同又与自身不等同的"客体"。这个例子表明,思想的现实作为一个过程是亚里士多德的伟大发现之一,其丰富的可能性在黑格尔中得到充分运用。①

　　人们常常试图证明马克思"黑格尔主义"是建立在本质论的基础上的。这种做法从一开始就是错误的,人们对此也没有什么可说的。在黑格尔那儿,不存在实证的本质论,而只有对它的批判。马克思与在他之前和以后的所有其他经济学家相比的伟大创新是他像黑格尔一样说出"概念"的语言。他的著作中呈现了"本质"和"存在",这些决定因素像《资本论》第一部分一样是一个整体,服从于"概念"的语言。另外,在黑格尔思想中,存在和本质并没有在"概念"中消失。"概念"规定了思想从所有外部客体中解放出来的阶段。逻辑上的决定因素不是来自普通的外部客体或来自于关于这种客体的思想,而是来自能够自我发展和能够产生自身内容的思想本身。这种思想和这种"概念"最终发现根本没有为它准备其他"城池"(cities),"家园"(home)不在"其他地方"(elsewhere)。这种判断——对那些将辩证唯物主义混同于懂得何为庸俗的怪物的人产生震动——对于现在来说应该是足够了。我们有机会在当前整个著作中详细发展这种判断。我们希望使读者相信以这种方式界定"概念"在理解资本主义经济中具有重要的实际意义。

　　"理念"是主体对于外部客体的胜利。这也是为什么"理念"论是"主观逻辑"(subjective logic)论的原因。我们将有机会具体解释这个论断。本质的哲学已经将即时的存在转变为反映的存在,将"客观的"(objec-

---

① Fleischmann,1968,pp. 49 – 50.

tive)世界转变为思想。黑格尔考察了后者,并使它成为思考的目标,最终发现自身就是它的真实目标。"概念论"(doctrine of the Notion)或"主观逻辑"(subjective logic)在《逻辑学》中包括三个部分,分别为"主观性"(subjectivity)、"客观性"(objectivity)、"理念"(idea)。①

第一,在关于主观性的这一部分,黑格尔表明"概念"包括三个阶段:普遍的概念,特殊的概念,个别的东西。第二,黑格尔分析了"判断"(judgment)的形式。这一部分的第三章,名为"推论",它对我们非常重要,因为正如我们将看到的,资本正是一种社会推论。推论是概念在"主观性"范围内达到的最高点。它在概念论的其他部分也同样出现,因为在黑格尔看来,逻辑上的任何东西就是一种推论。

在"主观逻辑"的框架里,从"主观性"到"客观性"的过渡可能是非常矛盾的。但现实中,它并不矛盾。在第一部分,概念表明自身完全能够形成自身,不用外部客体的帮助,不管它们的本质可能是什么。它产生一个推理系统(整体性),一种以某种方式乐见其自身完美的决定系统。但是疑惑马上出现了。什么东西能够保证这个系统不仅仅是一个虚幻的构建呢?客观性的要求就是思想的要求,所以进一步发展受到限制。这里,我们的关注点转向下一个问题:这个能够使它将自身看作真实的、存在的和客观的,不仅仅看作主体的"思想"的决定系统是什么?思维转向"客观世界",明显不是为了在物质上建立它[一个荒谬的思想:如果没有研究康德,任何孩子都知道为了有一百个真正的塔勒(thaler),仍然不能简单地设想它们],而是为了将自己的论断放在"实践"中进行检验,成为任何逻辑决定的源泉。思想必须证明自身能够建立的不是"客观世界",而是理解它的逻辑上的决定因素。

第二部分"客观性"包括三章:"机械性"(mechanism)、"化学性"

① [德]黑格尔:《逻辑学》(下卷),杨一之译,商务印书馆,2009年,第265~554页。——译者注

（chemism）、"目的性"（teleology）。① 每一章都是"客观性"发展中丰裕增长的阶段，每一阶段都比它之前的阶段更完整和更少依赖于外部条件。这种发展最终导致"理念"（idea）。

最后，"理念"构成"主观性"和"客观性"的统一体。它是现实与概念的统一，对应于黑格尔哲学中的基本命题之一，即世界就其真实性来说就是"理念"。对我们来说，理念并不具有客观的或主观的本质。非常简单地说，它本身就是真实。我们将在第二部分第一篇中看到社会推论或资本陷入"理念"的逻辑范畴。

6.2 作为"化学过程"的简单循环

毫不怀疑的是，在马克思看来，"简单循环"的很多方面归功于黑格尔的"概念论"。《逻辑学》中"概念论"的第二部分是"客观性"，在《哲学科学百科全书》（*Encyclopaedia of the Philosophical Sciences*）第一部分"逻辑百科全书"中为"客体"。读者在这两部著作中发现思维相继经过"机械性""化学性""目的性"三个阶段。在这一点上吸引我们的是第二个阶段。

人们如果想要准确理解简单循环的含义，就必须借助于《逻辑学》。化学的客体与机械的客体的区分在于，前者的"确定性"（eterminateness）以及它与其他客体之间的关系不是外在于它的本质，而是内在于它的本质。② 例如，易物交换的史前商品是机械的客体，在于它被当作"杠杆"来使用，对潜在的购买者产生牵引。客体本身不充满交换愿望，后者不是客体明显的"规定性"，因为产品只是偶尔成为商品。相反，简单循环的商

---

① 关于黑格尔的目标性，参见德洪特（D'Hondt, 1970）的文章，名为"黑格尔的逻辑学中的目的论和实践"（*Teleologie et praxis dans la Logique de Hegel*）。例如，在这篇文章中出现的，在主人和奴隶的辩证法中，资本可以说是主人，工人是奴隶。

② Hegel, 1989, p. 727; Hegel, 1969b, p. 429.

品是由货币作为中介,为市场而生产,是"化学的客体",在于它的"确定性",它的交换关系属于它的独特本质,这种本质在这种关系之外是不可想象的。

黑格尔写到,在化学过程中,客体的概念与它孤立的存在相矛盾,客体本身是趋向于消除它的孤立。[1] 它被吸引了,是作为它自身概念上的本质趋向于其它同类型的客体的结果。化学的客体只能通过"外在的强迫"(an external compulsion)[2]而保持独立。客体的统一体并不存在于过去的某些东西;它是"中和的产物"(neutral product),它不是这种或那种客体,而是它们被假定和实现的概念。这些客体最初是分开的,尽管根据它们的概念,必须构成统一体。化学过程因此呈现为包括三个术语的过程(推论)。这些术语中的两个是两极,它们之间是中介:

> 现在两端借以抟合在一起的中项,第一是两端自在之有的本性,即保持两者于自身中的整体概念。但第二,既然两端在存在中彼此对立,那么,它们的绝对统一也就是与它们相区别的一个存在的、还仍然是形式的元素——传达的元素,它们在其中进入了外在的彼此的共同性。[3]

人们可能在直接源于简单循环的例子的帮助下对这一段进行评论。简单循环实际上包括三个术语,其中出现一个中介。这种推论过程的两端是两个特殊的商品。首先,这个中介元素是什么呢?如果交换价值这个概念在其中不包括这两端的话。其次,这个中间术语是什么?两个商品的绝对统一体的下一步存在就是它们,如果货币不是——价值的表现、

---

[1] Hegel,1989,p.728;Hegel,1969b,p.430.

[2] Hegel,1989,p.728;Hegel,1969b,p.431.

[3] Hegel,1989,p.729;Hegel,1969b,p.431. 中文版参见[德]黑格尔:《逻辑学》(下卷),杨一之译,商务印书馆,2009 年,第 416 页。——译者注

商品的内在本质的表现。

哲学家进一步认为,"中和的产物"(neutral product)的前提是两端的差异性,每个客体内存在着"矛盾"(因为它内在的趋势就是取消它的独立存在)。它并不假设这一点。所以在"中和的产物"中,化学过程被消除了。化学过程以这种方式原来是不能依赖于自身的过程:

> 当过程只有以差别为它的前提,本身并不建立差别时,它并不从本身就重又活跃起来。①

> 化学过程仍然是一个确定的、有条件的过程……在中和的产物中,这个过程就不存在了,推动它的是它外部的东西。②

这种矛盾迫使"思维"放弃主张更高级关系的化学主义,这就是目的论(teleology)的思维。

概括地说,当然也有点表面性,就是"黑格尔的化学主义"(Hegelian chemism)。但这种略微有点奇怪的话语与马克思的简单循环理论之间是什么关系呢?在《资本论》的手稿中,这种关系以极为明确的方式表现出来:"就流通本身来看,它是预先存在的两极的中介。但是它不会创造这两极。"③

> 因此,流通本身不包含自我更新的原理。流通的要素先于流通而存在,而不是由流通本身创造出来。商品必须不断地从外面重新投入流通,就像燃料被投入火中一样。否则,流通就会无所作为而消失。流通会在货币这个无所作为的结果上消失,货币只要不再和商

---

① Hegel,1989,p.730;Hegel,1969b,p.432.中文版参见[德]黑格尔:《逻辑学》(下卷),杨一之译,商务印书馆,2009年,第417页。——译者注

② Hegel,1991b,p.279;Hegel,1970e,p.358.

③ 《马克思恩格斯全集》(第三十卷),人民出版社,1995年,第210页。

品、价格、流通发生关系，就不再是货币，不再表现生产关系；货币所留下来的，只有它的金属存在，而它的经济存在则消灭了。①

如果人们熟悉这些段落的逻辑框架，这些段落就根本不神秘。它们并不需要进一步评论，因为这些评论都是黑格尔的"化学性"。正如马克思所说的，货币是交换过程的"中间产物"，"正如在货币上，交换价值即作为交换价值的商品的一切关系，以物的形式出现一样"②。

马克思也研究了黑格尔的《自然哲学》(*Philosophy of Nature*)。他的词汇表仍然使读者想起《自然哲学》中关于同一主题的一些段落的词汇表。

许多思想都可以在为《资本论》而准备的手稿中找到。这些思想有时是不相容的。一些在《资本论》中被抛弃，一些在其中得到了发展。简单循环作为"化学过程"属于后一种情况。在《1857—1858年经济学手稿》中的一些思想，同样在《资本论》中以更加精炼和更为详细的形式再现，但是黑格尔语言的印记并不明显。这并不是一种劣势，实际上是一种优势。

不过，黑格尔的话语并没有完全消失。马克思在《资本论》中注意到，在《1857—1858年经济学手稿》中，简单循环的"缺点"就是它没有在它内部贯彻重复流通的原则。

当然，如果织麻布者买了圣经之后再卖麻布，货币就会再回到他的手里。但货币返回来，并不是由于上次那20码麻布的流通，相反，那次流通已经使货币从织麻布者的手里离开，到了圣经出售者的手里。货币返回来，只是由于新的商品重新进行或重复同样的流通过

---

① 《马克思恩格斯全集》(第三十卷)，人民出版社，1995年，第210页。
② 《马克思恩格斯全集》(第三十卷)，人民出版社，1995年，第210页注释。

程,并且这次的结果和上次相同。①

　　像黑格尔②一样,马克思批判了滥用对现实进行机械的解释,这些现实并不可以简化为机械性。他批判了萨伊(Say)在这个基础上的市场规律。对萨伊来说,货币更多是有利于交换的技术工具,它是一种外在于商品关系的东西。马克思认为,供给不能自动地产生它的需求,因为货币——一种表现形式,一个抽象社会劳动时间问题——将出售和购买商品的双重行为的时间和空间分开了。货币可能被贮藏:

　　　　买者有商品,卖者有货币,也就是有一种不管早一些或晚一些再进入市场都保持着能够流通的形式的商品。没有人买,也就没有人能卖。但谁也不会因为自己已经卖,就得马上买。流通所以能够打破产品交换的时间、空间和个人的限制。③

　　产品直接交换并不是充分的交换形式,它导致一些全新的东西出现。这种东西就是倾向,交换的"中和的产物",同时产生了社会关系的具体形式。

　　所以"这种内在的矛盾在商品形态变化的对立中取得发展了的运动形式"④。危机已经以可能的形式存在着了:"因此,这些形式包含着危机的可能性,但仅仅是可能性。这种可能性要发展为现实,必须有整整一系列的关系,从简单商品流通的观点来看,这些关系还根本不存在。"⑤

　　商品中出现的最初的"矛盾"要求其循环的化学过程的运动形式。货币是第三个术语,存在于商品"之外和下一步发展"中。危机的可能性

---

① 《马克思恩格斯全集》(第四十四卷),人民出版社,2001年,第136~137页。
② Hegel,1991b,pp.274-275;Hegel,1970e,p.353.
③④ 《马克思恩格斯全集》(第四十四卷),人民出版社,2001年,第135页。
⑤ 《马克思恩格斯全集》(第四十四卷),人民出版社,2001年,第135~136页。

已经出现,但只是可能性。只有对简单循环施加了"外在的暴力"才可能利用这种可能性。正如马克思所说,"简单商品流通……是达到流通以外的最终目的","相反,作为资本的货币的流通本身就是目的,因为只是在这个不断更新的运动中才有价值的增殖"。①

前者是化学过程,后者是目的论的过程。这个过程的起点和终点在质上是一样的,只是在量上有差异。否则,整个交换将没有任何意义。资本主义循环因此可以用下面的公式表示:货币—商品—货币′(M – C – M′),这里,M′减去 M 等于剩余价值。当到了目的论的过程,黑格尔和马克思之间的关系并不令人吃惊:"目的在自身中,是它的实在化的冲动;概念环节的规定性是外在性,但在概念的统一中,外在性的单纯性又与外在性本来是的东西不适合,因此概念就排斥自身。"②

如果"观念"这个术语由"资本"的观念所替代,如果它规定它自身最重要的是货币和商品,那么似乎马克思是这些线索的创造者。"它(作为资本的货币)是商品和货币的统一,然而是这两者的过程中的统一,它既不是商品又不是货币,同时既是商品又是货币。"③

在马克思看来,资本是不断从货币过渡到商品,相反,出发点也是一种回归,资本的形式不断变化常常是重新开始,已经成为:商品和货币的统一体。

> 价值不断地从一种形式转化为另一种形式,在这个运动中永不消失,这样就转化为一个自动的主体。如果把自行增殖的价值在其生活的循环中交替采取的各种特殊表现形式固定下来,就得出这样的说明:资本是货币,资本是商品。但是实际上,价值在这里已经成

---

① 《马克思恩格斯全集》(第四十四卷),人民出版社,2001 年,第 178 页。

② Hegel,1989,p.742;Hegel,1969b,p.447. 参见[德]黑格尔:《逻辑学》(下卷),杨一之译,商务印书馆,2009 年,第 432 页。——译者注

③ 《马克思恩格斯全集》(第三十一卷),人民出版社,1998 年,第 390 页。

为一个过程的主体,在这个过程中,它不断地变换货币形式和商品形式,改变着自己的量,作为剩余价值同作为原价值的自身分出来,自行增殖着。既然它生出剩余价值的运动是它自身的运动,它的增殖也就是自行增殖。它所以获得创造价值的奇能,是因为它是价值。它会产仔,或者说,它至少会生金蛋。①

在这一段里,可能有某种背景上的讽刺。但是如果有这种讽刺,它可能出现在"金蛋"中,而不是出现在"生活"(life)概念中。否则,它就不是权宜之计,因为劳动力正是作为(可变)资本才产生剩余价值。进一步说,可能根本不是讽刺,而仅仅是些许的吃惊或审慎的景仰。在写作《1857—1858 年经济学手稿》之后的近十年时间里,正是"黑格尔的概念"使它自身在经济学领域中得到检验和验证,而这一领域游离于黑格尔之外。

资本必须被看作活的有机体,有躯干(使用价值)和灵魂(价值),有它的自身愿望和逻辑(利润、扩大再生产,等等)。它必须被看作现实社会的主体,能够将它的统治加强给游戏规则和它的制度、立法、法律和国家——决定性因素既不脱离资本也不独立于资本,而是资本本身的运动。

这种社会关系的复活却与经济人的存在相对应,经济人成为受支配的主体的条件,如果不是一种道具或手段的条件的话。资本作出决定,而人作出反应。

工人并不是一个经济受其支配的主体,而是生产资本得以满足的存在。工人的主体目标置于他的经济交易之外。劳动力通过货币转成一定量的使用价值:商品—货币—商品(C－M－C)。工人出卖他的或她的劳动力,目的是满足需要,而不是为了重新出卖它。这个过程的起点和终点并不是一样的。很简单,这意味着对于工人来说——也对于普遍的个人

① 《马克思恩格斯全集》(第四十四卷),人民出版社,2001 年,第 179～180 页。

来说,独立于具体的社会关系——生产本身并不是终点,而是满足人的需要的手段。在任何其他生产方式中,生产的目标都是满足人的需要;劳动是受人支配的,而不是劳动或生产支配人。让我们重复一遍:社会关系支配人,是资本秩序的具体特征,而不是"价值判断"(value judgment)或"隐语"(jargon)。简单循环(C－M－C)常常呈现出人支配经济的背景下的形式。但是,我们将在后面详细看到,商品—货币—商品(C－M－C)是屈从于资本循环的过程的。另外,它只是——历史上的——货币—商品—货币′(M－C－M′)过程及其支配下的社会扩展和普遍化。商品—货币—商品(C－M－C)并不具有任何生产方式的特征,它在历史上并没有独立的和支配的地位。

让我们在上述讨论的内容中注意到这是必须解读的"异化"(如它出现在《资本论》中)建立的基础,在这里它的内容与1844年手稿中的内容存在很大差异。劳动力在资本主义生产方式中是一个本质,劳动力为了成为活的东西就必须由这个有机体融入和吸引,并在其中成为一个组成部分。工人在这里只是道具,不是一个主体。工人的劳动力通过消耗他自身来生活,因为劳动力同时从工人的生物学上的身体转向资本的经济学上的身体。异化在生产层面上,才是真正的伤害。但是异化不仅涉及严格意义上的生产过程,它也表明人对社会发展失去控制。劳动力的循环(例如,C－M－C)直接地和明显地服从于资本的循环(我们为了简化,假定它服从于M－C－M′。如因此出现失业现象)。

那种认为资本是一个"活的有机体"的观点,并不是一个比喻。"活的"不仅仅指的是生物学意义上的生命,当然大多数情况下是(但也不是经常),人们从比较的角度提到的是生物学上的有机体。实际上,价值作为剩余价值的先驱更像是一种神学意义上的诞生,而不是生物学意义上的诞生:

在简单流通中,商品的价值在与商品的使用价值的对立中,至多取得了独立的货币形式,而在这里,商品的价值突然表现为一个处在过程中的、自行运动的实体,商品和货币只是这一实体的两种形式。不仅如此。现在,它不是表示商品关系,而可以说是同它自身发生私自关系。它作为原价值同作为剩余价值的自身区别开来,作为圣父同作为圣子的自身区别开来,而二者年龄相同,实际上只是一个人。这是因为预付的 100 镑只是由于有了 10 镑剩余价值才成为资本,而它一旦成为资本,一旦生了儿子,并由于有了儿子而生了父亲,二者的区别又马上消失,合为一体——110 镑。①

将资本的循环看作资本的这些简要论述,仅仅是为了使简单的循环和资本的循环之间的差异明显体现为"概念"的差异。我们将回到资本主义循环即资本的生命,因为它值得予以最大程度的关注(参见第二部分第 1 篇)。

黑格尔的"化学性"不仅仅指的是严格意义上的化学过程。根据他的看法,在精神领域,"语言"是一个中立的产物,是中介因素。② 商品的价值就是它们的语言,"把使用物品规定为价值,正像语言一样,是人们的社会产物"③。

我们现在能够表明为什么第三个关于《资本论》逻辑的错误主题与其他几个相比更不"令人愤慨"(scandalous)。简单的循环的决定因素是普遍意识最能接触到的,因为它们构成资本赋予它自身的鲜明印象。这是它们为什么成为资本主义制度的最直接的规律。但是这些规律是建立在更本质的但更不明显的关系基础上的。否定这种直接性使我们想到从

---

① 《马克思恩格斯全集》(第四十四卷),人民出版社,2001 年,第 180～181 页。
② Hegel,1989,p.729;Hegel,1969b,p.431.
③ 《马克思恩格斯全集》(第四十四卷),人民出版社,2001 年,第 91 页。

"存在"到"本质"的过渡。循环的化学过程游荡在"自我确定"的"直接性"中,"存在"在"本质"也即存在的基础中以同样的方式否定自身。这些是这一主题的"情有可原的环节"(mitigating circumstances)。

但是资本的"直接性"(immediacy)并不更接近于逻辑中的"存在",因为它的决定因素对应于"概念"的逻辑,而不是"质""量"或"尺度",后面的三者构成"直接性"或黑格尔的"存在"的三个阶段。

《资本论》是经济学史上崭新的、划时代的著作。这是因为在《资本论》中,《逻辑学》的三个部分的理论突破不仅得到理解和运用,而且与"概念"的要求相一致而得到重新研究和结合,并服从于这些要求。"概念"——思维过程的最终产物和必然结果——是将经济世界理解为结构化的和被规定的总体的唯一可能方式,是完整的和动态的,是处在运动中的,诸如它处于它自身中并为心灵而存在。①

———————————

① 我们在这里不可能对这一论断进行研究,详细阐述。当前的研究只为了使这一论断更明显。我们希望读者最终将会相信这个整体是可能的,也是可以想象的。

第七章

商品的隐蔽时间

资本主义循环过程与循环过程的区别在于术语的不同顺序和频率。后者表明卖是为了买(C－M－C),而前者表明买是为了卖(M－C－M′)。

资本主义循环要求有"利润",有"剩余价值"。这构成它的目标:M－C－M′。

让我们首先集中考察纯粹的商业资本。商人购买商品是为了以更高的价格去卖,并且一般情况下,他会不断这样做。商人因此呈现为购买者和出卖者的中介。如果这个商品都以它的价值出卖和购买,那么剩余价值来源于何处? 这是一个谜。

让我们暂时承认这个商品不以它的价值出卖。让我们假定出售者具有以高于其价值的价格出售他们商品的特权。问题至少将发生变化,因为不存在不是购买者的出售者。出售者赚到的,就是购买者损失的。

现在人们必须承认:买者拥有以低于它的价值的价格购买同样商品的特权。显然,他作为买者所节省的东西,正是他作为卖者所失去的。

换言之,资本主义的商业循环对售卖者来说是一半的简单循环(C－M),对购买者来说也是一半的简单循环(M－C)——两种行为在商人眼中是 M－C 和 C－M′。因为一半加上一半等于一个整体,同一个循环在资本主义条件下(诸如似乎在商人眼中)就会使更多的价值循环起来,在简单循环条件下会使更少的价值循环起来。同一交换应该是等价物的交换和非等价物的交换。所以循环与其自身相矛盾:"货币羽化为资本的流通形式,是和前面阐明的所有关于商品、价值、货币和流通本身的性质的规律相矛盾的。"①

简单循环也许是一个不可靠的见证者,但是它最终会表现出来它所了解的。它的规则是平等的。商人资本似乎违背了它们,但不管是购买者还是售卖者似乎都不是它的受害者:

> G – W – G′的形式,为贵卖而买,在本来意义的商业资本中表现得最纯粹。另一方面,它的整个运动是在流通领域内进行的。但是,因为不能从流通本身来说明货币转化为资本,说明剩余价值的形成,所以只要是等价物相交换,商业资本看来是不可能存在的。②

商业资本的循环也有作为简单循环的同样的"缺陷"。我们在前面一章里已经注意到,简单循环并不坚持其重复的原则。商业资本循环也同样不坚持这个原则。它是神秘时间的见证者,这种时间隐藏在商品中(M′ – M = 剩余价值),它并不了解这种神秘时间的起源:商业资本并不(也)坚持其增长的原则。

商业资本掩盖了其增长的模式,因为它仅仅是根本形式的资本的派生形式。还没有到考察资本的派生形式如何可能的时候——在这个术语的严格意义上理解——(商业和高利贷资本)从历史上看是在前面。对于这个阶段,最好是将资本的派生形式放在括号里,考察根本形式的资本。

---

① 《马克思恩格斯全集》(第四十四卷),人民出版社,2001 年,第 182 页。
② 《马克思恩格斯全集》(第四十四卷),人民出版社,2001 年,第 191 页。

　　资本的循环运动与商业资本有一些类似。资本放弃它的货币形式成为商品,最终回到它的初始形式,并带有"新芽"(new shoot)。我们将有机会看到这种循环只是第一次接近于资本现实(参见第二部分第1篇)。令人吃惊的是,许多马克思主义者认为这种循环是资本运动的恰当形式。

　　与商品资本相反,商业资本坚持重复和增长的原则。这是为什么它成为一个活的有机体的原因。商业资本不仅仅处于循环领域,也处于生产领域。工业资本产生并投入到循环中的价值与它从中需要的价值是一样的。

　　所以货币所有者必须"按商品的价值购买商品,按商品的价值出卖商品,但他在过程终了时取出的价值必须大于他投入的价值"①。这就是一个难题。

　　马克思的答案是非常清晰的:"劳动力"商品被消费的同时,会产生比他的购买者所花费的成本更大的价值。这就是解决办法。

　　这种解决办法不可能被"证明"？它真的需要比马克思对它的论证更多的证明吗？难道没有只消费不生产的阶级吗？所有的消费是生产的,这种说法既不是一种诡辩,也不是解决我们问题的办法。非生产阶级消耗了商品,并没有生产任何商品。如果他们有能够处置的商品,这是因为有些人已经生产了这些商品。通过排除的方法,只有劳动力能够生产出比它消耗的更多的东西。

　　假定机器产生比它们所消耗的价值要多,这是将劳动手段与劳动本身相混淆,将社会技术与社会关系相混淆,将物理学与历史学相混淆。明显的,没有人反对这样的事实,即先进的机器——在我们还不熟悉的某种环境下——可能是利润增长的源泉。但这不是问题所在。相反,长期存在的问题是这样的:技术手段,也就是作为一种技术方式,如何成为社会关系即人与人之间关系的一部分？人们似乎在文献中,以后者的语言处

---

① 《马克思恩格斯全集》(第四十四卷),人民出版社,2001年,第194页。

理体系的质量为基础来判断前者(这并不意味着这种技术手段与文献的演化不相关)。即使人们暂时接受这种技术手段作为一种技术方式将会产生比其所消耗的更多的价值的谬论,那么为什么某些人或社会阶级比其他人或阶级从这种快乐的情形中、从这种神圣的馈赠中能获得更多的利润? 难道我们关注的焦点(在这种情况下,并且人在上帝面前是平等的)不应该从神学关系转向人与人之间的关系,转向社会关系,将前者抛给神学和教堂的学术研究吗? 没有什么经济思想比"三种收入来源"(three sources of income)和"三种生产要素"(three factors of production)中的任何一个更肤浅(特别参见第 21 章)。

　　商品的隐蔽时间就是生产它的社会必要劳动时间和生产这种商品的劳动力的再生产的必要时间之间的差异。后者理所当然地从这个词的历史含义上,而不是其生理学含义上是"必要的"。社会需要演化。

　　丹尼斯(Denis)在思想的一个有趣线索基础上质疑这种说法的合理性,尽管在我们心理上来说是错误的。他写到,马克思在已经将简单循环看作一种"化学过程"之后,现在告诉我们"循环并没有创造比它自身的数量更多的价值"。根据丹尼斯的看法,这是错误的,因为"如果客体的结合并没有产生任何还没有存在的东西,那么我们又回到了机械论"。①但是马克思本人描述了(丹尼斯同样引证了这一页)循环的新结果,以及它在什么意义上是新的:

　　　　如果考察流通的形式本身,那么在流通中生成,产生,被生产的东西,是货币本身,此外再没有别的东西。商品在流通中被交换,但它们不是在流通中产生的。货币作为价格和铸币固然是流通自身的产物,但这只是形式而已。价格的前提是商品的交换价值,正如铸币本身不过是作为交换手段的商品的独立形式一样,这种形式同样也

---

① Denis,1984,p.47。

是前提。流通不创造交换价值,同样也不创造交换价值的量。①

第一,马克思在他谈到货币是循环的产物时,意味着什么? 这意味着从有效交换中,迸发出以前并不存在的东西,这是一种将商品作为价值和作为价值量彼此联系起来的东西。这种东西不仅仅是一种工具,而且是社会关系的现象形式。

第二,马克思在他谈到货币只是循环的形式上的产物时,意味着什么? 这意味着循环产生了货币的"必要性"(necessity),但是它并没有在物质上创造它。

第三个问题产生了。

社会关系产生于生产领域,还是产生于循环领域? 它既不产生于前者也不产生于后者,而是产生于两者。因为存在着价值,一定为出卖而进行生产,然后产品必须销售出去。交换价值在没有市场交换下如何存在?

尽管如此,价值量必须是由生产和循环来决定? 我们已经分析了"社会必要劳动时间"的矛盾,在这里我们就不再详述了。我们仅仅注意到因为一些东西需要被承认,它首先必须存在。如果人们将生产者的观点作为固定的出发点,那么价值的量上的矛盾就会在空间上和时间上彼此抵消。价值只能通过其内部出现的差异来度量,但是这并不意味着循环和生产以同样的方式对于价值的量产生影响。在最后的分析中,只有生产通过循环的批判内部化,而决定价值的量。

上述最后的论断推动我们回到了机械论? 活的有机体难道没有增长和停滞、增殖和非增殖时期吗? 答案就在这里。

资本主义经济是一个活的现实。这种论断不仅仅是丹尼斯的看法,它也同样是马克思的看法,尽管有丹尼斯的质疑。根据丹尼斯的看法,同样的看法与"马克思对于市场世界的看法不相容,马克思的看法是人性的

---

① 《马克思恩格斯全集》(第三十一卷),人民出版社,1998 年,第 375 页。

恶梦,人性需要尽早被唤醒"①。它为什么不相容呢？这种看法似乎是不成立的。资本主义现实是活的东西,因为——在其他原因中——它能够自我反应和捍卫,因为它能够自我发展,不管社会价值可能是什么。② 正是人道的现实逃脱人的控制;它支配社会,将人屈从于它自身的目标,由于这个原因才是活的东西。③

货币的占有者在市场上找到自由的工人,这种方式与人们在自然中找到猫和狗是一样的。但是对于存在着自由的和发达的市场来说,也必须存在自由的工人;"必须总是把自己的劳动力当作自己的财产,从而当作自己的商品","没有任何实现自己的劳动力所必需的东西"。④ 但不管是货币占有者还是劳动力所有者都没有任何自然基础。自然一方面没有产生资本家,另一方面也没有产生工人。他们都是通过暴力破坏过去经济形式的结果;他们是同一历史结果的两个方面。

总之,让我们注意到诸如出现在市场循环中的简单循环,表明商品中存在隐蔽的时间。但这种时间似乎没有在简单循环中找到合适的位置。它的"根"(home)在另外的地方。简单循环的缺陷——它与每个同类逻辑现象都共同具有的特征——应该增加一种神秘感:这种模糊的时间源于何处？正如我们已经看到的,解决这种神秘在于生产领域。简单循环导致资本主义循环,商业资本导致工业资本。根本形式的资本区别于商业资本,也同样体现在生产领域,劳动在这里呈现为流动形式。马克思并

---

① Denis,1984,p.49.

② 资本主义现实在残酷性上已经达到了高峰,有理性准备和技术完美的工具,这种高度对马克思和任何其他19世纪的思想家来说是不可想象的。从今天来说,"很久以前"包括德国。但时钟在技术的帮助下,被滥用于测量历史的时间。法西斯主义持续多长时间——15年,或者15个世纪？历史时间和技术时间之间是何种关系？人们根据何种标准能够将资本主义时期纳入其中？

③ 尽管当前有很多批判丹尼斯的著作,我们要强调这样的事实,即他的著作对于马克思著作的分析和理解有很大贡献。丹尼斯的批判是原创性的和严谨的。尽管我们的大多数观点与丹尼斯的观点相反,但我们承认他的许多著作是激发我们灵感的长期源泉。

④ 《马克思恩格斯全集》(第四十四卷),人民出版社,2001年,第195、197页。

没有从简单循环"过渡"到生产——正如人们常常所认为的——而是从
"化学过程"过渡到"目标论的过程"（teleological process），又从"目标论
的过程"过渡到"生命过程"（vital process）的最初预计。最后的过程与以
前阶段的区别在于它包括生产过程；在购买劳动力和对象化劳动出售（这
些行为在被分开时，就是简单循环的一部分）之间，生产就干预了，我们对
此并不了解：

　　因此，让我们同货币占有者和劳动力占有者一道，离开这个嘈杂
的、表面的、有目共睹的领域，跟随他们两人进入门上挂着"非公莫
入"牌子的隐蔽的生产场所吧！①

　　在一部戏中，第二幕并不独立于第一幕。抽象劳动只能在与它循环
的关系中才能被理解。如果有必要"脱离"（isolate）生产过程，我们需要
明确这种"脱离"并没有脱离任何东西。

---

① 《马克思恩格斯全集》（第四十四卷），人民出版社，2001 年，第 204 页。

第三篇　生产过程的时间

第八章

剩余劳动时间或绝对剩余价值

剩余价值首先呈现为商品的价值量超过在这种商品的生产过程中消耗的劳动力的价值。这种剩余价值既不是绝对的也不是相对的，因为这些范畴仅仅关注它增长的方式。但这个定义足以分析不变资本和可变资本，决定剩余价值的总体和"同步"（synchronic）率（我们将回到这个术语的内涵上）。然后，我们具体阐述绝对剩余价值增长的模式。这使我们考察一些诸如在生产领域呈现出来的决定表面现象的因素。

8.1　不变和可变资本，剩余价值总量和剩余价值率

不变资本区别于可变资本在于它参与新产品的价值的方式。

不变资本和可变资本都是资本主义生产所必需的。如果不消耗原材料和辅助材料、劳动工具、机器、建筑物等，人们如何可能生产？但这并不意味着不变资本参与到新价值的创造中。最多样的和可变的物体——从大气层中的氧气到国家警察——对于生产来说都是同样重要的，并不必然参与到价值创造中。

在生产领域，劳动是一个中介，作为在生产领域的生产手段的使用价

值的价值通过这个中介转移到正在创造的产品中去。这种使用价值的价值在新产品中被保留下来。

实际中的商人知道他的货币不会随着生产性消耗的生产手段在物理上的消失而消失。为了失去这种货币的踪迹，商人购买具有很好记忆功能的个人计算机，或者如果他不喜欢"新技术"，他会谨慎地保留他的账本。他在任何时候都知道如何将新产品的总价值与它的"增加的"价值区分开来。对于价值，它纯粹是精神上的现实，他几乎不会关心它建立的实体。

在生产中消耗的一部分资本，在新产品中保留它的价值，马克思将其称为"不变资本"。它是过去的劳动，也就是对象化的劳动。

不变资本的生产性消耗或它的使用价值的否定过程，同时是它的价值的轮回过程。因此，不变资本不可能向产品中转移超过它自身拥有的价值。不必说，这种价值常常是不断发展的；换言之，它在数量上不是在购买固定资本所花费的成本的基础上决定的，而是在替代它的成本的基础上决定的。

商品价值的一部分来自于一部分资本的消耗。在一面消失的东西在另一面出现。商品价值的另一部分只能来自于消耗资本的剩余下的那部分。这部分就是劳动力，其消耗过程正是以流动形式出现的活劳动。

劳动力的消耗同时作为劳动，来源于以前并不存在的价值。所以不再存在一个简单的价值转移，而是价值本身的真正的价值再生产。马克思在劳动力不再属于工人而是作为资本的一个组成部分时，将劳动力称为"可变资本"。可变资本因此是劳动力的使用价值的否定过程。

劳动力的消耗即劳动有双重作用——保存生产工具的旧价值和创造新的价值。保存旧价值属于具体劳动的作用。正是在作为纺纱工的能力内，纺纱工将胸针和棉花的价值转移到他劳动的产品中。具体劳动将不变资本的价值转移到正在创造的产品中。另一方面，抽象劳动的作用是增加新价值，因为抽象劳动在对其对象化的形式中就是价值。

工人不仅生产与他自身的维持和再生产必然相等的价值,而且生产额外的产品归为并不付出任何劳动的阶级,这一事实是资本主义生产的必要条件。当前,我们只知道一个不工作的阶级。人们可能经常质疑劳动的观念和理解资本家在什么条件下被可以认为是(生产性的和非生产性的)劳动或不劳动的问题。在任何情况下,根本不存在商人的"个人劳动"(personal labour)和他的利润总量及比率之间的比例或理性的关系。[①]

这一额外产品就是马克思所称的"剩余产品"(当他强调它的物质层面时)或"剩余价值"(当他强调它的价值时),源于劳动力的交换价值和与劳动力使用价值的生产性消耗新创造的价值之间的差异。

所以工人工作日的一部分是为了再生产出劳动力价值,另一部分价值是为了资本家,"这是无中生有的创造的所有魅力所在"。

人们必须将劳动力的生产所必需的劳动时间加到商品生产所必需的劳动时间上去。后者包括前者,并且比前者大。二者之间的差异就是"剩余劳动时间"[②]。

预付的(advanced)资本(Va)可以分为不变资本(C)和可变资本(V)。剩余价值率(同步的,不是每年的)是剩余价值量(s)和消耗的可变资本的初始价值的关系,即(v):s/v。如果我们称 s' 为单个工人(具有平均的劳动技能,在平均劳动强度下工作)生产的剩余价值的量,v' 为预付资本付给工人的部分,s 为所有工人生产的剩余价值量,v 为用于购买劳动力的可变资本,a' 为剩余劳动时间,a 为必要劳动时间,n 为工人数,alp 为平均劳动力,我们可以得到下面的公式:

$$S = \frac{S'}{V'} \cdot V \text{ 和 } S = alp \cdot \frac{a'}{a} \cdot n$$

资本增殖的同步率(pr)同样容易计算出来。它是在任何既定时间内

---

① 关于"理性"和"非理性工资"的问题,特别参见 Nadel(1983)的有趣分析。
② 《马克思恩格斯全集》(第四十四卷),人民出版社,2001 年,第 251 页。

生产的剩余价值量与在同一时期生产性消耗的不变资本(c)和可变资本
(v)之间的关系：

$$pr = \frac{S}{c + V}$$

资本的增殖率(利润率)必须不是在同步的基础上，而是在历时的或
年度基础上计算的；换言之，它不是在生产性消耗的价值的基础上，而是
在预付资本的价值的基础上计算的。什么是年利润率呢？马克思明确地
回答了这个问题：

> 当然，不仅剩余价值同直接产生它并由它来表示其价值变化的
> 那部分资本的比率具有重大的经济意义，而且剩余价值同全部预付
> 资本的比率也具有重大的经济意义。因此我们将在第三册中详细讨
> 论后一比率。①

马克思作为"日耳曼的谨慎"(Germanic meticulousness)的典型例子，
详细阐述了工业垃圾(industrial refuse)②的价值，但并没有阐述这里的本
质问题。他有很好的理由这样做。当然，人们如果知道每日生产的剩余
价值量，就可以计算每年的剩余价值量(S)，将它与预计资本的价值联系
起来：Pr(每年) = S/(C + V)。但预计资本和每年消耗的资本是由人们暂
时还没有能够阐述的必然关系联结起来的两个量。另外，正如我们将看
到的，当阐述资本循环的时间时，公式"S/(C + V)"常常不被准确使用，
在马克思看来，它是一个不完整的和有问题的公式。

为了能够准确和严谨地计算利润率，必须首先引入"资本周转"
(turnover of capital)的概念。这个概念涉及"固定"(fixed)和"循环"(cir-

---

① 《马克思恩格斯全集》(第四十四卷)，人民出版社，2001年，第248页。
② 《马克思恩格斯全集》(第四十四卷)，人民出版社，2001年，第239页。马克思在这里主
要阐述了"劳动过程中的一切排泄物"。——译者注

culating)资本。在生产时间(它是线性的)之后,人们必须引入循环时间,这是《资本论》第二卷的目标。

所以固定和循环资本不是应该增加到不变和可变资本上的决定因素,相反是以这些概念为基础的决定因素。它们同时构成它们的具体化。不变与可变资本为一方面,固定和循环资本为另一方面,这两个方面之间的关系并不是外在的,而是必然的。前者和后者都不可能建立在自身的基础上,两者只能通过它们的关系才能得到理解。指向价值生产的概念("本质性的"概念)需要基础。

"不变资本""可变资本"和"剩余价值"的概念严格地说不仅是为生产过程准备的,而且是为生产的时间准备的。这种线性的和抽象的时间性是两个层面(过去和现在),正是这种时间使它们具有自身特征和具体化,因为"固定"和"循环"资本的概念也是为生产过程准备的,同时它们是循环的时间性的一部分。

不变资本和可变资本是抽象,是概念。从它们自身来看,它们是不充分的,如果任何有机体的神经系统不从它与同一活生生的个体的其他有机系统的关系进行考察,同样也是不可想象的。

诸如"可变资本的循环"(circulation of variable capital)或"不变资本的循环"(circulation of constant capital)并不是错误的,可以简略化,条件是人们不要忘记前者算作循环资本的一部分,而后者是固定资本,是循环资本的一部分。如果人们忘记了这些,这些表达就完全没有意义。

我们在以后还会回到这些问题上来,详细阐述它们。当前,我们认为关键是回到我们在阐述时间性上,只需要知道现在(活劳动)和过去(以不变资本形式实现的劳动)。这种时间性因此是线性的。

试图决定不变和可变资本,涉及某些属于循环时间的范畴。但循环时间涉及价值周转模式,必然以这种价值为基础。价值的生产在逻辑上先于它的循环。不变资本和可变资本在逻辑上先于固定资本和循环资本。《资本论》的阐述秩序既不是偶然的,也不是武断的,而是富有逻辑性和概念性的。

一些《资本论》批判性评论家可能更会将生产置于简单循环之前。另外一些人可能会在《资本论》第一部分和生产本身中引入竞争;有更多这种类型的建议。一些评论者甚至以辩证法的语调,任意建议或"纠正"马克思,旨在将他从他自身的辩证法缺陷中解脱出来。人们如何从生产过程开始,而不事先分析商品、价值和货币呢? 资本主义生产正是因为它与后来的这些范畴有机联系在一起才成为资本主义生产的:如果没有价值形式、货币或商品,那么什么是抽象劳动呢? 并且人们如何在简单的循环或生产中以明确的和成熟的方式引入竞争(因为隐含它是无处不在的),而不事先分析剩余价值、不变和可变资本、周转时间、固定和循环资本、利润、利润率,以及其他"市场规律"(laws of the market)将其智慧归为的其他决定因素? 也许还有关于《资本论》阐述的逻辑顺序的其他可能性,但是它的作者作出他的选择,并且这种选择是一个非常好的选择。不是去"纠正"他、教训他或者企图"拯救"他自己的方法,而是首先更好地理解他的辩证方法,许多《资本论》评论者只是与辩证方法有表面上的关系。

8.2 工作日

生产时间是线性的时间。它就是马克思本人所说的:

> 我们用 a——————h 线表示必要劳动时间的持续或长度,假定是 6 小时。再假定劳动分别超过 ab 线 1 小时、3 小时、6 小时不等,我们就得到 3 条不同的线:
>
> 工作日 Ⅰ a——————— b — c
> 工作日 Ⅱ a——————— b —— c

工作日 Ⅲ a —————— b —————— c

这3条线表示三种不同的工作日：七小时工作日、九小时工作日和十二小时工作日。①

我们引用这一段明显不仅仅是为了强调生产时间的线性特征。这一段将证明旨在引入社会冲突和规制在马克思关于工作日中的理论地位是有用的。

这三条线首先表明工作日的弹性。这种弹性是相对的，即工作日只在某些限度内变化。延长工作日产生绝对剩余价值。如果人们暂时假定AB是不变的长度，那么明显在资本主义生产框架里，BC一定在逻辑上大于0。但不可能严格地决定这里的最低限度，同样存在着最高限度。工人不可能每天工作24小时，因为这在生理上是不可能的。

在这两端之间，工作日的长度每一次变化都是可能的。支配它的原则是社会阶级与它们相应的力量之间的利益分化。

在马克思看来，力量的均衡并不处于剥削关系之外，因为它是其本质的规制原则之一。

如果可变资本不能产生足够的后代（offspring），资本家就诉诸交换规律。他购买一种商品和需要的东西，就像其他购买者一样，在他看到适合以及与他需要的一样多时就消费它。

但劳动力的消费就是劳动。工人有强有力的证据来质疑购买者的权利。他将告诉劳动力购买者：

> 你在劳动上这样赚得的，正是我在劳动实体上损失的。使用我的劳动力和劫掠我的劳动力完全是两回事……你使用三天的劳动力，只付给我一天劳动力的代价。这是违反我们的契约和商品交换

---

① 《马克思恩格斯全集》（第四十四卷），人民出版社，2001年，第267页。

规律的。因此，我要求正常长度的工作日，我这样要求，并不是向你求情，因为在金钱问题上没有温情可言。……但是在你我碰面时你所代表的那个东西的里面是没有心脏跳动的。如果那里面仿佛有什么东西在跳动的话，那不过是我自己的心。我要求正常的工作日，因为我和任何别的卖者一样，要求得到我的商品的价值。①

资本家和工人承担着彼此的购买者和售卖者的角色，在法律面前是平等的。每一方都捍卫自己在法律上的权利：

> 在平等的权利之间，力量就起决定作用。所以，在资本主义生产的历史上，工作日的正常化过程表现为规定工作日界限的斗争，这是全体资本家即资本家阶级和全体工人即工人阶级之间的斗争。②

《资本论》的一些肤浅的解读者相信，在马克思看来，"经济基础"和"上层建筑"之间有清晰的、显著的区别，他们认为两者是过分的自治（autonomy），或者，更加严重的是，他们相信后者机械地由前者决定。

但人们在上面引述的段落中可以看到，这种著名的"上层建筑"——法律、规制、代表——渗透到资本主义生产领域内部、它的"紫禁城"（forbidden city）、生产的"秘密地下室"（secret basement），目的是发挥决定性的和积极的作用，即支配劳动力的剥削率。我们实在看不到法律-制度的"建筑"（edifice）通过何种神秘的力量可以被认为使自己强加到经济"基础"上，也就是强加到社会生产关系上，因为这种"建筑"同时也是基础。资本主义如果没有法律平等，没有它的抽象法律及其道德、它的幻想和它

---

① 《马克思恩格斯全集》（第四十四卷），人民出版社，2001年，第270～271页。马克思以这种方式解释了伦敦建筑工人委员会（the committee of construction workers in London）提出的请求，要求每天工作9小时。这种请求大约在1860—1861年肯定已经出现。

② 《马克思恩格斯全集》（第四十四卷），人民出版社，2001年，第272页。

的游戏规则、它的警察和它的国家,那么它要么是臆想的,要么它就不是资本主义。在这里,"表面"(surface)和"基础"(foundation)、等价交换关系和剥削关系的地位已经被颠倒:"基础"将自己附加到"表面"上,"表面"成为"基础"的基础。

类似的,抽象劳动和剩余价值不可能纯粹或简单地出现在生产领域,因为正是在普遍交换的魔法世界(enchanted world),工人才发现自身具有相对于他的身体和精神的异化的本质,劳动力价值纯粹是商业性的。劳动力与货币交换成为一种常见的、和平的现象,这一现象的前提是工人与其自身的某种关系,一种个人的和社会的精神分裂症(schizophrenia),即工人的个人本质应该外在于工人,与其他任何可以出售的东西一样。工人不需要捍卫自己。他像其他任何买者和卖者一样,需要捍卫他的商品、他的"私人财产"(private property);他"自由地"将自身带到市场上,以好的价格出卖自己。他与他的购买者是"平等的",两者都是"卖者"和"卖者"。①

没有人怀疑马克思由于他过分地简化而为他的贫乏的读者负责,特别是当人们想到他的《〈政治经济学批判〉序言》②,或者一封反对蒲鲁东的通信。③ 但正如他本人所说,他想当然地认为他的读者能够理解这些充满辩证法的文本被他具有启发性地简化所蕴含的科学价值。

马克思在谈到工作日的决定时,提出了"道德界限"④。使用这一术语仅仅表明"基础"和"上层建筑"的概念必须被慎重地使用,因为马克思不喜欢"无辜的"(innocent)语言用法。这种"道德"(morality)是双重否

① 关于这一点,参见 Lukacs,1971。
② 参见《马克思恩格斯全集》(第三十一卷),人民出版社,1998 年,第 411～415 页,特别是第 413～414 页。
③ 1846 年 12 月 28 日马克思致帕维尔·瓦西里耶维奇·安年科夫的信[《马克思恩格斯选集》(第四卷),人民出版社,2012 年,第 407～419 页]。
④ 《马克思恩格斯全集》(第四十四卷),人民出版社,2001 年,第 269 页。

定的产物。资本内在地倾向于将剩余劳动时间延长到生理的局限,倾向于暂时扩展对人的否定,人在生产领域成为可消耗的商品和外部机体的中介,这又被利用循环领域中的合法性的工人阶级阻挠、干预和否定。源于这种冲突的暴力是"道德"的基础,它的另一种形式常常是规制和法律。这种"建筑"(edifice)在资本主义发展中发挥着积极的、决定性的和根本性的作用。它不由社会关系决定,而是与它融合在一起。

"上层建筑"渗透到生产领域。后者不仅产生价值和剩余价值,而且参与了对于这个体制的运作同样至关重要的表现形式和意识形态形式的生产。正如马克思所说,在资本主义生产方式中,"剩余劳动和必要劳动融合在一起了";商品掩盖了剩余劳动时间,而徭役劳动则是:

> 例如,瓦拉几亚的农民为维持自身生活所完成的必要劳动和他为领主所完成的剩余劳动在空间上是分开的。他在自己的地里完成必要劳动,在领主的地里完成剩余劳动。①

"意识形态机构"(ideological apparatuses)、特定思想和价值的宣传对其他人所产生的损害,对"错误意识"(false consciousness)承担的责任要比人们常常认为的那样更少。"错误意识"具有很深的根基,通过各种方式回到资本的生产过程中。

资本主义生产方式中令人感到奇怪的不是它在变化,而是它尽管发生变化,但仍然保持着这一生产方式。工作日的弹性毫无疑问是当前经济危机最重要的问题之一。马克思比这次危机早一个多世纪就分析了这种弹性对于资本的好处:

> 从价值增殖过程来看,不变资本即生产资料的存在,只是为了吮

---

① 《马克思恩格斯全集》(第四十四卷),人民出版社,2001 年,第 273~274 页。

吸劳动,并且随着吮吸每一滴劳动而吮吸一定比例的剩余劳动。如果它们不这样做,而只是闲置在那里,就给资本家造成消极的损失,因为生产资料闲置起来就成了无用的预付资本;一旦恢复中断的生产必须追加开支,这种损失就成为积极的损失。把工作日延长到自然日的界限以外,延长到夜间,只是一种缓和的办法,只能大致满足一下吸血鬼吮吸劳动鲜血的欲望。因此,在一昼夜24小时内都占有劳动,是资本主义生产的内在要求。但是日夜不停地榨取同一劳动力,从身体上说是不可能的,因此,为克服身体上的障碍,就要求白天被吸尽的劳动力和夜里被吸尽的劳动力换班工作。换班有各种办法。[1]

自不断转换中组织起来的工作出现当前结构危机开始,已经有了很大发展。如果我们将自己局限于欧洲资本主义,我们可以看到在最发达国家[2]和最不发达国家[3]里出现的同样的趋势。

关于银行的假期和星期天工作,马克思在他那个时代分析的现象在当今仍然吻合。星期天工作——除了服务于资本的工作—— 在英国的那个时代是被禁止的。所以工人可能会由于在自己的庭园里工作或者没有到工厂里去上班(违反了契约)而受到处罚。[4]

---

[1] 《马克思恩格斯全集》(第四十四卷),人民出版社,2001年,第297页。

[2] Leithauser,1986。

[3] Panagiotides,1987—1988。人们在该研究中看到对转换工作的方法、银行假日和周日工作,以及希腊自危机以来这些现象的演化的大量数据的详细描述。

[4] 例如,在英格兰,有的农村直到目前为止,一个工人还常常因为在安息日在自己房前的园圃里干点活,亵渎了安息日而受到监禁的处罚。但同样是工人,如果在星期日不去金属厂、造纸厂或玻璃厂干活,那么即使是出于宗教的癖性,也要按违反契约论处。如果对于安息日的亵渎是发生在资本的"价值增殖过程"内,正统教徒的议会就充耳不闻了。伦敦鱼店和家禽店的短工,在一份要求废除星期日劳动的呈文(1863年8月)中说,他们在一星期的前六天,每天平均劳动15小时,星期日劳动8—10小时。从这份呈文还可以看出,这种"星期日劳动"正是为埃克塞特会堂的饕餮而伪善的贵族所鼓励的。这些如此热心"追求肉体享受"的"圣徒",是通过他们容忍第三者的过度劳动、贫困和饥饿来表明自己的基督徒精神的。美餐对他们(工人)是非常有害的[《马克思恩格斯全集》(第四十四卷),人民出版社,2001年,第306页注释104]。

　　德国在 20 世纪 80 年代后期宗教盛行,尽管任何类似工作的星期天休闲没有得到认同,但存在着关于将星期天和银行假期工作扩展到以前法律上隔离的一些活动领域的讨论。对于拯救信众的心灵的教堂,支持工会的反应。但雇主对于组织不安的资本(qualming capital)更感兴趣,尽一切所能使民众相信星期天工作是“迫切的社会需要”(imperative social necessity)。一个神奇的词,“全能性”(catch – all)观点,当然是指威胁联邦德国(the Federal Republic of Germany)贸易顺差的国际竞争。

　　贫穷的国家(为了不变得更穷)、富裕的国家(为了变得更富)和既贫穷又富裕的国家(为了提高他们均衡的水平),都借助于同一竞争规律,运用同样的批量产生的观点。它们甚至正确地提到了“外部的必要性”。马克思在 140 多年前就非常熟悉他所说的:“自由竞争使资本主义生产的内在规律作为外在的强制规律对每个资本家起作用。”①

　　另一方面,如果存在着必要性,这就是资本必须有利可图地得到有效利用,而不是任何“社会需要”。资本的进步和社会的进步是两个完全不同的事情,它们之间常常是对立的。马克思也非常熟悉这一点:

　　　　因此,资本是根本不关心工人的健康和寿命的,除非社会迫使它去关心。人们为体力和智力的衰退、夭折、过度劳动的折磨而愤愤不平,资本却回答说:既然这种痛苦会增加我们的快乐(利润),我们又何必为此苦恼呢?②

　　“过早死亡”(premature death)、“生理上的退化”(physical degradation)等无疑是引起讽刺性评论的表达。有人认为,发达的现代资本主义不是非人道的。但经济和社会进步之间的巨大分化从来没有像现当代这

---

　　①　《马克思恩格斯全集》(第四十四卷),人民出版社,2001 年,第 312 页。
　　②　《马克思恩格斯全集》(第四十四卷),人民出版社,2001 年,第 311～312 页。

样明显。微电子时代与发达世界的新的贫困(仅仅在美国就有3500万贫困人口)似乎完全吻合(更不用说不可分离)。没有人怀疑工人阶级的生活条件已经在某些发达地区有了很大提高。这不是神秘的"市场社会经济"的结果,这是一个毫无意义的表述;相反,它是由于阶级和工人运动取得的成果或正如马克思指出的"社会约束"(social constraint)之间力量均衡的结果。

在当前条件下,没有任何东西像劳动那样对社会来说富有弹性。弹性工作日只能降低工人对他的自由时间的控制和导致失业增加。

马克思的思想中没有其他看法比他试图找到满足双方需要的工作日更为深入。马克思明确地反对为了工人阶级和社会的利益而进行"妥协"和维护"国家利益"的思想。马克思在简要地阐述了英国在19世纪的第二个25年里为了正常工作日的斗争,在法国和北美的国家模仿英国立法之后,作了如下总结:

> 工人必须把他们的头聚在一起,作为一个阶级来强行争得一项国家法律,一个强有力的社会屏障,使自己不致再通过自愿与资本缔结的契约而把自己和后代卖出去送死和受奴役。①

这种看问题的方式是从教训中丰富起来的,它像马克思那个时代一样在当今仍然具有参考性。

---

① 《马克思恩格斯全集》(第四十四卷),人民出版社,2001年,第349页。

第九章

剩余劳动时间或相对剩余价值

相对剩余价值和绝对剩余价值的区别在于主导剩余劳动时间增长的方式。前者不是来源于工作日的延长,而是来源于降低必要劳动时间。我们因此在阐述工作日时,假定其长度是固定的,但是其组成部分可以改变。在前一章里,工作日可以用一条线来代表:

A ——————— B —— C

必要劳动时间由 A ——————— B 代表,剩余劳动时间由 B —— C 代表。相对剩余价值因此来源于缩短 A ——————— B,同时延长 B —— C,这可以用下面的线来代表:

A ——————— B`– B – – C

将 A ——————— B 缩短到 A ——————— B`只能是由于劳动力价值的降低,就是说生产商品的社会必要时间降低——或者直接作为最终商品,或者间接作为中间商品——用于工人阶级消费。这要求从总体上提高劳动生产率。但它同样来源于对工人阶级不利的力量均衡的变化,我们暂时不考虑这种可能性。

提高劳动生产率意味着增加物质生产,而不是延长劳动时间,或者如果我们更喜欢说,就是节约时间。所以毫不奇怪,《资本论》第四部分就是研究相对剩余价值生产,其指导原则正是资本家节约劳动时间和它的社会价格。但令人吃惊的是,这部分还详细描述了仍然存在于萌芽状态的的某些现象和它们的理论分析。一点不夸张地声称,《资本论》第四部分已经有了后来宣称为"科学的"劳动组织的原则,并且进行了分析。

9.1 简单协作和节约时间

资本主义中的劳动常常是协作,即许多工人在同一雇主的权威支配下,为同一目标而在一起工作。

劳动协作的形式需要简要考察两种节约劳动时间的类型的起源,因为它们在资本主义发展中起着巨大作用。

首先,关于劳动时间节约,让我们注意到不变资本的规模经济。许多工人在同一屋檐下集中起来,明显导致不变资本价值的提高。劳动工具、机器和建筑物等的价值随着雇佣工人的人数增加而增加。但建设一个工厂和为既定数量的工人准备的设备比为同样数量的工人建设几个工厂更廉价。生产手段的使用价值的集体消耗伴随着它们的价值的相对降低。不变资本的更大的积聚将意味着不变资本的劳动时间的更大节约和所生产出来的商品和劳动力的单位价值更小。如果我们进一步考察就会看到,这种节约不是来源于劳动的协作形式,而是来源于生产手段的简单集体使用。所以后者在劳动之前呈现出社会性特征。

以这种方式得到的不变资本的节约同样"改变剩余价值同全部预付资本,也就是同资本的不变组成部分和可变组成部分的价值总额之间的比例"①。由于前面一章已经考察了原因,马克思将这一点暂时抛开,目的是在后面的阶段里重新回到这里,他写道:"分析的进程要求把研究的

_____

① 《马克思恩格斯全集》(第四十四卷),人民出版社,2001 年,第 377~378 页。

对象这样分割开来,而这种分割也是符合资本主义生产的精神的。"①

其次,协作导致劳动时间节约是由于生产任务在空间上的同时性。在同一劳动时间的同样数量的工人完成同样的生产任务,比当他们一步一步地完成同一目标的时候,相对地当他们一个接着一个工作的时候要快。例如,一个工作日由 10 小时和 10 个工人构成,就是说工作日为 100小时,比同样的工人连续工作 10 小时更有效率。劳动时间在两种情况下都是 100 小时,但由于它的组成部分出现了变化,因为生产出来的商品的单位价值降低了,由此导致劳动力价值出现下降。结合起来的劳动力的生产率因此比分散的生产率的相加更高。集体工人要远远大于单个工人的简单相加。这显然出现在那些完成既定任务的时间有限,以及因此劳动的使用效果比其他地方更加依赖于许多工人同时就业的行业。例如,依赖于天气条件的部门就是这种情况。

分析简单协作已经表明"生产规模"(scale of production)对于工作时间的组成部分的影响,成为理解资本趋向于更加集中的关键因素。

明显的,资本的目标不是为了增加相对剩余价值,而是为了提高利润,这恰恰不是同一个事情。在既定的行业里降低单位商品的价值只转化为将劳动力的价值降低到这些商品进入生产阶级的消费领域的程度。相对剩余价值的机制因此只可能对这个行业的剩余价值的量和比率产生极为有限的和可以忽略的积极影响。实际上,商品的单位价值的降低使出售的价格比单个价值高,但是比这类商品的社会价值要低,所以实现了马克思所称的"超额剩余价值"②。一旦资本的节约成为普遍性,那么超额剩余价值就消失了。

---

① 《马克思恩格斯全集》(第四十四卷),人民出版社,2001 年,第 378 页。
② 《马克思恩格斯全集》(第四十四卷),人民出版社,2001 年,第 369 页。

9.2 工场手工业和时间节约

工场手工业是手艺的分裂开始形成的地方。节约必要劳动时间和形成非常具体的劳动技能是同一硬币的两面。

对于同一生产性操作,被分裂的工人所用的时间比技工进行该操作只是其他人中的一个所用的时间要少。从一种操作转向另一种操作需要转移到另一个地方和改变工具。在两种情况下,它意味着劳动过程的中断。工人被要求重复同一具体操作因此消除了工作日的空隙,增加了劳动强度。

被分裂的工人反复地进行同一简单生产行为,达到这种生产行为所要求的具体技能的完善程度,以这种方式获得了花费更少劳动力的预期效果。

工场手工业时期的特征是适应技能分化产生的新条件的劳动工具的多元化/专业化。

技能的分解反过来要求生产过程的准确计划,以此保证同一商品生产的不同的局部任务的均衡分配。商品生产要求不同性质和不同数量的操作分开,多样化的操作要求不同长度的执行时间。因此,生产商品的每一部分的必要劳动时间必须被严格执行,因为任何延误都会产生累积的效果。尊重某些权威决定的节奏现在呈现为生产的技术规律。不用说,各种任务的时间上相互依赖迫使工人在同一时间里增加了劳动力支出,即增加了劳动强度。

在工场手工业中,根据每一个工人表现出来的能力进行挑选和分组。工人根据他们选择的生产性操作的复杂性,被分为熟练的或不熟练的。技能的分解能够降低培训的成本——特别是那些与培训时间相关的——因此导致劳动力价值的进一步降低。

在制造业中,人们已经看到经济进步与社会进步之间的巨大分离,但是当人们考察工厂内部的劳动分工时,就会看到呈现出来的经济进步与社会进步不仅仅是分离,而是相当对立。马克思与古典经济学相比的优点是他使每个人都能够清楚地看到这种分离。对马克思来说,没有任何思想比这样的思想更令人奇怪,即人类线性的、逐渐的进步思想和直接源于经济进步的社会进步思想。劳动生产率的提高,如果出现在资本主义工厂里,就具有极其高昂的社会成本。马克思坚持这一点:

> 工场手工业把工人变成畸形物,它压抑工人的多种多样的生产志趣和生产才能,人为地培植工人片面的技巧,这正像在拉普拉塔各国人们为了得到牲畜的毛皮或油脂而屠宰整只牲畜一样。不仅各种特殊的局部劳动分配给不同的个体,而且个体本身也被分割开来,转化为某种局部劳动的自动的工具,这样,梅涅尼·阿格利巴把人说成只是人身体的一个片断这种荒谬的寓言就实现了。①

马克思是一位具有"自由的个性"(free individuality)的哲学家。那些被分裂的、屈辱的、受鄙视和简化的个体是异化的,根本不同于"在家里"(at home)。这是一个尊重古代的城市国家雅典的地方——失去了伊甸园和充满希望的土地。马克思的革命计划正是个体与他自身结合融合在一起,通过他自身的主动性寻求其自身的那部分,找回逝去的时光和回到"家里",穿越漫长的、迷失的异化之旅而从奴役中得到净化。确实,这个城邦(polis)由德国文明的最优秀代表的理想构成——黑格尔、莱辛、歌德、席勒、霍尔德林以及其他人——但正是在马克思那里,这种理想才从文学和哲学的天空中下降,目的是渗透到工厂里,以此将自身从批判的武

---

① 《马克思恩格斯全集》(第四十四卷),人民出版社,2001年,第417页。

器转向武器的批判。作为一个自由的个性①和自由的思想家,马克思并不是国家主义和专制社会的建构者,如一些看法和无知可能希望他如此。

像铁一般的必要性或超自然的力量可以称为"进步",但绝不会导致自由王国。将马克思的这种(有时是过分的)乐观主义与某种没有完全消化吸收的决定主义混淆起来,对马克思来说是极其不公平的:

> 古代最伟大的思想家亚里士多德曾经幻想过:
>
> "如果每一件工具都能按照命令,或者,甚至按照自己的预感去完成它所担负的工作,就像代达罗斯的雕像那样会自己动作,或者像赫斐斯塔司的鼎状宝座那样会自动执行祭神的工作,如果织布的梭会自己织布,那么师傅就不需要助手,主人就不需要奴隶了。"
>
> 西塞罗时代的希腊诗人安谛巴特洛斯,曾歌颂碾谷的水磨这种一切生产机器的最初形式的发明,把它看做是女奴隶的解放者和黄金时代的复兴者!②

但亚里士多德和安谛巴特洛斯生活在由社会逻辑和理性支配的社会条件中,这与现代政治经济学的社会条件存在很大不同。这正是他们思想来源的地方,而不是现代经济的理性的源泉,并且现代经济那时还不存在。这是马克思为什么继续讽刺说:

> "异教徒! 噢,这些异教徒!"正像机智的巴师夏和在他以前的

---

① 欧内斯特·布洛赫(Ernst Bloch)在《希望原理》(Prinzip Hoffnung)第二卷中对社会乌托邦进行了研究。像通常一样,他以一些引言开始。他从马克思的大量著作中,选择了《共产党宣言》中的三行话,我们对其翻译和强调如下:"代替那存在着阶级和阶级对立的资产阶级旧社会的,将是这样一个联合体,在那里,每个人的自由发展是一切人的自由发展的条件。"[《马克思恩格斯文集》(第二卷),人民出版社,2009年,第53页。]参见 Bloch,1959,p.547。

② 《马克思恩格斯全集》(第四十四卷),人民出版社,2001年,第107~108页。

更聪明的麦克库洛赫已经发现的那样,这些古代人对政治经济学和基督教一窍不通。例如,他们不了解机器是延长工作日的最可靠的手段。他们也许会辩护说,一个人受奴役是使另一个人获得充分发展的手段。但是,要鼓吹群众受奴役,以便使少数粗野的或者没有多少教养的暴发户成为"卓越的纺纱业主""了不起的香肠制造业主"和"有势力的鞋油商人",那他们还缺少专门的基督教器官。①

同时,"赫菲斯托斯的三脚"(Hephaestus's tripods)和"代达罗斯的杰作"(Daedalus's masterpieces)不再是神秘的成就,而是技术上的成就。它们的名字是机器人学(robotics)、电子学(electronics);简言之,是技术加上后缀"-ics"。但正如马克思所说,正是机器推动工作日延长(强度上和长度上)。

工场手工业的劳动分工是以各种生产活动处于均衡状态来安排的。这样那样的活动所需要劳动时间的量是在生产开始之前就决定的。上一句中"需要"这个词并不自相矛盾。支配工场手工业中劳动时间分配的规律因此区别于支配劳动社会分工的规律。马克思利用这一观察,澄清了价值的一个重要方面。他的这一澄清证明了我们对价值规律的解读:"商品的价值规律决定社会在它所支配的全部劳动时间中能够用多少时间去生产每一种特殊商品。但是不同生产领域的这种保持平衡的经常趋势,只不过是对这种平衡经常遭到破坏的一种反作用。"②

在马克思看来,价值规律与表现现象相反,也与经济学中的每一个其他传统相反,它带来的不是经济均衡,而是非均衡。价值不是一种实证的观念;相反,它是一种与自身相矛盾的观念。它既决定也不决定特定类型的商品的生产的社会时间。价值决定它,是因为"这种自然必然性只能在

---

① 《马克思恩格斯全集》(第四十四卷),人民出版社,2001年,第470页。
② 《马克思恩格斯全集》(第四十四卷),人民出版社,2001年,第412页。

市场价格的晴雨表式的变动中觉察出来,并克服着商品生产者的无规则的任意行动"①。价值不决定它正是因为均衡不断受到破坏——"商品生产者的无规则的任意行动"——是它的根本性的前提和必然结果。如果人们进一步考察,就会发现价值作为简单的抽象劳动量的完全实现与取消它而成为一种逻辑和社会关系是同一个意思。这种考察排除了对价值的任何实证主义定义。

制造业中最关键的是关于时间的节约与控制。由于劳动被分裂,因此提出了要求——对劳动进行更高级和更具有效率的组织。工人智力上的贫困表现为资本主义生产的知识产权。根据这种方式,"他个人的劳动力不卖给资本,就得不到利用"②。对知识的控制和对时间的控制是同一件事情。工人的时间不再属于他自己了。工人像一开始一样,并不缺乏物质生产方式,而是因为他的劳动力成为资本主义"造钟"体制(a clock - making system)中的一个齿轮。工艺尽管被分裂,但它仍然是制造业的基础:"因为手工业的熟练仍然是工场手工业的基础,同时在工场手工业中执行职能的总机构没有任何不依赖工人本身的客观骨骼,所以资本不得不经常同工人的不服从行为作斗争"③

所以"从16世纪直到大工业时代,资本始终没有能够占有工场手工业工人全部可供支配的劳动时间"④,制造业被迫遵循工人的移栖运动。

9.3 大工业作为一种"造钟"的体制

如果只把劳动量当做价值尺度而不问它的质量如何,那也就是假定简单劳动已经成为生产活动的枢纽。这就是假定:由于人隶属

---

① 《马克思恩格斯全集》(第四十四卷),人民出版社,2001年,第412页。
② 《马克思恩格斯全集》(第四十四卷),人民出版社,2001年,第417页。
③ 《马克思恩格斯全集》(第四十四卷),人民出版社,2001年,第425页。
④ 《马克思恩格斯全集》(第四十四卷),人民出版社,2001年,第426页。

于机器或由于极端的分工,各种不同的劳动逐渐趋于一致;劳动把人
置于次要地位;钟摆成了两个工人相对活动的精确的尺度,就像它是
两个机车的速度的尺度一样。所以不应该说,某人的一个工时和另
一个人的一个工时是等值的,更确切的说法是,某人在这一小时中和
那个人在同一小时中是等值的。时间就是一切,人不算什么;人至多
不过是时间的体现。现在已经不用再谈质量了。只有数量决定一
切:时对时,天对天;但是这种劳动的平均化并不是蒲鲁东先生的永
恒的公平;这不过是现代工业的一个事实。①

因为马克思在上述段落中提到"钟摆"(pendulum of the clock),让我
们注意到(对于技术史不是特别了解的人来说)蒸汽机作为大工业的象
征,是制钟技术进步的直接结果。克里斯蒂安·惠更斯(Christiaan Huy-
gens)正是通过研究钟表,在 17 世纪末设想了蒸汽推动的活塞,他的学生
丹尼斯·帕潘(Denis Papin)在 18 世纪初完成了这一发明。从蒸汽活塞
到蒸汽机,有几个中间阶段,持续了四分之三个世纪的时间。只有到了
18 世纪末,詹姆斯·瓦特(James Watt)与制钟工约翰·威尔金森(John
Wilkinson)合作,才实际生产出蒸汽机。②

工场手工业中的劳动分工和细分、将传统的技能降为简单的和重复
的动作以及劳动工具的专业化,推动了产生最初手工生产"动作"(ges-
tures)的机器——工具的发展。首先需要劳动机械化,也就是使单个工作
时间均匀化和规范化,并将它转变为多少可以测量的、抽象的、在质上相
同的时间,目的是在最新阶段使劳动的节奏服从于机器的节奏。

在制造业中工人已经丧失了智力,它成为资本的排他性的财产,同时
作为异化于工人也与工人对立的东西。但这种异化正是在现代工厂中才

---

① 《马克思恩格斯全集》(第四卷),人民出版社,1958 年,第 96~97 页。
② Attali,1982,pp. 173~174。

被完成。机器似乎知道它想做的,而工人被降为他服务的专业化的机器所支配的具体操作的奴隶:"在工场手工业和手工业中,是工人利用工具;在工厂中,是工人服侍机器。在前一种场合,劳动资料的运动从工人出发;在后一种场合,则是工人跟随劳动资料的运动。"①

在价值与剩余价值的每一次生产中,"不是工人使用劳动条件,相反的,是劳动条件使用工人,不过这种颠倒只是随着机器的采用才取得了在技术上很明显的现实性"②。

换言之,资本作为主体正是在工厂里才成为完全的现实。正是在这个地方,"一小时工人"(one – hour worker)才出现,平常的东西的价值才从它作用的时间来衡量。资本作为知识生产力,作为融入到自动化中的科学,作为工业生活的有规律的钟表,是这种将兵营的纪律强加于它的图景的一部分。

机械化通过使肌肉力量成为多余和要求柔韧性,为妇女和小孩打开了工厂大门。劳动力的价值由于同样的原因而贬值,因为男性工人的工资不再能够维持家庭。在第一波工业化的国家里,妇女和小孩受到超级剥削的悲惨故事,在当前"新兴工业化"(newly industrialising)国家里重演。一些国家(不仅仅是东南亚国家)的工业"奇迹"(miracles)就是建立在妇女和小孩的劳动力的无边界的、无限度的剥削的基础上,建立在某种现代奴隶制的基础上。

马克思在机器中看到了延长工作日的可怕的工具:

> 如果说机器是提高劳动生产率,即缩短生产商品的必要劳动时间的最有力的手段,那么,它作为资本的承担者,首先在它直接占领

---

① 《马克思恩格斯全集》(第四十四卷),人民出版社,2001年,第486页。
② 《马克思恩格斯全集》(第四十四卷),人民出版社,2001年,第487页。

的工业中,成了把工作日延长到超过一切自然界限的最有力的手段。①

机器不仅在它生产中运转时会失去价值,也会在生产过程中断时贬值。机器实际运转的时间越长,就越有利可图。另外,机器出现在生产领域中的时间越长,它的价值受到比它的使用价值耗尽的步伐更快降低的部分就越多:机器的价值不是由生产它所需要的时间决定,而是由它的生产所需要的时间决定。技术进步使资本价值贬值,这正是资本需要尽可能快地在生产中消耗掉的原因。

延长工作日能够增加剩余价值或利润的量,不用同比例地增加生产性投资的不变资本的价值(固定资本可以保持不变)。

简言之:

机器的资本主义应用,一方面创造了无限度地延长工作日的新的强大动机,并且使劳动方式本身和社会劳动体的性质发生这样的变革,以致打破对这种趋势的抵抗,另一方面,部分地由于使资本过去无法染指的那些工人阶层受资本的支配,部分地由于使那些被机器排挤的工人游离出来,制造了过剩的劳动人口,这些人不得不听命于资本强加给他们的规律。由此产生了现代工业史上一种值得注意的现象,即机器消灭了工作日的一切道德界限和自然界限。由此产生了经济学上的悖论,即缩短劳动时间的最有力的手段,竟变为把工人及其家属的全部生活时间转化为受资本支配的增殖资本价值的劳动时间的最可靠的手段。②

① 《马克思恩格斯全集》(第四十四卷),人民出版社,2001 年,第 463 页。
② 《马克思恩格斯全集》(第四十四卷),人民出版社,2001 年,第 469 页。

规定的工作日或关于工作时间长度的立法,直接源于社会对于经济进步的反应。工作日一旦限制在其法律界限之内,便推动了劳动强化的趋势。

马克思区分了劳动的"生产率"(严格意义上)和劳动的"强度"(intensity)。具体的和特定的劳动可能或多或少是有生产性的,抽象的和一般的劳动与其生产率则保持中立。它只可能是长度上的和强度上的。这些决定因素属于数量范畴。抽象劳动的"质"(quality)恰恰是它没有"质"。

"长度"和"强度"明显构成不可分离的一对,因为任何强度的大小的前提就是某种长度,而任何长度的长短的前提是某种强度。但工作日越长,它的强度也可能越小,同时,工作时间的强度越大,它会越短。这是自然规律。

所以毫不奇怪的是,劳动时间的降低马上导致加强劳动强度的趋势。在绝对时间上受到的损失必须通过加强法律意义上的工作日的强度弥补过来。

一般地说,生产相对剩余价值的方法是:提高劳动生产力,使工人能够在同样的时间内以同样的劳动消耗生产出更多的东西。同样的劳动时间加在总产品上的价值,仍然和以前同样多,虽然这个不变的交换价值现在表现为较多的使用价值,从而使单个商品的价值下降。但是一旦强制缩短工作日,情况就不同了。强制缩短工作日,大大地推动了生产力的发展和生产条件的节约,同时迫使工人在同样的时间内增加劳动消耗,提高劳动力的紧张程度,更紧密地填满劳动时间的空隙,也就是说,使劳动凝缩到只有在缩短了的工作日中才能达到的程度。这种压缩在一定时间内的较大量的劳动,现在是算做较大的劳动量,而实际上也是如此。现在,计量劳动时间的,除了它的"外延量"以外,还有它的密度。现在,十小时工作日中一个强度较大的小时,同十二小时工作日中一个较松弛的小时相比,包含相同的或者更多的劳动,即已耗费的劳动力。①

明显的,在其他条件相同的情况下,工作时间紧张的人比松散的人更有价值。劳动强度的程度只有参照这样一个设想的固定点才能具体体现出来:平均劳动强度。这个平均的点明显是根据特定的强度的演化而提高或下降,例如,平均 10 小时(钟表时间)的劳动强度相当于 9 小时的平均劳动强度。特定强度的工作时间向平均强度的时间的"转化"(translation)是在市场上发生的:更高强度的某种劳动一定会通过购买这种劳动生产出来的商品而得到承认。

因为劳动时间及其控制是工作中的主要问题,强制推行兵营的纪律,一种军官和士官的体制成为制钟体制的至关重要的环节。

劳动时间的节约、扩展和强化首先在工厂中表现为一种技术的需要,然后才表现为外部法律强制。在泰勒(Taylor)精确到秒表的管理之前,时钟单一的、抽象的时间已经推行了它的法律。在工厂中,"自动机本身是主体,而工人只是作为有意识的器官与自动机的无意识的器官并列,而且和后者一同从属于中心动力"②。早在亨利·福特(Henry Ford)之前,电力和机械生产线,以及时钟的钟摆和蒸汽机的定时,宣告了现代时期的来临。规则摆在那里。剩余的就只是技术进步了。

乔治·卢卡奇(Georg Lukacs)总结了其中的核心内容:

时间就失去了它的质的、可变的、流动的性质:它凝固成一个精确划定界限的、由在量上可测定的一些"物"(工人的物化的、机械地客体化的、同人的整个价格完全分离开的"成果")充满的连续统一

---

① 《马克思恩格斯全集》(第四十四卷),人民出版社,2001 年,第 471 ~ 472 页。
② 《马克思恩格斯全集》(第四十四卷),人民出版社,2001 年,第 483 页。

体,即凝固成一个空间。在这种抽象的、可以准确测定的、变成物理空间的时间里(它作为环境,同时既是科学–机械地被侵害开的和专门化的劳动客体生产的前提,又是它的结果),劳动主体也必然相应地被合理地侵害开来。一方面,他们的机械化的局部劳动,即他们的劳动力同其整个人格相对立的客体化(它已通过这种作为商品的劳动力的出卖而得以实现)变成待续的和难以克服的日常现实,以致于人格在这里也只能作为旁观者,无所作为地看着他自己的现存在成为孤立的分子,被加到异己的系统中去。①

但这种特殊的时间只是资本主义时间组织的一个方面。更具体地说,它是生产时间的一个方面,是机械方面。资本主义劳动组织是社会关系的阶段,当分别进行考察时,它作为一个部分,呈现为一种机械的体制。②

资本作为时间的组织,并不局限在生产时间上。③ 生产的时间与循环的时间的矛盾统一体是资本本身,也是劳动的具体组织。马克思早在《1857—1858年经济学手稿》中就考察和形成了这个矛盾统一体的各个方面的思想:

---

① Lukacs,1971,p.90.(中文参见[匈]卢卡奇:《历史与阶级意识》,杜章智等译,商务印书馆,1992年,第151~152页。另外,作者在该引文中只引了"一方面",其实,卢卡奇还说了"另一方面"。为了便于读者更全面理解,卢卡奇后来的话是:"另一方面,生产过程被机械地分成各个部分,也切断了那些在生产是'有机'时把劳动的各种个别主体结合成一个共同体的联系。"——译者注)航海秒表(The nautical stopwatch)——国际贸易和工业革命兴盛时期的关键工具,英格兰在1790年制造了数以万计的航海秒表——成为这种数学上的时间的象征性工具。阿塔利(Attali)写道:航海秒表"赋予时间测量新的含义,能够形成一个理性的和脱离实验经验的世界,是航海的方法;随之,计算路标、时间和空间成为数量上的语言。这种空间被分为揭开世界面纱的正方形,揭示它,使它不再神秘。计算和(不再是)权力:时间测量开辟了它增殖的路径。"(Attali,1982.)
② 黑格尔是在一个有机体里谈论机械的功能,例如,记忆的机制。
③ 顺便说一下,这也是不管生产具有什么重要作用,但我们更喜欢用"资本的时间"替代阿达利(Attali)的"机器的时间"。(参见Attali,1982。)

　　资本本身是处于过程中的矛盾，因为它竭力把劳动时间缩减到最低限度，另一方面又使劳动时间成为财富的唯一尺度和源泉。因此，资本缩减必要劳动时间形式的劳动时间，以便增加剩余劳动时间形式的劳动时间；因此，越来越使剩余劳动时间成为必要劳动时间的条件——生死攸关的问题。一方面，资本唤起科学和自然界的一切力量，同样也唤起社会结合和社会交往的一切力量，以便使财富的创造不取决于(相对地)耗费在这种创造上的劳动时间。另一方面，资本想用劳动时间去衡量这样造出来的巨大的社会力量，并把这些力量限制在为了把已经创造的价值作为价值来保存所需要的限度之内。①

　　在这一段里，有失业与危机理论的雏形；一种推动资本主义向前发展的内在逻辑和矛盾的理论，仍然具有相关性。②

　　这种分析直接导致这样的结论，即资本不是人类自由的社会关系，而是建立在单个人的本质上非自由基础上的、建立在他屈服于他自己的社会关系的基础上的自由和自治的社会关系："在自由竞争中，自由的并不是个人，而是资本……各资本在竞争中相互之间施加的、以及资本对劳动等等施加的那种相互强制(工人之间的竞争仅仅是各资本竞争的另一种形式)，就是财富作为资本取得的自由，同时也是现实的发展。"③

　　在我们社会里，自由的思想与自由选择、自由意愿相混淆，这种思想很多年前就已经受到哲学上的批判。马克思继承黑格尔传统(并且与费希特和康德相反)，认为真正的或普遍的自由与受到外在约束的体制是不相容的，因为这种约束是一种"限制"，而真正的自由是不受限制的。这

---

① 《马克思恩格斯全集》(第三十一卷)，人民出版社，1998年，第101页。
② 特别参见 Gorz，1988。
③ 《马克思恩格斯全集》(第三十一卷)，人民出版社，1998年，第42页。

种矛盾对于心灵来说是不可承受的,这里就出现了无限制的人的思想,这是一种在自由社会框架中趋向于一般的或普遍的人,称为与"必然"王国相对的"自由王国"。

流通时间

介绍

　　由于流通是社会过程的一种总体,所以它也是第一个这样的形式,在这个形式中,不仅像在一块货币或交换价值的场合那样,社会关系表现为某种不以个人为转移的东西,而且社会运动的总体本身也表现为这样的东西。个人相互间的社会联系作为凌驾于个人之上的独立权力,不论被想象为自然的权力、偶然现象,还是其他任何形式的东西,都是下述状况的必然结果,这就是:这里的出发点不是自由的社会的个人。从作为经济范畴中第一个总体的流通中,就可以清楚地看到这一点。①

　　正如利比兹(Lipietz)所明确指出的那样:"令人感到惊讶的是,过程中的价值概念……已经在后马克思主义的价值争论中逐渐消失了。"②《资本论》第二卷,尤其是在它最初的一些章节,面临一种矛盾。在马克思的著作中,没有什么比关于资本本身的分析更为有趣。这样一种分析以一种成熟的和集中的形式,在这部著作最初的一些章节展开。然而从没有一种分析如这种分析一样,引起了如此少的讨论和争论。正如吕贝尔(Rubel)在他的导论中所指出的那样:《资本论》第二卷几乎完全被遗忘了。

　　如何解释这一矛盾呢? 根据一种广为流传、根深蒂固却毫无内容的教条式说法,马克思逐渐疏远了黑格尔以及他的方法。在《资本论》中,尤其是开始,据说人们能够发现黑格尔影响的最后踪迹。这就是几乎为每个人所接受的陈词滥调(在法国),好像它是相当的明显。因此,《资本论》第二卷尤其是它最初的一些章节——其它章节仅仅是那些隐含在这

---

① 《马克思恩格斯全集》(第三十卷),人民出版社,1995 年,第 148 页。
② Lipietz,1985,p. 105.

些章节中的思想的展开——可能不太适合众多错误假设的理论框架。该文本的难题在于包含其它的解释，因为仍然处于手稿阶段，这一文本常常需要阐明。

在第一章，我们将会考察资本的循环和有机运动，并且呈现它在何种意义上是黑格尔方法的显著运用，一种比《1857—1858 年经济学手稿》更为成熟与严密的运用。马克思在《1857—1858 年经济学手稿》的最后部分称之为"资本辩证法"（the dialectic of capital）的东西，重新出现在《资本论》第二卷的前四章——对这一概念化辩证法的理解包含着将《资本论》第一卷作为一个整体来理解的"关键"。

作为抽象层次略低、关于严格术语意义上的流通时间的第二章，致力于分析和表达属于这一暂时性（temporality）的概念。

第一篇　资本的有机运动

第十章

资本的三个循环／周期

　　而且活的实体，只当它是建立自身的运动时，或者说，只当它是自身转化与其自己之间的中介时，它才真正是个现实的存在，或换个说法也一样，它这个存在才真正是主体。实体作为主体是纯粹的简单的否定性，惟其如此，它是单一的东西分裂为二的过程或树立对立面的双重化过程，而这种过程则又是这种漠不相干的区别及其对立的否定。所以唯有这种正在重建其自身的同一性或在他物中的自身反映，才是绝对的真理，而原始的或直接的统一性，就其本身而言，则不是绝对真理。真理就是它自己的完成过程，就是这样一个圆圈，预悬它的终点为目的并以它的终点为起点，而且只当它实现了并达到了它的终点，它才是现实的。①

　　在本书的第一部分中（即在第七章），我们介绍了作为 G – W – G′②

---

　　① Hegel,1977,p.10；Hegel,1986,p.23. 中文参见［德］黑格尔：《精神现象学》（上卷），贺麟、王玖兴译，商务印书馆，1981 年，第 11 页。——译者注

　　② 作者在这里用 C 表示货币，而根据《资本论》第二卷中文版，G 表示货币，所以我们在翻译时用的是 G。本章还有一些字母和公式与《资本论》第二卷中文版不甚相同，我们也进行了修改——译者注。

类型中一种循环的资本循环。在某种程度上,这样一种循环特指流通领域内的一种运动。这一循环描述了纯粹商业资本的三个阶段,即一种来自于它的基本形式的资本形式,一种内在于它自身不完备、无限的真实。通过这些矛盾,流通把我们引导回产业资本。于是,我们就考察一下产业资本的生产过程,例如它出现在生产的暂时性中(the temporality of production)。

现在,我们必须在广义术语上来考察流通——资本的循环,它的周期或循环,也即作为包含生产环节在内的资本流通。

在《资本论》第二卷的前四章中,马克思首次以集中和完整的方式阐述了资本的概念。

事实上,这一概念在一部冠以《资本论》的著作中,直到第二卷才第一次得以分析,似乎存在一种矛盾。然而仔细看来,这里对这一概念的考察与生产领域和流通领域联系起来,而这正恰逢其时。因此,它以严格意义上的流通和生产的分析为前提。更具体地说,资本只有作为将三种循环统一起来的总过程时,才能被真正理解。货币资本的循环是这三种循环的最初循环。

10.1 货币资本的循环

这一循环可以用下述公式来表示:$G - W \cdots P \cdots W' - G'$。$G - W$ 的过程标示出了流通的第一阶段,即购买生产资料(P_m)和劳动力(A)的行为。这就引导出下述公式:$G = W = P_m + A$。P 表示生产行为,构成循环的第二阶段。$W' - G'$标示出流通的第二阶段,即商品的出售,这也是这一循环的第三和最后阶段。伴随第二个 G 和 W 的所有格符号,标示出生产的商品以及由它换回的货币,提醒人们注意剩余价值必须被加入到资本最初的价值中去。P 前后的圆点指出了这样一个事实:由于生产过程,简单流通在观念上中断了,而且这并不是说生产将会持续一段给定的时间。我们暂且承认,货币资本的循环是作为一个时间序列出现的,这就是说,全部货币资本先是转换为生产资本,之后又转换为商品资本,最后在充分吸收了剩余价值后回到它最初的形式。

这样一种假定有助于货币资本循环的描述。然而需要注意的是,在我们所处的抽象层次上,没有什么比时间更微不足道了。我们紧随其后的观念运动超越了时空规定性。

我们因此能够发现,资本在这一循环中以三种形式出现。商品资本形式(同样也是货币资本形式)似乎出现了两次。然而仔细分析这些事物,我们发现,生产资料和劳动力的功能就如同卖家手中的商品,但作为生产资本进入资本循环的它们却并不发挥这样的职能。后者(商品)是作为普遍的商品/货币和被制造的特殊商品之间的中间环节出现在货币资本的循环中。只有这种特殊商品才在循环中作为商品资本发挥职能。

货币向生产要素的最初转换,即资本家的购买行为,对于占有生产资料和劳动的个人来说是出售他们商品的行为。所以这种转换是以双重市场的存在为前提。一方面需要一个生产资料——生产的客观要素的市场,即需要一个几乎成熟的、以市场为导向的生产;另一方面需要一个劳动力市场,换言之,劳动力必须作为异化的客体、作为商品而存在。

G－A 的转换——对工人来说是 A－G,是以阶级关系为前提的,但是阶级关系并不创造它。这种转换是以一个阶级与生产资料相分离的存在为前提。这种分离的历史条件在这里并不能引起我们的兴趣。通过强调这一点,①马克思为我们详细介绍了一个独立存在的逻辑整体:这种剥削关系和这些交换是作为历史上完成的产品而存在,并且人们对此不应感到奇怪。

以货币形式存在的资本的价值仅仅能够完成货币的职能。在 G－A

---

① 《马克思恩格斯全集》(第四十五卷),人民出版社,2003 年,第 42～43 页。

或 G－P$_m$ 的转换中,货币资本仅仅是作为一般购买或支付手段发挥职能。不是因为购买了劳动力,货币资本就成为了资本、一种剥削关系和交换,而是通过这样,货币使得自身转换成生产资本,之后又抛弃这一形式变成商品资本,最后再充分吸收剩余价值后回到它最初的形式。就它自身而言,这一过程的目的在 G－A 的转换中并不十分明显。资本只有通过它的终极目的才能被理解,并且由于此,它是作为一个有机过程出现的,而非一个多种不同的转换"构成"的过程。

尽管构成资本生命的一个特殊阶段,G－W 阶段仍然属于一般商品流通。因此,它被归入前述简单商品流通的规定性的范畴,并且服从于它的规律。包含在这一领域的交换中的双方,是作为平等交换商品价值的买者和卖者。

转换的实现是货币资本到生产资本的蜕变。在生产资本中,人们能够发现生产的人和物的要素。在生产过程中,资本消耗它的内部成分,以便将其转化成比它最初形式拥有更高价值的产品。但是独立于这一周期其它阶段之外、依靠自身独立进行的资本主义生产过程,与其它类型的生产过程并无任何区别。通过劳动,一系列作为生产资料的通用客体在这一过程中被转化为一系列具有不同功用的客体。这是一切物质生产的基础。

在货币资本的循环过程中,生产过程是作为一种工具,一种服从于流通过程的价值增殖的必然性。

剩余价值的生产,并且在它在 W` 中发现之前,是作为资本的果实出现的。资本是一种有机体(organism),它像其它有机体一样,拥有再生产自身的能力。马克思在许多文字中提到这一点,并且如果《资本论》第一卷中关于这一点的特定相关篇章没有了反讽的基调将会导致误解:

生产资本在执行职能时,消耗它自己的组成部分,使它们转化为一个具有更高价值的产品量。因为劳动力仅仅作为生产资本的一个器官发生作用,所以,劳动力的剩余劳动所产生的产品价值超过产品形成要素价值的余额,也是资本的果实。①

最后,关于这一过程的第三阶段,也即生产的商品向货币的蜕变,一些评注是必要的。

根据资本被暂时假定的形式,Wʼ 和 Gʼ 可以写作 W + w 和 G + g,其中 W 和 G 代表资本最初的价值,而 w 和 g 代表剩余价值。因此,整个循环可以以一种更为详细的方式来表示:

$$G - W \cdots P \cdots (W + w) - (G + g)$$

如果暂时搁置生产过程和剩余价值,我们回过来谈循环的两个过程:G – W 和 W – G,买和卖。资本最初的价值以一种与开始相同的形式出现在循环的末尾。另一方面,剩余价值仅仅出现在资本主义流通的后半部分,或者说是 w – g 这种简单流通的前半部分。

如同商品资本一样,货币资本同样在循环中出现了两次,但就其本身而言,它却只发挥一次作用,即当它扮演一种积极的角色时,开启了整个过程。只有当货币是以积累为目的进行投资时,它才作为资本发挥作用,并且这一角色体现在 G 上,而不是 Gʼ 上。当然,Gʼ 中的很大一部分将由于同样的目的进行投资,并且以这种方式来践行货币资本的职能。但在这种情况下,Gʼ 便不再是已完成循环的最后术语,而是新循环的第一个术语。更重要的是,Gʼ 在新循环中并不是完全作为货币资本发挥职能的,因为它会以收入的形式分离出一部分作为简单货币,以收入的形式进行资本主义的个人消费。Gʼ 是呈现在开始的一种可能实现和完成了的资本。当我们从后往前理解这一循环,即通过 Gʼ 与这一过程第一阶段和第二阶段产生的关系,因此也是在与"过去"相关中,Gʼ 就是资本。同样,

---

① 《马克思恩格斯全集》(第四十五卷),人民出版社,2003 年,第45 页。

在 G－W 过程中,资本作为货币资本发挥职能,而在 W`－G` 过程中,则作为商品资本发挥职能。尽管马克思明确地指出这一点:"表现为 G′,不是货币资本的能动的职能;相反,货币资本本身表现为 G′,是 W′的职能。"①"我们已经知道,再转化为货币形式,是商品资本 W′的职能,而不是货币资本的职能。"②但这却没有引起众多解释者太多的注意。

因此,我们看到 W－G…P…W′－G′这一循环过程拥有五个术语,但它却描述了与资本三种形式——货币、生产和商品形式——相关的三种职能。之所以强调这一点,是因为正如马克思在 1878 年所阐述的那样,它对于理解资本的"三段论"结构是必要和必需的。我们将会在适当时候回到这一点。

货币资本的循环以一种比生产资本更加清晰的方式,使得资本三种基本能力(即它再生产自身的能力)中的一种浮出水面。这里,我们在同其它有机体具有相同特征的一般意义上使用"再生产",即强调资本以一种活的有机体再生产作为类自身的方式自我增殖和增长的能力,而不是它保持自身的能力。如果假设货币资本的循环是重复的,即以货币资本作为它的起点和终点的循环,那么可以发现,生产资本和商品资本形成它们自己的循环:

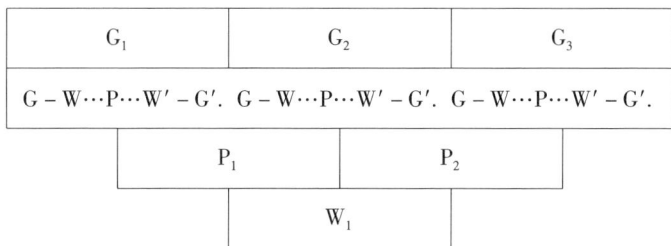

G_1	G_2	G_3
G－W…P…W′－G′.	G－W…P…W′－G′.	G－W…P…W′－G′.

| | P_1 | P_2 | |

| | W_1 | |

---

① 《马克思恩格斯全集》(第四十五卷),人民出版社,2003 年,第 55 页。
② 《马克思恩格斯全集》(第四十五卷),人民出版社,2003 年,第 56 页。

在货币资本的第二次循环（G_2）之前,生产资本的第一次循环（P_1）已经完成,因此在生产资本的第二次循环（P_2）之前,商品资本的第一次循环也已经完成。当一种形式的资本循环完成时,其它两种形式仍在各自进行着自身的循环。因为继续在 W1 循环中作为货币资本发挥职能,第一个 G'①——作为 G_1 之前阶段实现了可能性的资本——的模糊性消失了,正如我们所看到的那样,这同样描绘了资本总价值的流通。由于其它循环的介入,每一次循环的困难就被克服了。

正如我们所看到的,在货币资本的第一个循环（G_1）的 G－W 转换中,如果假定了资本主义的生产特征,那么 G_2 的第一个阶段是作为生产过程的结果出现的。P 不再以 G－W 为前提条件。它表明,G－W 将作为它自身再生产的必要条件。

10.2 生产资本的循环

P···W′－G′－W···P 表示生产资本的循环。现在,流通是作为调解着资本生产过程的中间环节。这一过程包含着这种循环的起点和终点。流通过程,而不是生产过程,是那种旨在再生产生产资本过程的手段。

更为重要的是,这一循环中的流通以商品的出售为起点。在商品出售过程中,资本是作为商品资本发挥职能的,而之后又作为货币资本完成生产资料的购买。因此,这里的流通是 W－G－W,而在先前循环中则是 G－W－G。

P······P 的循环呈现了作为一种有机体的资本再生产自己以及保持和保护自己的能力。与货币资本循环不同,这里的"再生产"是一种有机

---

① G' 是模糊的,因为与 G 相反,G' 并不是具备同样职能的货币资本。它既是又不是货币资本。这种情形既非难以解释,又非客观存在。它迫使整个过程向前运动,并且这种"向前"只不过是生产资本和商品资本的循环。

体保存自己,而非"生产"自己的能力,因为这一循环中的第二个 P 并不一定要大于第一个。生产过程中的剩余价值并不必然引起积累,因为它能够以收入的形式被完全消费。这也就是为什么"生产资本循环的总公式是 P…W′ – G′ – W…P"①,而不是 P……P\。

正如在循环Ⅰ中一样,在循环Ⅱ(生产资本)中同样有五个术语,却只有三种职能。首先,资本发挥生产性职能。之后,它为了转换成货币资本形式,又发挥商业资本的职能。最后,它在购买生产资料中发挥货币资本的职能。循环Ⅱ中的第二个 W 和循环Ⅰ中的第一个 W,在这两个循环中都是作为卖家手中的商品发挥职能的,而不注定就能成为生产资本。尽管是生产资本的形式,但是循环Ⅱ中的第二个 P 却并不是这样发挥职能的,因为这种职能是正式属于后续的循环Ⅱ的。

与循环Ⅰ中的第二个 G 相反,循环Ⅱ中的第二个 P 毫不模糊。它必须以其它作为使用价值的商品(一旦它被购买)被消费的方式进行生产性消费。换言之,生产资本只能作为资本发挥职能,但是货币资本(G′)却可以不成为资本,而通过消耗在非生产领域、用以贮藏以及其它方式来发挥简单货币的职能。因此,P……P 通过它的形式传达了资本凭借它内在成分的持续重构来保持自身的必要性。这种"能力"是永恒的,但是这种"生产"或内在成分的"重构"是阶段性、重复性和周期性的,是一种明确地出现在生产资本循环中的东西:

> 我们拿 P…P′和 G…G′即第一种循环比较一下,就会发现,二者的含义完全不同。G…G′作为一个孤立的循环来看,不过表示:货币资本(即作为货币资本进行循环的产业资本)G 是会生出货币的货币,会生出价值的价值,它会生出剩余价值。②

① 《马克思恩格斯全集》(第四十五卷),人民出版社,2003 年,第75页。
② 《马克思恩格斯文集》(第六卷),人民出版社,2009 年,第93页。

在简单再生产框架内,生产资本的循环描绘了剩余价值从商品形式到货币形式的转换(w - g),如同在货币资本循环中那样,剩余价值在这里完成了简单流通的第一个环节。与资本循环相反,剩余价值在生产资本循环中既不是以第二个 W 也不是以最后一个 P 出现:

$$P - W' \begin{cases} W - G - W(P_m + A) \cdots P \\ w - g(g - w) \end{cases}$$

在这一图式中,G'中的一部分(这部分 g 代表剩余价值)将作为收入被消耗掉。这使得它退出资本的循环,进入一般商品流通中。这就是为什么我们将 g - w 的转换过程放置在括号内的原因。

在资本扩大再生产框架内,w 和 g 的价值并不认为是剩余价值的总和,并且只有这样,剩余价值的一部分才注定要成为资本主义的个人消费。剩余价值的其余部分则被假定用作生产性投入,因此第二个 P 的价值应该是 P',也就是说,它大于第一个 P。因此,最后一个和第一个术语(P'和 P)在价值上的差别并不等于剩余价值,而在循环 I 中,情况却是如此——W' - W = m。因此,沿着剩余价值的踪迹,我们发现,同简单再生产(P……P)一样,扩大再生产(P……P')与其说是表述了资本剩余价值这样一个事实,还不如说是表述了它再生产、保持和保护自己这样一个事实。

10.3 商品资本的循环

W' - G' - W…P…W'表示商品资本的循环。如同在循环 I 和循环 II 中那样,资本在循环 III(商品资本循环)中也成功地发挥了三种职能。首先,它作为商品资本发挥职能,之后作为货币资本,最后作为生产资本。W(这一循环中的第三个术语)在其它形式的资本循环中是作为商品资本发挥职能,因此第二个 W'是还未开始以商品资本发挥职能的商品形式的资本。

在循环Ⅰ中,流通由于资本的生产过程而中断。流通的第一个阶段位于生产过程之前,而第二个阶段则在这之后。在循环Ⅱ中,流通紧随资本的生产职能,因此它构成了生产资本所必须经过以便能够再现它的生产形式的中间环节。在循环Ⅲ中,资本流通先于生产过程。

W′(商品资本循环的第一个术语)与循环Ⅰ、Ⅱ中的W′相同。因此,与循环Ⅰ、Ⅱ中的那些相反,循环Ⅲ中的第一个术语包含了资本的最初价值和剩余价值。这就是为什么它要带一个所有格符号。

W′……W′传达了依靠卖方市场、朝向它所致力于实现的创造的资本独立性。这一循环以出售行为——W′ – G′为起点。因此,从一开始,这一行为的顺利完成就是作为资本正常发挥职能的必要条件出现的。尽管社会阶层的个人消费和其它企业的生产性消费并不正式地出现在特定形式资本的任何循环中,但是它们构成资本生命(the life of capital)必要和必需的因素。如果W′的核心因素转移到G′,那是因为它的主体离开流通领域而进入到消费领域。如果W′ – G′——这一循环的第一个和必要的条件不是用来描述消费的,那么消费明显地蕴含这种转换。这就是为什么W′ – G′意味着"全部商品产品的消费是资本本身循环正常进行的条件"①。

下述图式有助于我们理解剩余价值流通的细节:

$$W' \begin{cases} W - G - W(P_m + A) \cdots P \cdots W' \\ w - g(g - w) \end{cases}$$

与W转换成G相伴随的是,剩余价值w转换成货币。因此,它完成了它作为资本的第一个流通行为。它的第二个流通行为则超出了资本循环的范围。这就是为什么在上述图式中它出现在括号内。在简单再生产

---

① 《马克思恩格斯全集》(第四十五卷),人民出版社,2003年,第108页。

的框架内,作为商人收入所消耗的价值或者说是总量与此相等、作为个人消费被他带出市场的价值,小于蕴含在 W′中的剩余价值。商人的个人消费减少了,那么生产性消费便增加了。

如果我们追寻这种循环的逻辑结果,我们将会以马克思在《资本论》第二卷最后一章所介绍的扩大再生产的图式结束。

循环Ⅰ是重商主义体系(mercantile system)的循环。古典经济学家运用循环Ⅱ来分析产业资本的运动。循环Ⅲ是魁奈的经济表(Quesnay's economic table)的基础。马克思首次构思出作为这三个循环统一的资本的生命,以这种方式为我们提供了一个能够理解他的和我们的时间的真实性(reality)的集中和可操作的概念。正如我们看到的,马克思并没有将这三个循环累加起来,因为它们的统一并不能被理解为一种总和。

第十一章

作为三段论的资本

推论的三个公式的客观意义一般地在于表明一切理性的东西都是三重的推论。[①]

《资本论》第二卷的前三章，可以视为为以"循环过程的三个公式"命名的第四章的准备。为了理解资本的三段论(the syllogistic)结构，后边章节所暴露出的一些问题必须被清除。

如果用 Ck 代表总流通过程，这三个公式可以表示如下：

（Ⅰ）$G - W \cdots P \cdots W' - G'$

（Ⅱ）$P \cdots Ck \cdots P$

（Ⅲ）$Ck \cdots P(W')$。[②]

总过程表现为生产过程和流通过程的统一；生产过程成为流通

---

① Hegel,1991b, p. 263；Hegel,1970e, p. 339. 中文参见［德］黑格尔：《小逻辑》，贺麟译，商务印书馆,1996 年,第 364 页。——译者注

② 《马克思恩格斯全集》(第四十五卷),人民出版社,2003 年,第 116 页。

过程的中介,反之亦然。①

　　马克思这一最终的评论是正确的,但是如果更进一步分析这一问题,人们注意到,这一评论仅仅是以一种问题式的方式分析三种循环方式的结果。如果在每一种循环与其它两种循环的关系中对其进行考察,人们将会观察到一种确定的不对称性:生产在循环Ⅰ中调节流通的两个阶段,而在循环Ⅱ中,流通则作为一个整体来调节生产过程。这样一种调节过程出现了两次。在循环Ⅲ中,调节似乎没有发生。

　　如果马克思只是想让我们理解资本是这两个过程或两个领域的统一,那么这些不对称性是无关紧要的。但他并没有止步于此。他想要向读者说明,构成总体有机体一个因素的资本的任何一种职能,在整个过程中都是必要的出发点、经过点和复归点,"如果我们对这三个形式进行概括,那么,过程的所有前提都表现为过程的结果,表现为过程本身所产生的前提。每一个因素都表现为出发点、经过点和复归点"②。

　　如果引文中"因素"(moment)一词表示生产过程和整个流通过程,那么人们可以得出,总的(简单)流通在马克思的循环中并不作为一种复归点出现。如果"因素"一词表示分离的两个流通阶段和生产过程,那么 G－W 的转换就在任何地方都不可能作为复归点出现。最后,第三种也是最后一种可能性如下:如果这样一个词仅仅表示资本的形式(包含非职能性形式),那么人们就无法获知三个循环中任何一个的经过点,因为在任何一个中都只有这样两个点——循环Ⅰ中的 P 和 W′,循环Ⅱ中的 W′ 和 G以及循环Ⅲ中的 G 和 P。在最后一种情况下,生产在何种意义上能够被视为流通的调节者呢?

　　整个问题被回溯至这样一个事实:前两种循环是作为它们术语的系列性被呈现的。因此,循环Ⅲ被描述成更像是一种资本在它的运动中采

---

①② 《马克思恩格斯全集》(第四十五卷),人民出版社,2003 年,第 116 页。

纳和放弃的形式/职能(forms/functions)的系列：马克思将这一循环中的第二个 W 放置在括号内，因为在他所考察的循环中它并没有发挥那样的职能。①

无论如何，在那些章节中所呈现的公式是错误的。人们可以通过两种方式来介绍资本的循环：①正如马克思在前三章所描述的那样，作为五个术语的一个序列；②作为资本形式/功能的一个序列。

我们认为，现在强调的重点应该放在资本形式/职能上，因为以后者为基础，我们能够以一种连贯的方式避免重复，并呈现马克思的新(补充)发展。

资本的三种循环可以通过以下两种方式来描述：

　　　　"形式"循环　　　　　　　　"职能"循环

Ⅰ　$G-W\cdots P\cdots W'-G'$ 或　　$G\cdots P\cdots W'$

Ⅱ　$P\cdots W'-G'-W\cdots P$ 或　　$P\cdots W'-G'$

Ⅲ　$W'-G'-W\cdots P\cdots W'$ 或　　$W'-G\cdots P$

从"形式"循环向"职能"循环的转变是非常简单的。我们仅仅需要清除其中出现了两次的术语。这种清除是"合理的"，合乎逻辑的，并且遵从了马克思著作中的精神。我们是以下述方式进行的：

$G-W\cdots P\cdots W'-G'$。第一个 W 被清除了，因为它仅仅是作为其它资本循环中的商品来发挥职能，或者说，它仅仅是卖家手中的简单商品，而这种情况只对劳动力来说才是必要的。G' 被清除，是因为它在这一循环中不扮演积极的角色(这些数量货币中的一部分将在接下来的货币资本的循环中扮演积极的角色)。因此，我们得到 $G\cdots P\cdots W'$。遵循同样的原则，我们得到其它"职能"循环。在先前章节中我们已经勾勒出来，表示剩余价值的所有格符号遵从剩余价值流通的规则。我们假定这里处理

---

① 注意到我们上述提到、作为手稿Ⅴ脚注被发现的第四章的开头，是十分有意义的。因此，马克思很有可能将对其作进一步发展。

的是简单流通,以避免所有格符号毫无意义的倍增。

循环Ⅰ表明,生产过程调节货币资本的职能(购买行为或流通的第一阶段、简单流通的第二阶段)和商品资本的职能(流通的第二阶段)。

在循环Ⅱ中,商品资本(出售行为或流通的第一阶段)是位于中间环节上来调节资本的生产职能和货币职能(购买行为或流通的第二阶段)。

在循环Ⅲ中,货币资本(购买行为或流通的第二阶段)调节资本的生产和商品(购买行为)形式/职能。

在循环Ⅰ中,价值的自我增殖是作为这一运动的明确目标和结果出现的。在循环Ⅱ中,价值的扩张是作为资本借以重构其内部成分的方法出现的。在循环Ⅲ中,价值扩张的实现构成了这一运动的出发点,因此资本的持续扩张应该内化为有偿付能力的社会需求(处在运动中的自身),而这似乎构成了它的"外部环境"。

在循环Ⅰ中,生产中断了流通,并且表明后者包含两个相互区别却不互为补充的阶段。在循环Ⅱ中,与马克思所描述的情况相反,流通紧随生产。它的第二个P的前额上并没有一种铭文,即是说,它是生产形式的资本,却并不发挥那样的职能。在循环Ⅲ中,流通先于生产,这正确地出现在马克思的手稿中。

我们的分析引导我们得出如下结论:总过程或资本,是生产和流通过程的统一,而这也同样为马克思所肯定。这种结论源自资本的三种职能公式。更为重要的是,这些公式表明,出现在总过程中的资本的每一种形式/职能都是出发点、经过点和复归点。尽管与他所呈现的公式无关,但是这双重结论的确是马克思所得出的。

只要采取我们刚才发展的"职能"循环,马克思手稿中的矛盾以及由此引发的难题便消失了。如果分开来看,马克思的结论是正确的,但是引出结论的讨论则是混乱的。如果人们认真研究一下前三章(《资本论》第二卷)就会发现,这些"职能"循环既不与马克思的精神也不与他的文本相左。需要提醒读者的是,当分析循环 I 时,是马克思强调 W′到 G′的转换是商品资本的职能以及 G′仅仅是一种消极形式。同样需要提醒读者注意的是,突出这样一个事实的也是马克思:这一循环的第一个 W 并不是正在考察的资本的职能表达,而是其它资本职能的表达。因此,尽管他自身没有以一种连贯的方式呈现这三种循环(在第四章中),但是他允许我们这样做。

事实上,这种"职能"循环仅仅是《资本论》第二卷前三章所考察的"形式"循环的一种转换。这并不意味着这种"转换"不重要,因为资本能够在它内在有机体上被理解是这种"转换"的基础(更精确地说,它指这种"三段论"的基础)。

马克思是根据黑格尔的三段论模式来组织他的思考的,对此不应该有丝毫怀疑。在米里安·吕贝尔(Maximilien Rubel)编辑出版的《资本论》法文第一版的一个注释中,马克思写到:

> 杜林博士在对本著作第一卷所作的评论中指出,我太眷恋于黑格尔逻辑的骨架,即使是在流通的形式中,我也暴露出黑格尔的推理形式。我和黑格尔辩证法的关系很简单。黑格尔是我的老师,自认为已经和这位著名思想家决裂的那些自作聪明的模仿者们的废话,我感到简直是可笑的。但是,我敢于以批判的态度对待我的老师,剥去他的辩证法的神秘外壳,从而在本质上改变它,如此等等。①

马克思从不隐晦他思想的源泉。当分析资本循环时,如果黑格尔的三段论模式时刻出现在他的头脑中,那是因为他正在运用它。因此,更为认真地考察下这些"公式"就成为必要:

---

① 《马克思恩格斯全集》(第五十卷),人民出版社,1985 年,第 35 页注释 9。

有如太阳系那样，又如在实践的范围内的国家也是具有三个推论的体系：(1)个别的人(个人)通过他的特殊性(如物质和精神的需要的进一步发展，就产生公民社会)与普遍体(社会、法律、权利、政府)相结合；(2)意志或个人的行动是起中介作用的东西，它使得在社会、法律等方面的种种需要得到满足，并使得社会和法律等得到满足和实现；(3)但普遍体(国家、政府、法律)乃是一个实体性的中项，在这个中项内，个人和他需要的满足享有并获得充分的实现、中介和维持。三一式中的每一规定，由于中介作用而和别的两极端结合在一起，同时也就自己和自己结合起来，并产生自己，而这种自我产生即是自我保存。——只有明了这种结合的本性，明了同样三项的三一式的推论，一个全体在它的有机结构中才可得到真正的理解。①

黑格尔为我们呈现了三个术语之间关系的复杂体系。如果分别用字母 U、P、S 指代普遍(the universal)、特殊(the particular)和个别(the singular)，那么这三种推论或关系的结合可以通过下述方式来描述：

P 连接 S 和 U

S 连接 U 和 P

U 连接 P 和 S

支撑这一关系体系的思想(idea)则更为复杂。通过极大的简化，我们试图对其进行概略式的总结。普遍、特殊和个别，分别指代"实践领域的国家"或政府(法律，诸如此类)、个人的特殊需要或市民社会(当代的表述是"社会的经济关系")和个人或家庭。众所周知，黑格尔的"个人"从《法哲学》开始便指代家庭。

这三个部分成为他最后一部著作的第三部分，被命名为"伦理生活"(Ethical Life)。"伦理生活"是一个类似于古希腊人的"ΗΘΟΣ"概念。

① Hegel,1991b,pp. 276 – 277；Hegel,1970e,p. 356.

它指一种可实现的和有效的伦理,而非一种道德的"宣告"或善良意愿。

家庭是"伦理生活"的第一部分,因为以家庭成员意志融合为基础的家庭生活是普遍和个人利益最直接的结合。如果家庭的确是自然形成的,那么它则建立在爱的原则之上。

但是家庭仅仅是社会生活的一个部分。它是市民社会中否定的和保守的一部分。市民社会并不是单纯和简单地清除了家庭,而是使得家庭中的一个或几个成员服从于一种每个人都追求个人和自我利益的秩序。就其本身而言,市民社会是伦理的下级。黑格尔谴责市场和经济自由主义的负面效果:收入的极度不平等、基本必需品的价格过高等。并且黑格尔并没有将自身限制在市场的适度评判中,而现今这却是司空见惯。在黑格尔看来,个人的存在和幸福决不能听凭市场的不确定性,因为它们构成了一种必须被"作为法来处理,并使之实现"①的"权利"。

因此,国家必须介入到经济领域,以便能够实现普遍利益并纠正由于市场和自私行为的盲目力量所造成的不公正。经济领域必须遵循普遍性的原理和规则。

如果这些因素构成了"伦理生活"的三个方面,那么它们不能被理解为分离的和独立的实在(realities)。它们形成一个有机的总体,以至于每一个因素只能通过其它因素才能被真正理解。我们刚才所呈现的关系或三段论的体系构成了未消除它们差异的黑格尔的"形式"(formalisation),使得我们对社会生活不同方面的内在组成部分的理解成为可能。正如"国家……实践领域"所显示的那样,就像国家出现在经济领域一样,这一三段论的权利领域尤其出现在经济领域。

第一种推论是 S – P – U 型的推论(或者 U – P – S,两边的顺序在这里是无关紧要的)。经验的个人或家庭与另一极的普遍通过经济生活或

---

① Hegel,1991a,p.260;Hegel,1970d,p.382.中文参见[德]黑格尔:《法哲学原理》,范杨、张企泰译,商务印书馆,1979 年,第238页。——译者注

"市民社会"被连接起来。来自于黑格尔的引文并不十分明确,并且可以通过各种方式进行解读。社会中的个人生活,即一种"功能"(functional)和"有效"(efficient)顺序的生活遵从一种普遍原则,通过需要(P)被调节。但是这一推论有着更为重要的意义:为了在一个他们追求自身特殊利益的经济领域实现他们的伦理本性,个人必须使自身(自愿地)屈从普遍性原则。

第二个推论是 U – S – P 型。为了在经济领域获得一种具体的内容,普遍——一种自身无生命力和抽象的实在,必须被调节。因此,尽管他自己有特殊利益,个人为了保持他的伦理存在必须适应这种普遍规则。所以如果个人想要实现遵从普遍和伦理原则(U)的经济需求的满足,经济上的个人行为(S)就必须实现和具体化这些抽象的原则。

第三个推论是 P – U – S 型。似乎对我们来说,这一推论并不是指在法律框架内国家的积极干预,通过纠正市场造成的不公正,来保证个人的幸福。它有更深层的意义。普遍原则,也即这一推论实质性的中间环节,既不包括好的抽象的制度也不包括个体主观的意志,而是同时包括二者。因此,普遍在该推论中呈现为两个极端①:一方面,作为个体主观的意志;另一方面,作为经济领域具体化的行动。远非"迷失"在普遍原则中(他们被假定为使他们服从普遍原则以对抗他们的个人意志),相反,由于社会中的生活或身体和精神需求的有效满足以一种完成和成熟的方式实现了,个体在这些普遍原则中意识到他们的理性本性。

在《逻辑学》中,尽管这些推论以不同的顺序出现,但我们发现了同样的关系体系:

> 所以政府、市民个人和个别人的需要或外在的生活,是三项,每一项都是其他两项的中项。政府是绝对的中心,个别人那一端在其

---

① 普遍总是意味着"全部"(the whole)、整体。

中与个别人的外在长在结合了;个人也同样是中项,他们使那个普遍的个人活动起来成为外在的存在,把他们习俗的本质迁移到现实性那一端里去。第三种推论是形式的、貌似的推论,即个别人通过他们的需要和外在的存在而与这个普遍的绝对个性相连结①。

　　显然,这种晦涩的语言与《资本论》中有很大的不同。但是如果对其进行更仔细的分析,我们发现黑格尔向我们介绍了一个保护和再生产自身的"主体"或总体。为了确认这一主体与资本的关系,明确下列问题便足够了:特殊性和个别性、具体化的普遍性或"普遍的个体",所相关的环节是什么?

　　我们已经在前边(第二章)表明,货币与第一个环节相关,而商品则与第二个环节相关。个别性环节仅仅只能与生产单元(productive unit)相关。显然,生产单元是一种以普遍利益认同个人目标的场所,远非一种直接融合了个人意志的场所。无论如何,它是劳动力初步分割的一种场所,因此也是生产客体的直接融合。正如黑格尔推论中的个人,生产单元是独立的,并且它的自主性是相对的。它们"绕过"一种"绝对"或普遍的"集中",因为它们被迫屈从确定的社会标准。生产过程——在马克思那里是资本"内在生命"(internal life)的环节,是资本由于这种特殊形式对市场(连接它与市场的外在生命,其它资本等)没有吸引力退回自身的环节。

　　如同在黑格尔那里,货币资本、商品资本和生产资本在马克思那里也是三个术语——每一个都构成其它两个的中间环节。因此,我们能够辨认出两个关系体系的明确的一致性:

---

　　①　Hegel,1989,pp. 723 - 724;Hegel,1969b,p. 374. [德]黑格尔:《逻辑学》(下卷),杨一之译,商务印书馆,2009 年,第 410 页。——译者注

```
      循  环            三段论
（Ⅰ）G…P…W′        S—U—P
（Ⅱ）P…W′－G′       S—P—U
（Ⅲ）W′－G…P        P—U—S
```

这便是资本的三段论结构,当我们理解以后,这有助于解决由于《资本论》的其它一些解读所引起的许多问题。这些解读能够详细说明《资本论》中的"矛盾",却无法理解这些矛盾的必要性。我们来看一个典型的例子:

> 下述二者只有一种是可能的:要么私人劳动是社会的凝结并被意识到,由于它们的多样性,也即它们具体化的特征;要么凝结它们社会性的东西是一种抽象。人们如何能够如此认为一件尚未采取它的社会化形式而已经社会化事物具备社会有用性呢?①

换言之,私人劳动要么已经是社会的凝结并被意识到,因为它由于商品的特殊性所具有的多样性;要么是社会的凝结,因为这种特殊性消失在货币之中。没有人质疑这样一个事实:马克思拒绝在上述两者之间作出选择。但是这样一种矛盾并不是主观臆断的,而是内在于所有资本的本性(nature)之中。

只要我们认真接受这种辩证的视角,这种错误的二选一便消失了。

如果集中在循环Ⅲ或者推论 P—U—S 上,我们不难发现,商品资本与生产资本相连接——即特殊与个人——是通过货币资本的调节。除其它之外,这一推论表达了简单的观点,即如果各种生产单元(并且因此也

---

① Benetti and Cartelier,1980,p.149. 他们在《资本论》第一卷第一章的一篇评论的框架中写下了被引用的段落。他们的批评是有趣的,因为他们抓住了这一章的矛盾。由于"终点是起点的真相",对我们来说,运用资本的循环来批判他们似乎是合理的。

是生产机构)是社会性地连接起来的,那是因为它们已经屈从货币批判。它们暂时的形式不是偶然的产物。

但是就它自身而言,这一循环并不是充足的。在第二个循环中,商品资本是连接生产过程(个别)和货币资本(普遍)的中间环节。通过在自身特殊具体形式上证明自身的社会有用性,商品假定生产单元中的个人是社会分工的必要部分。因此,它确认个人与社会、个别与普遍的一致性。这一循环表明:生产单元(生产的个人规范等)不可能以任何一种直接的方式与社会规范和需求相关。它表明这种相关性的建立是通过特殊商品的媒介,而这也是私人企业行为具体化的结果:以特定价格出售的商品连接了个别生产单元与社会分工,并且表明了参与和社会需要的"程度"。当它作为中间环节时,特殊商品连接了个别与普遍,但是即便这样,它仍然与它们保持距离:两极并非是直接一致的。它们需要不断地调节。

在循环 I 中,生产过程是调节货币资本和商品资本——普遍与特殊的中间环节。这一过程以购买生产资料为起点,因此也是货币资本的职能形式。在这一循环的开始,价值在货币资本中被表述出来,也就是资本的"运动"(mobile)形式。在循环 II 中,货币形式以一种更加"确定"(verification)的形式出现,因为它并非从一开始就决定这一过程。在循环 III 中,它以一种更加"约束"(sanction)的形式出现。在循环 I 中,它以一种"校正"的(correction)形式出现:货币资本能够在一个新的同样的产业资本循环中被用作生产性投入,它也能够以同样的方式部分用作投入。在这种情况下,它可以依靠信用体系传递到其它产业资本中去。这一循环凸显了资本的最终目标——价值的自我增殖。资本是带着自我丰富这样唯一的目的来进行生产性投资的。同时,这导致社会分工不断调整。作为货币的货币仅仅是一种死的实在,同样,黑格尔就自身而言的普遍也是一种无效的普遍。为了变成资本并增殖,货币必须经过它转换形式的循环,并且因此抛弃价值与它自身相一致的形式。

因此，我们便能够更好地理解各种生产机构中的劳动时间以这样一种方式——各自独立进行的特殊劳动被不断地、社会地连接起来——被分割。这种明显的事实是那些个体劳动者之间存在确定社会关系的证据。同时，这种关系也同样不断地被瓦解、证实和校正，因此它不是直接的。所以一些"事情"既是又不是社会的。

贝内蒂（Benetti）和卡特利尔（Cartelier）的批判是与他们从"前"至"后"的线性概念运动相一致的，并且这在其它直接阅读马克思的批判者那里也相当具有代表性。但是马克思的思维紧随一种遵从资本本性的循环运动。这一概念运动不可避免地要具有矛盾，但是它能够承受它。以一种普通的方式来研究《资本论》，人们期待那些矛盾之处的统一性。众所周知的原则"二者选其一""非此即彼"等。当处理主观矛盾（arbitrary contradiction）时，这些原则并没有错误。但是《资本论》中的矛盾不是主观的。每一个推论同时又是而且必须是其它两个的批判和发展。在马克思那里，不存在旨在概述真正客体再呈现和再生产的矛盾全无的"讨论"。在马克思看来，存在主体/客体自身、语言或辩证法的矛盾讨论。

资本被界定为一种主体，它的所有要素都是一种起点、经过点和复归点；而作为一种循环运动，它的每一个环节都包括前提条件、方法和结果。结果便是，这三种资本的特殊循环以这样一种方式——一种常态的重复蕴含着其它常态的重复被有机地联系起来，以至于它们构成了一种不可分割的统一、一个单独运动和一个循环的循环。在现实中，这些循环不仅在时间上相互交叉，而且也并行不悖地展开。当马克思强调社会资本的再生产时，他打开了一种多因果（non–monocausal）解释资本主义危机的方式：

> 总循环对资本的每一种职能形式来说，都表现为它的特有的循环，并且每一个这种循环都决定着总过程的连续性；一种职能形式的

循环运动决定着另一种职能形式的循环。总生产过程同时就是再生产过程，从而是总生产过程的每一个要素的循环——这对总生产过程来说，特别是对社会资本来说，是一个必要的条件。资本的各个不同部分依次经过各个不同的阶段和职能形式。因此，每一种职能形式虽然其中表现出来的总是资本的另一个部分，但都和其他职能形式同时经过它自己的循环。资本的一部分，一个不断变动、不断再生产出来的部分，作为要转化为货币的商品资本而存在；另一部分作为要转化为生产资本的货币资本而存在；第三部分则作为要转化为商品资本的生产资本而存在。所有这三种形式的经常存在，正是由总资本经过这三个阶段的循环为中介而造成的。①

马克思思考的基础是三种"职能"循环或黑格尔的三段论，在这段引文中表现得十分明显。这些推论在这里并不仅仅是一种纯粹的"哲学"兴趣。在马克思那里，社会资本不仅仅是单独资本价值的总和。社会资本或社会的抽象劳动，是一种再生产作为确定性（抽象劳动）和不确定性（具体劳动）的确定性的自身的主体/客体。社会资本或抽象劳动，就它自身来看，存在于社会的货币资本中，因为只有以这种形式，它才能以一种直接的方式存在。因此，我们可以说，为了再生产自身，这种资本在一系列能够通过它们的特殊性（所生产的商品）互相区别的具体（抽象）劳动中使得自身具体化和分化。货币资本——一种运动的和直接的社会形式，是"位于家中"的社会资本的具体的普遍性的一个环节。

为了自身增殖，社会劳动时间在循环Ⅰ中，具体化为一种货币形式，在自身内部进行了分割、分化。这就使得一种大于最初价值的特殊商品的生产成为可能。在循环Ⅱ中，这种被分割的资本以同样的方式通过特殊商品这种媒介回到自身。它保护它自身。最终，社会资本在循环Ⅲ中

---

①　《马克思恩格斯全集》（第四十五卷），人民出版社，2003年，第120页。

通过一种自动批判和自我控制与它两端的环节相连。这一循环传达了这样的观点:货币形式的社会资本并不会迷失在它的任何一个环节,因为它的任何一个环节屈从于它持续的控制。在与生产的社会规范和消费的关系中,每一生产单元都享受一种相对自主性,但是任何生产单元并不永远独立于它们。

因此,社会资本被界定为一个三重的自主运动。它是一种自我增殖、保护和价值自动批判/自我控制的运动。

第一个运动是指活跃(active)工人阶级的剥削率和资本的有机构成。社会资本的增殖率依靠这些。

第二个运动是指社会抽象劳动的总体,指耗费在特定时间内社会劳动的小时数(衡量"资产阶级财富"的唯一手段)。例如,特定阶段的活劳动的小时数相较于它正作用于的死劳动数下降了,那么该阶段同样量的活劳动将在增加的商品量中得以体现。因此,如果物质生产在生产资本新循环的开始不相应地增加,那么这一资本的价值将会小于位于先前循环开始阶段同一资本的价值。在从 P 到 P 的过程中,价值的增长将会放缓。在不变资本价值相等条件下(在大多数情况下是增加的),为了生产与先前同等数量的商品,则需要更少的活劳动时间。不管怎样,活劳动时间正是衡量生产财富的唯一手段。

第三个运动既传达了价值的增殖又传达了价值的保护,二者相连并且植根于有偿付能力的社会需求(也即,有利或不利的市场条件)。我们已经用资本的自动批判和自我控制来表示这一运动的特征。同时,这也是"调和"(reconciliation)先前循环的概念运动。"利润收益"(profit yielding)(循环Ⅰ)的周期和资本"再生产"(循环Ⅱ)的周期是相互依存的。在任何一个特定的环节,必须遵从一种既定的比例关系。因此,二者之间的"紧张"关系是存在的。只要卖方市场是充分的并且国内和国外市场吸收生产的商品(价值),这种紧张关系便是"能忍受的"。

这些过程使得我们能透视作为周期性丰富和复杂有机体的资本构成（the organisation of capital）。正如马克思所指明的,这三种职能形式是同时进行的,但它们的同时性是它们连续的工作。这三种循环必须以"横"的和"纵"的方式加以解释,前者指暂时的连续性,而后者则指空间的同时性。这三种形式"同时的"比例关系是流动的和易变的,但它们却不是偶然的。每一个环节上的既定比例必须被遵从。

关于比例这一点,既有很少又有很多需要说明的。它反映出这三个过程展开中的平滑部分和问题部分。同时,社会资本必须自我增殖,再生产自身（就耗费在特定阶段的活劳动而言）并且找到实现自身价值的卖方市场。资本的这三个过程形成了一种统一、一个有机整体。但是没有什么比这一整体更具矛盾性了。社会资本的增殖率越高,资本再生产变得越困难、卖方市场变得越缺乏。不过,如果增殖率太低,那么更少资本用来投资,卖方市场更不充裕。

在分析作为三种循环统一的资本的基础上,马克思开启了一种详细解释危机的方法。这种解释并没有局限在呈现马克思时代过度生产危机这一特定领域。经济态势的逆转可能是多种原因导致的,并且主要原因和效果可能随时随地发生变化。因此,资本被认为是一种自主性的周期性有机体,而社会有机体的危机则是一种"心律失常"（arrhythmia）,也即对这一体系连贯性的暂时干扰。这种看待事物的方式使我们超越了这种平衡的通常的静态表现。

如同其它周期性运动一样,经济的周期运动蕴含着既定的"规则"（竞争和信用形式、国家干预形式、是否制度化的社会阶层之间的妥协、社会习惯、内在关系等）,并且这些规则是随时随地可能发生变化的。《资本论》既不是资本主义的完成理论,也不是为特定历史阶段准备的理论（尽管它具备它们其中一个的标志）。相反,它是在没有丧失它内在连贯性下的一种规定的连贯体系、一种演化可能性的体系;它是自我发展和具体物质化的时间,并重新回归到历史性的空间和时间中。从这一观点出发,它仍具备完成的信号。在它内部具备自身演化的原则,对它来说,变化不是整体的、不是全部有机体,而是它基本要素之间的关系。

尽管以一种隐含的形式,存在于《资本论》第二卷开始一些章节的是资本整体。但在这些章节的文本中,所有的事物都以一种难以"破译"的语言来描述。什么才能使它变得清晰和具体呢?首先但不仅仅是,它缺乏一系列属于流通暂时性的范畴。由此,表示上述的比例关系便清晰化了。

马克思生命最后阶段关于资本的分析,似乎证明了他 1858 年直觉的正确性:"准确地阐明资本概念是必要的,因为它是现代经济学的基本概念,正如资本本身——它的抽象反映就是它的概念——是资产阶级社会的基础一样。明确地弄清关系的基本前提,就必然会得出资产阶级生产的一切矛盾,以及这种关系超出它本身的那个界限。"①

---

① 《马克思恩格斯全集》(第三十卷),人民出版社,1995 年,第 293 页。

第十二章

马克思的资本,黑格尔的"生命"

在法国及其它地方,教条式断言和固有的观点是理解资本概念真正内涵的重要障碍。根据这些分析,黑格尔的辩证法与马克思的方法是完全不相容的。前者是"唯心的"和"神秘的",后者则是"唯物的"和"启蒙的"(enlightened)。

但是如果人们不接受这些未被证实的断言,人们会发现,作为主体/客体的资本是包含在自身内部的一种理念(Idea),是从整体上对现代政治经济学的总结。这正如黑格尔所指出的那样:"对有机的东西来说根本不存在不是其自身的东西。"①

马克思不喜欢毫无意义的短语。通过在三卷《资本论》中重复资本就是生命(life),以及通过谈及"资本的成分""循环""资本的内在器官"等,马克思使得他的资本理论与黑格尔的逻辑"生命"相联系。几乎没有必要提示"有机体"指代的是一种逻辑顺序而非"生物",虽然他所指代的原型是一种有生命的有机体。

如果翻阅《逻辑学》"概念论"第三部分的第一章,人们会发现这一章

---

① Hegel,1970j,p.42;Hegel,1970f,p.369. 中文参见［德］黑格尔:《自然哲学》,梁志学等译,商务印书馆,1980 年,第 416 页。——译者注

被冠以"生命"。这一章属于致力于讨论"理念"的《逻辑学》的最后一部分。

12.1 黑格尔的"理念"

这一部分的每一个标题都需要一些说明。在黑格尔那里,"理念"这一术语与它一般的用途无关。理念既不指一种现实的主观性呈现,也不指一种经验性现实或经历的"理论化"。因此,它不能用"好"或"坏"、"正义"或"非正义"来区分。

在黑格尔那里,"理念"是"客观的真",如果我们喜欢,它也是"真"本身。[①]"理念"的内涵是极其复杂的,但极其简单地说,黑格尔那里的"真正客体"同时具备"主观性"和"客观性",并且就其实质来说,这种客体是它诸种特性的统一。"理念"仅仅就是这种统一。黑格尔如下写道:

> 对象,总而言之,客观的和主观的世界应当不仅是与理念相符合,而是它们本身就是概念与实在的符合;那种与概念不相应的实在,是单纯的现象,是主观的、偶然的、随意的东西,它不是真理。假如说,在经验中找不到任何完全与理念符合的对象,那么,理念就将作为一个主观的尺度和现实的东西对立起来了;但是,一个现实的东西应当真是什么,假如其中不是它的概念,(假如)它的客观性与此概念毫不适合,那就无法说出;因为它就会是无。[②]

黑格尔的"实在"不是物质的实在、经验或未加工的实际,简而言之,

---

① Hegel,1989,p. 755;Hegel,1969b,p. 462. 中文参见[德]黑格尔:《逻辑学》(下卷),杨一之译,商务印书馆,2009 年,第447 页。——译者注

② Hegel,1989,p. 756;Hegel,1969b,p. 464. 中文参见[德]黑格尔:《逻辑学》(下卷),杨一之译,商务印书馆,2009 年,第449 页。——译者注

是那些仍然保留在我们创立概念体系后"残留"形式中的东西。它是思维客观性的一面,以及由它所产生的"客观"规定性。

但是事物逻辑顺序(与概念相一致的实在)的特定说明却又引导我们远离真正问题的危险:例如,如果一个国家不仅仅是表面的,那种并不执行它的职能的国家是什么呢? 显然,一个与它的概念不一致的"国家"就不是一个国家,因为任何事物都不允许我们这样界定。人们自身制定的法律就必须遵守,因为如果不遵守,这些法律就什么也不是。黑格尔可能说工人们自由选择职业是"正确的",但这却不是正确的。有多少工人并不能获得这一权利的实质内容呢? 因此,尽管存在许多"是"和"必须是"不可分割的实体,然而它们还不是完全一致的。似乎对我们来说,黑格尔问题的主要部分却能在其它地方找到。

在思考事物的一般方法上,一方面是思维的世界,另一方面则是实在、客观、经验、世界。这两个世界并非构成两个分离的实体,而是构成一种完全遵从内在关系、被分割成两极的整体。在这两个世界中,思维范畴是客观经验世界所顺从习惯的不同大小和方式的空头描绘者。但是创造这种使得多样性和暂时性在统一和概念中寻找自己位置的双重世界的,难道不是思维本身吗? 为了使它们适应 ·种本质上敌视和反对任何系统化企图的外部实在,我们根据什么标准来发展我们关于分类和区分的层级呢("国民核算"就是这方面的一个例子)?

黑格尔的逻辑反抗这种认识世界的二重视角。根据它自身力量和内在标准的基础,概念是唯一能够产生有效内容、再生产和发展自身的实体(entity)。但是这种生产不仅仅是主观性和主观想象的。它同样是一种实在和存在:它通过为存在的世界创造一种逻辑的规定性赋予自己一种客观性内容。如果不是体系、一致性和理性的法则,我们在包括在自然的客观世界中寻找的是什么呢? 并且如果我们不能根据它们自身内在的准则事先知道它们是否有效,那么我们如何能寻找这些法则呢? 对于科学来说,没有什么比原始事实、直接具体的描述更无聊、更无用的了。

但是经验和概念之外的世界在黑格尔那里并没有沦为一种消极的角色。思维在现象中寻找自身的法则,但是这些法则已经在这些现象中以一种人类潜在的逻辑法则的形式存在了。如果思维——一种顺序和结构的整体——一方面创造了现存世界的规定性,那么另一方面,现存世界也必须符合它的理解。不过,通过证明与这一系统化相异化,存在世界动摇思维,并使其保持清醒。这种实在-理念的"其它"(the other),是刺激"回忆"(memory)的准则。黑格尔借用柏拉图理念论的一些东西,写到:所有"知识"都是"回忆"的唤醒,这不是在那些已经存在于意识中的东西"返回"意义上使用的,而是在隐藏在思维中能力自我发展意义上使用的。①理念中的"其它",在其消极意义上是以一种中断的方式存在,而这种中断同时又有朝向缝合的趋势。

因此,理念是实在与概念的一致性——正如马克思所指出的那样:"它们矛盾的统一"——但它却不是它们形式的认同。在这两极之间存在沟通和紧张关系,并且恰恰正是这种关系使得它们同时可分又不可分。因此,理念被界定为一个永恒的过程,一个使得概念与实在相一致的过程。黑格尔写道:"理念本质上是一个过程。"②这就意味着,尽管理念能够承受和利用矛盾,但理念却并不位于理念之上。

真正的客体作为"理念"是真的,但这并不意味着先前的"逻辑"领域被完全和简单清除了。黑格尔写到,"有"(being)是"真理"(true),因为它现在是作为概念与实在的统一出现的,因此"有"是理念所是的东西。他详细说明有限的事物之所以是有限的,是因为"它们本身不完全具有其概念的实在",并且在某种程度上,这就是它们不遵从理念的情况。这种

---

① Hegel,1991b,p. 238;Hegel,1970e,p. 309.

② Hegel,1991b,p. 290;Hegel,1970e,p. 372. 中文参见[德]黑格尔:《小逻辑》,贺麟译,商务印书馆,1996 年,第 403 页。——译者注

对理念的不遵从正是它们"有限"(finitude)和"不真"(untruth)①的方面，一个使得它们处于先前逻辑领域的方面。

当资本被独立地考察时，我们"有限"的客体就是商品和货币(和商品资本)。在它们缺乏再生产环节的意义上，它们的确是占有"不真"和"有限"的一方面。历史地说，商品和货币——鉴于它们的价值和资本的观点在历史阶段上出现以前——都不是被完全决定的客体。价值是也不是一种社会关系。正如福斯托(Fausto)正确指出的：它存在"与任何'有'在它史前阶段的情形相似的情形。在该阶段，'有'并不作为主观存在。史前历史恰恰就是'有'作为主体增长的历史。但是，在史前阶段这种表达'有'的既定规定性在存在的同时又不存在。这就是说，这种对'有'的既定规定性的表达是以一种消极和矛盾的方式存在"②。

那些用来描述史前阶段价值的，同样适合于描述资本主义生产条件中的简单商品流通，但这需要独立地考察生产过程。简单商品流通在《资本论》的概念发展中拥有一些"有限"和暂时的东西。它是人们之间平等关系的证明，是由于代理人——它涉及交换行为、为自身利益进行活动的每一个人以及为公共利益进行活动的每一个人——自由意志所导致的等价交换的证明。马克思讽刺地写下一句关于普遍价值和先前建立的和谐的话语："自由、平等、所有权和边沁。"③简单商品流通掩盖了剥削关系和社会阶层经济上的不平等，但是这种关系对于理解这一流通的本质是必须的。正如资本的三种循环所显示的，简单流通仅仅是资本循环的一个环节。人们能在《资本论》中发现概念自身发展的逻辑轨迹，因为通过逐渐清除错误或部分的真实，我们接近什么是真的一种全球视野。但是我们却没有必要在这一点上花更多的时间。

---

① Hegel,1989,p.757;Hegel,1969b,p.465. 中文参见[德]黑格尔：《逻辑学》(下卷)，杨一之译，商务印书馆,2009 年，第 450 页。——译者注

② Fausto,1986,p.143.

③ 《马克思恩格斯全集》(第四十四卷)，人民出版社,2001 年，第 204 页。

因为我们将会有机会重新回到这一全球视野(第二十四章),让我们进一步讨论"生命"或"直接的理念",而这应该得到经济学家和《资本论》读者最多的关注。

12.2 黑格尔的"生命"和资本循环

黑格尔同样在他的《哲学科学全书纲要》中讨论了生命问题,并且是在两个场合:在主题为"逻辑学"的第一卷(从§216到§222)和在致力于"自然哲学"的第二卷的第三部分中被冠以"动物有机体"(从§350到§376)的第三章。因此,我们有两个被证明是有助于理解黑格尔有机生命理论的额外参考。

在以上两个参考中,人们都能找到哲学家基于生命就是"理念"所得出的最重要的论点。黑格尔写到:有生命之物不仅不是不可思议的,而且是能够理解的,或者说,是概念达到存在的阶段。① 活着的每一个事情都是一个主体/客体,是我们上述谈及的主体和客体的统一。思维(灵魂)的普遍性和事物(身体)的特殊性在运动中形成了一个动态的统一。

主体"思维"(idealise)及它的"客观存在"的多样性,在这一点上,主体是一种无所不在的灵魂、普遍性,是为了与它并存的缺乏的真。因此,有生命之物就它的不可分性和外部或现象的多样性而言,仍是一和不可分的:它"同时又仍然绝对是具体概念与自身单纯合一"②。

在"自然哲学"中,这里出现更清晰的问题是,能具备时间性和空间

---

① Hegel,1991b,p.291;Hegel,1970e,p.374. 中文参见"事实上生命不仅不是不可思议的,甚至可说,在生命里,我们即可看到概念本身,或确切点说,可看到作为概念存在着的直接的理念"。[德]黑格尔:《小逻辑》,贺麟译,商务印书馆,1996 年,第 405 页。——译者注

② Hegel,1989,p.763;Hegel,1969b,p.472. 中文参见[德]黑格尔:《逻辑学》(下卷),杨一之译,商务印书馆,2009 年,第 458 页。——译者注

性的双重"理想化"的一。①

因此,我们能在§350的说明中读到:尽管有生命的主体性(living subjectivity)不断地变化,但它仍表明有生命之物"仍在它自身"并且"保持它自身作为普遍性"。但是这种时间的理想化应该被加上空间的理想化,因为有机体的成分并不是它的部分,而仅仅在有机的统一中才是它们。因此,它们在这种统一中被不断地归纳出来。这就是为什么,生命现象——"自然界这个顶点",是"绝对唯心论"。

正如它所显示出来的矛盾,唯物主义者的马克思以一种相似的方式来界定资本:

> 资本作为自行增殖的价值,不仅包含着阶级关系,包含着建立在劳动作为雇佣劳动而存在的基础上的一定的社会性质。它是一种运动,是一个经过各个不同阶段的循环过程,这个过程本身又包含循环过程的三种不同的形式。因此,它只能被理解为运动,而不能被理解为静止物。那些把价值的独立化看做是单纯抽象的人忘记了,产业资本的运动就是这种抽象的实现。②

事实上,"抽象的实现"(abstraction in action)、"直接理念""价值的独立化"或"概念达到存在的阶段",在逻辑层面上所呈现的纯粹是术语的差别。人们在马克思那里发现三种循环过程的公式形成一个统一、一个单一运动、一个整体过程,决不是偶然:

> 有生命之物是一推论(即包含有三个成分的矛盾统一体),这统

---

① 正如赫伯特·马尔库塞(Herbert Marcuse)在他1987年的著作——《黑格尔的本体论》中所评论的那样。那些对于黑格尔的时间概念感兴趣的人,将会在马尔库塞的著作中找到许多有趣的观点。

② 《马克思恩格斯全集》(第四十五卷),人民出版社,2003年,第121~122页。

一体里面,各环节本身又各自成一体系和推论(或统一体)。它们是主动的推论、(或推移)过程,而在有生命之物的主观统一性内只是一个过程。所以有生命之物乃是自己与自己结合的过程,这个结合过程本身又经历了三个过程。①

黑格尔所讨论的有生命之物的"环节"(moments)是概念的环节:普遍性是灵魂,特殊性是身体,而它们的统一是个别性,"前两个环节的现实性和基础"②。

因此,主体占有普遍性和特殊性的方面,而它们的统一仅仅能被认为是个别有机体的再生产(这里再生产意味着保持它自身、保护它的器官):灵魂和身体——一个借助于另一个——抵抗着分离,也即死。

从《1857—1858 年经济学手稿》开篇以后,马克思的资本便拥有普遍性和特殊性方面——价值和使用价值,商品和货币,并且资本本身就是处于运动中的这些的统一。完全不是"交替地成为商品和货币","资本本身是这两种规定的交替"。③ 它"表现为主体,两极只是这个主体的要素,它扬弃这两极的独立的前提,以便通过这两极的扬弃本身来把自己确立为唯一独立的东西"④。

马克思并没有使自身偏离这种观察事物的方法,相反,他在《资本论》中赋予这一方法更具体和渊博的内容。像简单流通中出现的价值,为了成为一种有生命的主体(即资本),它缺乏什么呢?它缺乏自我更新的准则,也就是说,生产环节。因此,它缺乏严格意义上的生产过程、个别性

---

① Hegel,1991b,p. 292;Hegel,1970e,p. 374. 中文参见[德]黑格尔:《小逻辑》,贺麟译,商务印书馆,1996 年,第 405 ~ 406 页。——译者注
② Hegel,1970j,p. 109;Hegel,1970f,p. 437. 中文参见[德]黑格尔:《自然哲学》,梁志学等译,商务印书馆,1980 年,第 498 页。——译者注
③ 《马克思恩格斯全集》(第三十卷),人民出版社,1995 年,第 218 页。
④ 《马克思恩格斯全集》(第三十卷),人民出版社,1995 年,第 293 页。

的简单环节。但是在所有生命有机体中,任何成分都不能被想象为起点(与其它分离开来),因此"部分"必须包含全部整体:不仅是有机体的部分,而且是每一成分中的有机体。这样一来,三种规定性中每一种仅仅能通过"相对支配"(relative dominance)与其它区别开来。例如,生产资本之所以是资本,因为它已经(观念上)是商品资本和货币资本,并且这些形式之所以是资本,因为它们中的每一个都包含其它两个(否则它们将会仅仅是商品和货币)。真实的资本流通仅仅描述了将自身作为起点的概念的展开、使得每一种规定性在其它两个中传递的方式的展开,因此整体是作为这些过程的结果。黑格尔对此写道:"只有这样不断再生产自己,而不是单纯地存在,有生命的东西才得以生存和保持自己。有生命的东西之所以能存在,仅仅是因为它把自己弄成它所是的东西;有生命的东西是先有的目标,而这个目标本身又完全是结果。"[①]

这一再生产的目的论(teleological)过程,在黑格尔那里被分割成我们上述提到的三个区别和统一的过程。的确,正如其它一般意义上的有生命之物一样,资本"以自身为目的",是一种存在的和通过再生产自身保持自身的有机体。

这就是为什么我们能在马克思那里发现资本循环过程的三种形式。这些过程与"形态"(Shape)、"同化"(Assimilation)和"类属过程"(the Genus – process)有关。在"自然哲学"中,这些过程构成了致力于讨论"动物有机体"的三个部分。在《逻辑学》中,被冠以"生命"的那章同样由三点组成,分别讨论"有生命的个体""生命过程"和"类"。这三点与"形态""同化"和"类属过程"是相对应的。

---

① Hegel,1970j,p.107;Hegel,1970f,p.435. 中文参见[德]黑格尔:《自然哲学》,梁志学等译,商务印书馆,1980 年,第496 页。——译者注

12.3 "有生命的个体"或"形态"和生产资本循环

> 第一过程就是有生命之物在它自身内部的运动过程。在这过程里它自身发生分裂,它以它的肉体为它的客体,为它的无机本性。这种无机性,作为相对的外在性,分化为它的各环节的差别与对立,这些不同的对立的环节彼此互相争夺,互相同化,在不断地自身产生着的过程中保持自身。①

尽管这一过程(如同其它两个)应该得到一个冗长的评注,不过让我们将自身限制在一个粗略的解释上。每一个个体有机体都存在一种相对的独立性,在其中生命或类是"合为一体"(incorporated)的(个体死了,它从生命中分离出来)。类或灵魂是存在于个体保护过程的"内在合目的性"(internal end - purpose)(内在于个体)。它遵从这种内在合目的性。这种分割在这些器官之间的"分割任务"中变得明显,而这些器官为了保持这一整体则互相交流和合作。这里讨论的灵魂就不是神学的概念。它表达了一种相当简单的观点,即有机体是一种明确无误的"整体",并且如同所有整体,它不能被认为是由能清晰指明的部分组成,而应该被认为是为了保持自身受"内在"支配的"职能"(这一过程的"相关外在"的方面)序列。一旦存在于它之中的"无机自然界"屈从于这种内在合目的性,生命个体将会"持续",在某种程度上,生命个体是服务于"无机自然界"的手段。以这种方式来看,个体并不是闲置的事物,反而是一种自主生产的运动,在那里"每一肢体部分都相互是目的与手段,既出于它们而

---

① Hegel,1991b,p.292;Hegel,1970e,pp.374 - 375. 中文参见[德]黑格尔:《小逻辑》,贺麟译,商务印书馆,1996 年,第 406 页。——译者注

保存自己,又在同它们的对立中保存自己"①。

这一过程精确地与生产资本的循环相关:P···W′－G 或 P···W′－G′－W···P。在生产过程的严格意义上,我们再一次发现前边提到的"内在合目的性"。人们毫不费力就可以发现它的真正内容,因为该内容是十分明显的:生产任务以及生产资料的分割——这一过程相关外在方面,可视部分——既不是偶然的,也不是一次和全部被决定的。它很简单地屈从于资本内在合目的性的价值逻辑。生产技术的历史发展遵从那种仅仅对我们的眼和脑可见的"内在理性"。

但需要强调的是,生产资本循环决不仅仅是生产过程,因为它是描绘资本保存的真正运动的模型。资本拥有三种职能形式,而这就是它的"成分"(members),并且它们"凭借其它成分保持着自身,又对抗着其它成分"。当考察这一循环时,我们已经指出,它所反映的既不是资本生产剩余价值的事实,也不是它依靠卖方市场的事实。我们将不再在这里重复。资本其它两种属性(properties)也明显地存在于这一循环中,但仅仅以一种含蓄的方式。顺便说一句,这就是为什么马克思描绘三个过程而不仅仅是一个。在这一过程中,作为终极目的的价值展现了它众多属性之一。它经历不同"躯干"(corporal)的形式却没有迷失在这一运动中,相反,这描述了它保存的模型。

12.4 "生命过程"或"同化"和商品资本的循环

在它自身内或形态内的个体过程是"抽象的过程"②。后者以"抽象"为特征,因为似乎对我们来说,个体被认为是一种自发的存在,就像个体

---

① Hegel,1970j,p.132;Hegel,1970f,p.459. 中文参见[德]黑格尔:《哲学科学全书纲要》,薛华译,上海人民出版社,2002 年,第213 页。——译者注
② Hegel,1970j,p.131;Hegel,1970f,p.459. 中文参见[德]黑格尔:《哲学科学全书纲要》,薛华译,上海人民出版社,2002 年,第212 页。——译者注

生活在与外在无机世界的任何关系之外。这是现在必须被加以考察的关系。本质上正是客观世界的这种"外部事物"涉及个体，才能对其提出质疑并被透视。

客观的和预设的世界——有生命之物的"外在的条件和质料"①——作为"他有"②与后者相对立。因此，有生命之物发现它自身与这个世界处在一种"紧张关系"③中，更具体地说，后者是有机体的"他有"，一种属于有机体却部分拥有自身规定性的外部事物。有机体与它所处环境的关系可以被详细说明为有机体外部事物朝向自身的一种关系。有生命之物因此是作为"自身与其特定对立面的统一"④而被规定的。结果是，前者是"绝对的矛盾"⑤。

这种矛盾内在于主体，主体有能力"承受"它。正是这种矛盾导致了有生命之物的"无限"。通过最后一个术语，黑格尔想要把我们的注意力引到这样一个事实上——主体没有任何真正的限制，即它将自身的限制和否定转化成积极的肯定：对黑格尔来说，欲望和需要并不构成主体，只有限制、否定，同样也是积极的肯定构成主体。只有当人们将有生命之物视为内在的实在、一种"有"而不是"以自身为目的"，这些规定性才可以被认为是简单的否定。在黑格尔那里，"同有生命的东西发生一种肯定关联的可能，如果不是自在自为地从其本身来规定生命东西，即是说，不是通过概念来规定它，从而对主体完全会是内在性的，则一般地就没有什么

---

①② Hegel，1970j，p.136；Hegel，1970f，p.464. 中文参见［德］黑格尔：《哲学科学全书纲要》（1830 年），薛华译，北京大学出版社，2010 年，第 255 页。——译者注

③ Hegel，1989，p.770；Hegel，1969b，p.480. 中文参见［德］黑格尔：《逻辑学》（下卷），杨一之译，商务印书馆，2009 年，第 466 页。——译者注

④ Hegel，1970j，p.141；Hegel，1970f，p.469. 中文参见［德］黑格尔：《自然哲学》，梁志学等译，商务印书馆，1980 年，第 536 页。——译者注

⑤ Hegel，1989，p.770；Hegel，1969b，p.481. 中文参见［德］黑格尔：《逻辑学》（下卷），杨一之译，商务印书馆，2009 年，第 467 页。——译者注

东西能够有这种关联"①。

有生命之物可以被理解为一种目的论的行为,一种结果仅仅是通过外部环境的"同化"来保存自身的实现欲望和满足需要的行为。因此,有生命的个体被规定为自身否定、自身限制、自身"有限"的否定的行为,被规定为自身的终点和被规定为"无限的自我相关"②。这就是为什么"对有机的东西来说根本不存在不是其自身的东西"③。这就意味着,有机体"另外的有"(being – another)已经是它自身规定性的一部分,例如,商品或货币的"另外的有"以同样的方式已经是它自身规定性的一部分。这种行为可以是有意的,也可以是无意的,因为"其实,本能是一种以无意识的方式发生作用的目的活动"④。

当我们意识到黑格尔这些论点之后,我们再理解同化过程时就不会遇到任何特殊的问题:

> 现实过程或同无机自然界的实践关系,是从自己内部的分裂开始的,是从感到外在性否定主体开始的,主体同时是肯定的自我相关,并确信自己能胜过自己的这种否定。换句话说,现实过程是从缺乏的感觉和克服这种感觉的本能开始的,这里出现的是受到外部刺激的条件,是以客体的方式在其中设定的主体的否定,而主体与客体处于对立的紧张关系里。⑤

① Hegel,1970j,p.142;Hegel,1970f,p.469. 中文参见[德]黑格尔:《哲学科学全书纲要》,薛华译,上海人民出版社,2002年,第215～216页。——译者注
② Hegel,1970j,p.141;Hegel,1970f,p.469. 中文参见[德]黑格尔:《自然哲学》,梁志学等译,商务印书馆,1980年,第536页。——译者注
③ Hegel,1970j,p.42;Hegel,1970f,p.369. 中文参见[德]黑格尔:《自然哲学》,梁志学等译,商务印书馆,1980年,第416页。——译者注
④ Hegel,1970j,p.145;Hegel,1970f,p.473. 中文参见[德]黑格尔:《自然哲学》,梁志学等译,商务印书馆,1980年,第541页。——译者注
⑤ Hegel,1970j,p.141;Hegel,1970f,p.468. 中文参见[德]黑格尔:《自然哲学》,梁志学等译,商务印书馆,1980年,第536页。——译者注

让我们注意,黑格尔讨论的"确定性"(certitude)是与无机体相比有机体的绝对优势:自然就它自身而言什么也不是[1],它仅仅是属于主体的[2]。但是自然外在于主体。它是主体的"另外的有",是一种主体——它在自身中被证明是一种断裂,同时,又作为一种通过客观世界的同化来缝合断裂的推动力——的否定。所有平淡无奇的生命过程(例如补养)都是这种同化过程。

但是主体与自然的关系和资本之间存在什么样的关联呢? 如同任何有机体一样,资本是处于与外部世界的关系中的。它以一种客观现实、"无机自然界"(an inorganic nature)为前提。这种自然是销售市场的无机自然界,是资本主义"刺激"准则的社会需要的无机自然界。资本主义发展过程中海外销售市场的历史角色无疑是重要的。在当代危机中,海外销售市场日益重要。[3] 当人们思考一下最近一些中央计划经济国家中的政治事件,海外销售市场构成了一种危机终结可能却不太合适时态。

在上述黑格尔理念的基础上,人们能够明确了解到作为社会关系的资本的自主性。对资本而言,社会需要是"无机自然界"。对资本来说,它们并非如此存在,但是在某种程度上,它们与资本存在某种因果联系,也即它们在某种程度上构成销售市场、有偿付能力的社会需要,以一种客观的方式(货币)与资本相对立。这也是作为生产者与消费者的人沦落至客体、沦落至一种没有如此价值的事物,而仅仅处在与资本的关系之中的原因。因此,在特定境遇中,商品的生产过剩和特定社会群体生活条件

---

[1] "Gewissheit der an sic h seienden Nichtigkeit des ihm gegenüber stehenden Andersseins";Hegel,1969b,p.480.

[2] 主体和外在客体的关系是一种统治的关系,但它同样也是一种被主体内化的关系:自然是主体的一部分。因此,黑格尔的思想并不会引导至一种"浪漫的"社会生态学(正当的和可证实的基础的缺乏),或者引导至主体与客体之间一种毁灭性的剥削关系。

[3] 发生在1989年东德(East Germany)的政治事件,就它自身而言,直接引起西德汽车制造业,尤其是大众的股票价值的上涨。仅仅是1989年戈尔巴乔夫(Gorbachev)对西德(West Germany)的访问就引起西门子股票价值的上涨。

退化的极速扩展不仅是两个并立的而且是两个相互依存的社会现象。这就是"拜物教"和"异化"而不是"撒娇"(coquetries),是对于真正理解资本和价值的本性是完全必要的概念的原因。正如比岱(Bidet)在他最近的一部著作中所指出的:拜物教没有标示出"介质的自发代表与它们真正关系之间的差异",这就意味着它将不会有"任何能够被克服的事物"。[1] 在成为意识形态之前,拜物教是商品与货币、价值与它自身之间的对话,而这是在既没有询问工人意见也没有询问商人意见(在最后的分析中)的条件下组织的社会生活。

同化过程被界定为再生产或有机体保存的过程。这一过程以主体的内部矛盾为起点(也是它的关系与它的外部),以这一矛盾通过本能的条件和借助于外在客体的内化而达到的阶段性克服为终点。它是主体否定的否定性过程,是主体的"是"和它"必须是"(having to be)之间不一致性的暂时克服。

这一过程与商业资本的循环有关:$W' - G \cdots P$ 或 $W' - G' - W \cdots P \cdots W'$。在考察这一循环时,我们强调了马克思赋予消费问题的重要性,也就是说,赋予外在于每一个个体资本的销售市场的问题。这种消费并未正式地出现在任何循环中。

同化过程不仅指明了资本循环Ⅲ的起点,而且还有助于我们更好地理解那些马克思未能很好或解释不太合适的表述。为什么使用价值——价值的物质承担者,与价值相矛盾呢?相当简单,当商品固定不变时,它就不能够被理解。当面对作为外部因素的它时,货币已经是商品自身规定性的一部分。正是这种与"外部世界"的紧张关系,同时也是商品的"内部分裂",马克思恰当地称为"矛盾"。尽管可以说存在矛盾是不可想

---

[1] Bidet,1990,p. 230.

象的观点,不过缺乏或"痛苦"①的感觉在黑格尔那里是它的本体论根据。

正如先前循环中的商品、W′－G…P 循环中的货币不能被视为资本在执行它的一种职能过程中的简单持续。正是后者(货币),但同时也是交换价值的现象形式,已经存在于商品之中了。这种价值使得生产资料和生产力的购买成为可能。货币——如同一般意义上的调节者一样——既指它的过去又指它的现在,并且就它自身而言,它远非一个简单的"现存"(present)(因为例如货币资本,就它的直接性而言,它仅仅执行货币的职能)。正如黑格尔谈及推论时所指出的:"中项是在最高程度上使得它们(两极)变为一的一致性;因此,结果就是抽象推理的,并且位于两极自身与自身的统一中,因为,所有的术语都经过了不同的状况。"②

12.5 "类属过程"(Genus – process)和货币资本循环

我们已经注意到,资本的增殖过程与一种生命过程相比更类似一种理论上的"同化":资本"它作为原价值同作为剩余价值的自身区别开来,作为圣父同作为圣子的自身区别开来,而二者年龄相同,实际上只是一个人"③。尽管这种形式不同,但这种"类属过程"应该被呈现。

类,以直接简单形式存在于个别之中。很简单,这意味着,当人们想象类、普遍的时候,人们不得不承认后者(类、普遍)在现实中存在于代表它的个体之中。在相反的条件下,它可能仅仅是一种没有真正内容的纯粹抽象、一种字典中的界定:"因此,个体诚然自在地就是类,但它不是自

---

① Hegel,1989,p.770;Hegel,1969b,p.481. 中文参见[德]黑格尔:《逻辑学》(下卷),杨一之译,商务印书馆,2009 年,第 467 页。——译者注

② Hegel,1995a,p.75;Hegel,1971b,p.90.

③ 《马克思恩格斯全集》(第四十四卷),人民出版社,2001 年,第 181 页。

为的类。"①为什么？因为类是个体与同类中的其它的一致性。这种一致性——也是它的普遍性，首先仅仅以一种隐秘的主体的形式存在于类中，并且要求被断定和实现。哲学家认为，这就是"类的本性"起源的地方。这种本性仅仅是性的需要和再生产的本能。在上述讨论中，存在着这样一种观点：由于它在个别实在中的限制，导致类与它自身无关联。这种矛盾通过性关系的调节、通过新个体的产生和类的长存得以克服。

个体的死与生，类却保持下来。可以说，类作为结果进入到与它自身的私人关系中。这就是为什么我们所考察的过程是"类属自我中介"②的过程。在黑格尔那里，普遍与普遍的关系就是知识的理念与精神起点的关系。③这是能够接受或拒绝的相当矛盾的结论，但它却并不荒谬：生的否定同时也是死的否定，并且因此也是不朽和来世的诞生——生和死的"超越"同样也是我们称之为"精神"的"生物"的"超越"。理念是一个没有终点的过程，但却是一个"记起"它的价值增殖状态和自身轨迹以及永恒持续下去的过程，因此这样的"额外的概念性"（extra – conceptual）事物消失了。后者的死是为了精神的不灭。似乎我们必须以这种方式来解释这种精神的奇怪的产生。

这一过程与货币资本的循环有关：G…P…W′或 G – W…P…W′ – G′。将性的关系与社会阶层之间的关系相比似乎是滑稽的。然而这将是对上述呈现的黑格尔理念的真正意蕴的一种误解。活的有机体在现实中是一

---

① Hegel,1989,p.773；Hegel,1969b,p.485. 中文参见［德］黑格尔：《逻辑学》（下卷），杨一之译，商务印书馆，2009 年，第 471 页。——译者注

② Hegel,1970j,p.193；Hegel,1970f,p.520. 中文参见［德］黑格尔：《自然哲学》，梁志学等译，商务印书馆，1980 年，第 594 页。——译者注

③ Hegel,1991b,p.294；Hegel,1970e,p.377.

种具体的逻辑过程的说明。① 这三个过程显示出了一种结构的和有序的
整体——不是消除了矛盾而是由于它们——如何保存、再生产和发展自
身。因此，我们可以说：资本是一种社会关系，这种关系被分割成相互统
一又相互对立的两极。一方面，存在一个转让社会生产资料的社会阶层；
另一方面，存在一个以他的劳动为生的社会阶层。在这一过程的第一个
行为中，拥有者通过将生产资料转化为"不变资本"和将劳动力转化为
"可变资本"来购买生产资料和劳动力。剩余价值产生于这种特殊的结
合。货币资本循环——一个价值与价值的私人关系、这种通过生产同一
的价值的自我调节，不仅是个体资本增长的过程，而且是赋予资本一种可
持续特征的状态。不仅是"父亲"产生了"儿子"，也是"儿子"成为了"父
亲"，以便同样的过程能够长存。

因此，资本和它的矛盾已经出现在一种概念发展形式中。资本是一
个遵从对立的结构性和相互连贯的整体。其中最显著的矛盾是生产与流
通、社会阶层之间的矛盾。这一整体能够改变和生产新的和特殊的内容。
在这种内容中，那种同样的、暂时性软弱的矛盾将会以一种修正过的形式
重新出现。在资本主义的普遍"法则"和特殊表现形式之间，不存在难以
超越的矛盾，它们是一种必要的关系。资本并不是一种装满特定内容的
空白形式，而是一种通过内在合目的性、概念和实在的一致性运动而达至
的活生生的主体/客体，这同时也是两极之间不断紧张的关系——时而突
出（结构性危机），时而衰减。

---

① 这些讨论为它们自身提供了不同的解释。因此，第一个过程表明思想有生产自身足够
的能力。理念被呈现为一种主体/客体，一种"内在性"和一种"外在性"（这两个术语在其它文
本中的运用广受马克思的欢迎：基础或经济基础和上层建筑），它们互相合作和交流以便整体能
够再生产自身。第二个过程表明：外在的概念化（客体是外在于思想的）——在它自身内它什么
也不是，是在断裂的思考形式中成为主观，人们或者可以说是在理性的好奇的形式中。这样，理
念就处于运动中，并且由于它自身而对外"开放"。最后，第三个过程表述了这样一个事实：理念
不仅是一个开放的整体，而且还是一个完整的整体，因为它内在的矛盾并没有破坏它。相反，它
们（矛盾）被不断克服却永恒存在，因此理念是一个没有终点的过程，在此过程中它破坏它所经
过的阶段却不破坏它本身。

辩证法是晦暗的术语,并且我们不再确切知道它是什么。据黑格尔所说:"理念自身就是辩证法。"①它是以严谨和矛盾为标志的生命,而非实在的一种暴力和虚伪的再生产。与其它已知的方法相比较而言,它有相当大的优势。恰恰因为这种辩证法是可预期的,所以它是"进化论的"。马克思并没有将黑格尔"颠倒过来"。在他的晚期,马克思认为,他仅仅把黑格尔从他神秘的和理论的"模糊性"中给解放了出来。马克思做的远非这些,因为纯粹的逻辑不能与它可能的应用不相关。

12.6 备注

丹尼斯(Denis)是将我们的注意力引导到生命的三段论与资本关系问题上的第一人。我们的分析在很大程度上应该归功于他的著作。然而《黑格尔的逻辑学和经济体系》(*Hegelian Logic and Economic Systems*)②的读者将会注意到,我们在用一种不同的方式建立生命过程与资本过程的关系。

确定黑格尔那里的三段论的形式与我们上述所考察的三个过程相关,并非易事。除了在《哲学科学全书纲要》的§342 中,黑格尔本身也没有详细讨论与每一个过程相关的推论形式。但是这一例外太粗略并太具有争议。

在上述那本书中,形式地确定黑格尔三段论过程的困难在于丹尼斯关于资本循环的分析所存在的开端性错误。通过将自身主要地置于这一例外(§342)的基础上,丹尼斯认为"类属过程"与生产资本循环相一致,而"形态"过程与货币资本循环相一致。问题存在于此:丹尼斯没有将马

---

① Hegel,1991b,p.289;Hegel,1970e,p.371. 中文参见[德]黑格尔:《小逻辑》,贺麟译,商务印书馆,1996 年,第401 页。——译者注

② Denis,1984.

克思和黑格尔的每一个过程的"职能"规定性作为他的起点,而是将他所认为的之后为了解释资本循环的黑格尔的形式规定性作为起点。我们并没有发现使得马克思和黑格尔的过程/推论必须形式地相关的原因。例如,无论黑格尔的"形态"过程/推论是哪一种形式,哲学家都向我们展现了有机体通过重建它自身内部器官而保持自身的能力。这恰恰如同发生在生产资本循环中一样。

在他的著作《黑格尔:政治思想家》(*Hegel:Political Thinker*)中,丹尼斯认为,在先前著作中他集中在黑格尔有机体的组织形式问题上是错误的。在这部著作中,丹尼斯将"形态"推论呈现为一种"反身类型"(reflexive kind)的推论,或者 U—P—S 类型。在之后的一部著作中,他纠正了这种错误:"在现实中,对我们来说似乎是:今天人们不能质疑黑格尔那里的形态推论是一种'直观的' EBA(SPU 的德文首字母)的推论或 S—P—U 类型。"①

然而人们不可能误解这些推论中的一个而不至于再误解另外一个,因为这些推论构成了一个体系(同样的术语作为中间环节不可能出现两次)。的确,丹尼斯详细地批判了三个推论中的一个,但也同样校正了其它两个。因此,他在他最近一部著作中认为:"形态"推论是 S—P—U 类型的推论,"同化"推论是 U—S—P 类型的,而最后的"类属过程"推论则是 P—U—S 类型的。因此,他在这部著作中所提出的正式组织(formal organisation)与他先前著作中所提出的不同。

在他的最近著作《黑格尔:政治思想家》②中,丹尼斯仅仅将很少的篇章投入到马克思的循环和黑格尔有生命之物的推论中。无论如何,这部著作中黑格尔有机体的过程和资本职能之间的职能性相关是以与先前著作中相同的方式建立的。但是这并不意味着现在丹尼斯对推论职能的强

---

① Denis,1989,p. 214.
② Denis,1989,pp. 201 – 203,p. 214.

调超越和位于它们的形式之上。他确认了生产过程与普遍的一致、货币与个别的一致。因此,黑格尔和马克思那里的推论被认为既是职能相关的,同样又是形式相关的(在任何情况下都与中间环节有关,但后者才是最重要的,且并非处于极端的位置),但是这却是以矛盾的承认为代价而达到的:货币并没有被认为是推论具体的普遍,而被认为是它自身的个别。

我们并不来看这一点如何才能被接受。[①] 普遍是"直接简单的自我关系,即灵魂——灵魂到处弥漫于它的肉体内"[②]。资本同它自身的简单关系仅仅是它的价值由货币来表示。无论资本的哪一种形式——商品、生产、货币,它与它自身的关系都是通过货币建立的:当资本出现在生产或商品形式中的时候,货币出现在帐户(account)中,因此建立了资本不同部分的统一。因此,在每一时刻,资本都是由特定的货币价值来表示的。的确,微不足道却又值得注意的是:作为简单统一的资本并不是 X 机器、Y 原材料、Z 商品以及其它,而是价值,也是货币。这样,难道他不是排除了一个错误又犯了另一个错误吗?

对于黑格尔来说,重要的是基于逻辑的和有效的理念的系统的一致性。它是一种人们能够在马克思资本的三个过程中找到的一致性,无论"总结"和"凝练"出两位作者思想的这些推论的"形式"差异是什么。

[①] 丹尼斯认为劳动价值理论是完全错误的,并且和资本有机理论是矛盾的,例如,马克思以黑格尔为他的起点来呈现它。这样,马克思的经济学从开始到结尾都处于矛盾之中:要么价值是劳动,要么资本是生命。在这部著作中,我们却要尝试呈现与此相反的,即马克思的价值理论如同他有机体理论一样是能够得到很好辩护的,这"两个"理论远非处于矛盾之中,而是构成一个有助于理解我们社会的单个统一。

[②] Hegel,1991b,p.292;Hegel,1970e,p.375. 中文参见[德]黑格尔:《小逻辑》,贺麟译,商务印书馆,1996 年,第406 页。——译者注

第二篇　资本的周转时间

第十三章

价值，真正的财富和流通时间

《资本论》第二卷第一篇的第五章和第六章分别以"流通时间"和"流通费用"来命名。① 然而流通时间包括一部分的资本周转时间，并且人们惊讶地发现：它出现在第一部分而不是第二部分，尽管后一部分确实被命名为"资本周转"。

但是我们相信人们能够理解为什么这一章出现在第一篇中。实质上，这一章提供了价值和资本转化之间关系的细节。这一关系的更多细节在"流通费用"一章得到分析。不过，这些细节是以流通和生产时间的界定为前提的。这就是为什么我们更愿意在资本周转的框架内对它们进行考察的原因。

为了讨论的方便，我们暂且假定资本是骤然转变的，而商品是以它们的价值被出售。

资本的流通时间包括两个阶段，而它就是这两个阶段的相加：为了生产过程而进行的商品购买阶段和出售生产的商品的阶段。

资本同样也在生产领域耗费时间。马克思称此为"生产时间"。它

---

① 《马克思恩格斯全集》(第四十五卷)，人民出版社，2003 年，第 138～145、146～170 页。

一般要大于工作时间,因为它同样也包括工作中断的休息时间,以及生产领域中作为可获得资料的生产资料在进入生产性消费之前出现的阶段。因此,生产时间就是这样一个时间段:在该段时间内,生产资料以一种积极的方式、一种消极的方式(生产过程中断期间)和潜在(作为原料)的方式发挥作用。以这种方式来界定,生产时间就是生产资料的生命时间。

更为重要的是,由于它们的自然特征(例如,酒),特定的使用价值需要在生产过程和生产领域消耗比花费在它们生产过程的工作时间更多的时间,即便人们假定每一天的工作时间是 24 小时。一个特定商品生产的必要时间是它们的生产时间。因此,我们看到生产时间的概念并不仅仅指生产资料的生命时间。更确切地说,它是一个对于决定生产资本的周转时间和生产的周转时间都十分必要的概念。我们将在第十五章重新回到这一点。

马克思详细说明:生产资料将自身的交换价值转移到产品中,这不仅发生在工作时间之内,而且更普遍地存在于生产时间之内。这是因为,生产资料在生产过程中断的时候同样失去了使用价值。当然,人们可以假定这种使用价值的失去不大于社会常态下的失去。在工作时间中断期间,生产资本是在不增加任何新价值的情况下将它的价值转移到产品上去的。因此,在最有利的情况下,这是一种零和游戏,对于资本主义而言,"消极的"资本主义生产构成了一种价值无用的增长。资本延长工作日和尽可能地清除劳动过程中断的内在趋势,就起源于这种考虑。很明显的是,夜班和假日轮班越普遍地推广,工作时间的扩展就越超越对于每一个单个资本来说是外在和强迫必要的工作日的自然限制。

资本周转是生产时间和流通时间的总和。对于特定的周转时间而言,生产时间越长,流通时间就越短;反之亦然。因此,对资本而言,流通时间构成了一种"时间的损失"。这是因为,为了不使价格稳定,资本价值在这一阶段改变了形式。

这种假定——根据资本的形式是作为突然暂时性事物出现的,在没有歪曲它的结果的前提下成功地简化了我们的讨论。我们用不着作出这样的假定,就能够随时继续前行。资本在三个循环过程的同时展开使得价值必须分割成参加在生产领域的价值和参加在流通领域的价值。对于一定量的价值而言,拨到生产领域的价值越多,留给流通领域的就越少;反之亦然。后者是流通时间的职能。这一部分的时间越大,涉及流通中的价值就会越大。我们先前以"时间的损失"来描述其特征的东西,现在作为生产性投入的"价值的损失"出现。人们在时间上所节省的,正是在质量上所失去的。这可以由非常简单的数学术语来表达。

设定周转时间(T_{turn})将会持续 1 年对于这一环节而言是足够的,这样生产时间和流通时间将会小于或等于 1。作为一种流通时间的职能(ct),能够用作生产性投入的最大价值(V_{prod})可以写作:$V_{prod}(ct) = Va - (Va.ct)$。$Va$ 代表预付资本价值的总和。如果 $ct = 0$(第一个极端情况),那么预付资本价值的总和都能够用作生产性投入;如果 $ct = 1$(第二个极端情况,也就是一种纯粹的商品资本),那么 $V_{prod}(ct) = 0$。显然,生产性投入的价值能够用一种生产时间的职能(pt)来表示。在这种情况下,我们可以得到如下公式:$V_{prod}(pt) = Va.pt$。如果 $pt = 1$(1 年),那么 $V_{prod}(pt) = Va$;如果 $pt = 0$,那么 $V_{prod}(pt) = 0$。当然,不存在任何理由使得周转时间等于 1。但是上述公式对于呈现它们纯粹形态上的价值部分和周转时间部分的相互依赖关系是十分有利的。每一周转时间都可以用如下的公式来呈现:$V_{prod}(ct) = Va - (va.ct/T_{turn})$ 和 $V_{prod}(pt) = Va.pt/T_{turn}$。

马克思利用这些简单的观察来解释特定意识和表征(representation)的现象。马克思认为,流通时间对于价值增殖的消极影响既不能由经济代理人也不能由经济学家来理解,因为这种影响仿佛是积极的:"但是政治经济学看到的是表面的现象,也就是流通时间对资本增殖过程的作用。

它把这种消极的作用理解为积极的作用,因为这种作用的结果是积极的。"①

贯穿于这部著作的这个事实——资本论是一种"批判",包含了马克思处理高技术性质问题的时刻,例如"流通时间"和"生产时间"。但是为什么流通时间的结果是积极的呢?马克思提到了几个原因,例如,价格形成机制,第三卷处理的主题。让我们仅仅暂时注意:流通时间在利润的流通中作为一个积极因素出现,是因为对于"流通时间不同的各种投资领域的资本来说,较长的流通时间成了价格提高的原因"②。

另一方面,特定的经济行为对于价值的增殖有一种积极的影响,尽管这种影响似乎是消极的。这就是运输业的情况——仅仅提供最具代表性的例子,它在马克思那里是一种生产性投入,是生产价值和剩余价值的行业。潜在的疑惑起源于这样一个事实:一方面,运输并不生产物质的使用价值;另一方面,它对于被运输物的使用价值的影响是零或者是消极的。

"生产时间/流通时间"这一对术语与"生产劳动/非生产劳动"这一对术语相关。首先,非生产劳动概念似乎与一般意义上的财富生产相关,而结果就是,它能够永恒地出现。但是正如我们之后将会看到的,这一概念在资本主义生产方式中带有更多详细的规定性。就拿古代印度公社中的簿记实践来说,马克思写道:

> 在那里,簿记已经独立为一个公社官员的专职,这种分工节约了时间、劳力和开支。但是,生产和记载生产的簿记,终究是两回事,就像给船装货和装货单是两回事一样。充当记账员的那一部分公社劳动力,是从生产中抽出来的。他执行职能所需的各种费用,不是由他自己的劳动来补偿,而是由公社产品的扣除来补偿。③

①② 《马克思恩格斯全集》(第四十五卷),人民出版社,2003 年,第 142 页。
③ 《马克思恩格斯全集》(第四十五卷),人民出版社,2003 年,第 151 页注释 12。

因此,簿记劳动是非生产性的,尽管它为社会所必需,因为它对于真正财富的创造没有任何贡献。非生产性劳动的时间越长和这种必须的行为越多,从事生产的时间就越短。

区分非生产性和生产性劳动的困难,首先是必须处理真正财富(real wealth)的规定性。在马克思那里,真正的财富是一种可能满足人们任何需要的客体。它是生产性的或个别的消费客体的添加。与使用价值不同,它不一定必须是物质客体。无论何种社会形式的通信产业,都生产非物质的"使用价值",或者用马克思的术语来说——"效用"(useful effects)。运输业所生产的运输是没有任何物质性东西在其中的:

> 但是运输业所出售的东西,就是场所的变动本身。它产生的效用,是和运输过程即运输业的生产过程不可分离地结合在一起的。旅客和货物是和运输工具一起运行的,而运输工具的运行,它的场所变动,也就是它所进行的生产过程。这种效用只能在生产过程中被消费……但是这种效用的交换价值,和任何其他商品的交换价值一样,都是由其中消耗的生产要素(劳动力和生产资料)的价值加上运输工人的剩余劳动所创造的剩余价值决定的。①

因此,在术语的严格意义上,我们这里所使用的生产是一种"使用价值"的创造,甚至是一种非物质的。从一种人类学的视角,这种评注足以将任何运输行为的特征界定为"生产性"。从这种观点来看,不仅是运输,而且更一般地来说,任何与图形、声音、信息、知识等的传递有关的行为,都属于生产劳动的范畴,尽管不在物质客体生产中。例如,虽然它不涉及一个物质的微粒,但作为知识传递的教育是生产性的。让我们顺便注意马克思上述部分提及的"服务"。他详细说明:他所使用的"运输"这

---

① 《马克思恩格斯全集》(第四十五卷),人民出版社,2003年,第65页。

一术语,同样意味着"消息、书信、电报等等的传递"①。

就纯粹形式而已,教育传播知识,但它却不生产知识;同理,运输业生产运输,而不是空间。因此,知识、图像、声音、信息等的生产不能被降至于它传递的问题上。只要信息被考虑进来,事情就相对简单了。很明显的是,一件政治事件的产生并不是世界经济意义上的生产。更一般地说,"社会冲突""短的新闻条目"等,显然是与财富生产过程完全不同的事物。但是知识、图像、艺术工作(当然包括乐曲)、文学等的生产似乎包括生产性劳动,尽管这些不是必需品(necessarily commodities)(因为它们并不总是可再生的)。因此,我们就遇到人类学推理向我们提出的问题。乐曲、文学或知识的生产对谁而言是生产性的? 它们对人类而言当然是生产性的,但对资本而言却并不是必要的。对于一个被资本所充斥的社会而言,生产性东西仅仅是那些能够直接满足价值循环"需要"的东西。这就是为什么马克思如此写道:

> 因为资本主义生产的直接目的和真正产物是剩余价值,所以只有直接生产剩余价值的劳动是生产劳动,只有拥有直接生产剩余价值劳动能力的行使者是生产工人,就是说,只有直接在生产过程中为了资本的价值增殖而消费的劳动才是生产劳动。② 这就是为什么当提及资本主义运输活动时,除了谈及它的有用效果之外,马克思还详细说明了后者产生价值和剩余价值。

正如纳德尔(Nadel)所正确观察到的那样:"从资本的视角来看,两种表面上具有相同内容的'具体'劳动可能不都是生产劳动。最'简单'的例子是:一位教员,当他受雇于资本家进行一场私人授课时,是生产性的,

---

① 《马克思恩格斯全集》(第四十五卷),人民出版社,2003 年,第 64 页。
② 《马克思恩格斯文集》(第八卷),人民出版社,2009 年,第 520 页。

但是,如果他作为收税员付出了同资本家那笔相等的收入,则不是生产性的。这同样适用于任何非物质性的活动(服务)。"①

因此,在资本主义生产方式(model)中,这种活动中很重要的一部分是非生产性的。这是因为这些活动并不生产剩余价值。然而存在一种商业性的"文学"生产,它产生价值和剩余价值,并且它的经济权重十分重要。厄内思特·曼德尔(Ernest Mandel)在一部关于劣质犯罪小说——其中的每一件事都根据可预言的模式发生,就如同纺织产业的商品在时时适合与时尚变化中被不断地再生产出来——的著作②中进行了证明。与此相似,在受利润动机支配的图像和声音的运输、生产领域,这些部门的工人同样执行一种生产性活动。

如果财富的物质性不是区分生产性和非生产性劳动的原则,那么对于资本来说何种劳动力能够准确包含非生产性劳动呢?这一问题足以通过询问何种劳动在不直接参与剩余价值生产的情况下产生使用价值/有用效果来回答。那些耗费在流通时间(the temporality of circulation)中的劳动并不生产剩余价值,尽管它间接地有助于剩余价值的生产。如同图书保管员的劳动、银行业、证券交易所、广告、商业和保险中的劳动,都是非生产性劳动的典型例子。这些活动伴随财富和剩余价值的生产,却并非有助于它们的创造。

保险活动的任务是分配损失,而不是取代它们。它将"索赔"分配在社会劳动或使用价值/有用效果上,而不参与它们的创造。无论它们的社会必要性是什么,它们并不有助于生产性的或个别的消费客体的创造,或剩余价值的生产。广告的任务是为了流通时间的减少,以及由于前者所导致的生产时间的增加。单个资本流通时间的减少常常是与其它资本同样时间的扩张相伴随的。对于某一个来说是积极效果的,对于其它则是

---

① Nadel,1983,p.179.
② Mandel,1985.

消极效果。广告不仅无助于剩余价值和财富的创造,而且也不包括社会资本纯粹时间损失的任何有用的社会效果。

考察证券交易活动是毫无用处的。显然,它在任何意义上都对剩余价值的生产没有帮助。

银行和保险企业通过社会劳动来重新分配和保护这些"索赔",却无助于资本主义财富的增加。银行同样抱着促进经济流通的目的生产确定的物质性客体(信用卡、支票本、中央银行产生货币票据,归结起来就是价值符号)。这些客体是为了发生在流通领域中的消费,而不是为了生产性消费。国库生产金属钱币,但是致力于它们生产的劳动却是非生产性的。

我们常常谈及一种"纯粹商业的资本"。是时候阐明"纯粹"一词的含义了。某些由所谓"商业资本"所执行的活动的确代表了隐藏在一种流通形式中的生产活动。例如,对于任何旨在保持商品在流通中的劳动而言,情况都是如此。这种劳动可以被认为是一种"运输"活动,产生使用价值和交换价值的暂时性"转移"。可变资本和不变资本(房屋、仓库、贮藏柜、冷藏库、暖气设备等)对于这一活动是必要的。保存劳动因此就是生产性的,假若它来自于保存自身的必要而不仅仅是商家将他的商品转化成货币的需要。当存储变成"反常的",也即当它超越了社会(资本的社会)为了在市场上发现它所需要的充分质量的商品所需要的程度时,商品的保存就变成了一种纯粹"形式"(formal)的活动。因此,纯粹商业资本是那种唯一目的是交换形式——货币向商品的转换,反之亦然——的资本。事实是:商品的转换和它们的出售实际上常常是两种时空不可分离的活动,而没有清除它们经济本性的异质性。

马克思称之为"错误的生产消耗"的东西源自于一种非生产性活动的框架中,或者如果人们愿意的话,也可以是经济流通的暂时性中的劳动力和不变资本消费的消耗。因为这种区分生产性劳动和非生产性劳动的标准是基于社会剩余价值的概念,所以这种区分既不是永恒的也不是普遍的,尽管马克思的一些讨论拥有更为一般的视野。

在一种公共经济中并不存在商业资本,或者在任何情况下,它的经济权重都是薄弱的。然而存在一种来自于公共生产而必须进入个体消费的使用价值/有用效果的流通。在财富的生产时间和流通时间的区分不是资本主义生产方式的特定特征(specific characteristic)的范围内,生产劳动和非生产劳动的区分仍是有效的。无论它的形式如何,一个社会的真正经济财富是一种客体(既包括物质性的又包括非物质性的)的职能,它富有成果地和单独地进行生产和消费,而不是那种处于和为了经济流通的生产和消费。

非生产性或非直接生产性劳动概念与它的社会必要性毫无关系。会计、保险公司、银行、广告和商业行为等,对于资本主义生产来说是必要的,同时是非生产性的。难道不是所有这些同种类型的活动——在我们的分析中不产生任何有用效果或"剩余价值"(银行的利润以及与此相同的),如同那些产业活动一样生产非物质性的使用价值吗?它们当然产生一种有用的效果,尽管它们使自身区别丁那些有助于严格术语意义上的财富的创造和剩余价值的生产。对于这些活动而言,必要劳动时间越多,留下用于满足社会需要的就越少,包括以资本的最基本的形式出现的"社会需要"。这些活动的有用效果在涉及社会需要满足的颠倒关系中被发现,尽管与此相反,商品/使用价值/有用效果的生产与后者是一种直接的关系。例如,广告和商业活动的有用效果是花费在售卖商品上的时间的减少。这种减少对于生产时间的扩张是一个必要条件,因此对于大多数剩余价值的增长也是一个必要条件,但它是不充分的。人们在售卖时间上节约的,可以用来贮藏,甚至可以进行非生产性消费。社会财富连单单的1便士也不会增加。人们在售卖时间上节约的东西并不会直接处于价值增殖的起源上。与节约的流通时间相关的价值量是单独被消费的,流通时间的减少能够在没有任何生产性投入价值增加的情况下发生。换言之,一般意义上的财富和特殊意义上的剩余价值的增加不是因为流通时间的减少,而是因为生产时间的增加。

由于非生产性劳动在一般意义上并不生产真正的财富——交换价值,那么在资本主义框架内,曾经留下的便是这种被否定了的财富——它既不能生产价值也不能生产剩余价值:"它们必须在一定时间内变换它们的旧的使用形式,以便在一种新的使用形式上继续存在。交换价值只有通过使用价值的躯体的不断更新才能够保存自己。"①"一般的规律是:一切只是由商品的形式转化而产生的流通费用,都不会把价值追加到商品上。"②

当死劳动(物质——"不变资本")和活劳动("可变资本")进入到流通的暂时性(temporality)中的时候,它们并没有在商品上增加任何价值,因为它们并非有助于一般意义上的财富的创造,并且甚至有损于资产阶级财富的创造。

当我们考察本研究第一部分中的简单流通时,我们观察到一种商业资本的 G－W－G′循环是与简单流通的规律相矛盾的。分开来看,G－W 和 W－G 成为简单流通框架的部分,并且 G 和 G′在价值方面的差异仍然没有给予解释。伴随着非生产性劳动概念的介绍,这种困难便能够被克服了。

商家以它们的价值出售购买的商品,但却以低于这种价值的价格购买商品。这与我们先前在第六章所写的内容相矛盾:"现在人们必须承认:买者拥有以低于它的价值的价格购买同样商品的特权。显然,他作为买者所节省的东西,正是他作为卖者所失去的。"

事实上,如果买者普遍地喜欢这样的特权,他作为卖者将会失去它。但是商家不是这样的买者。他利用产业资本所生产的一部分剩余价值,

---

① 《马克思恩格斯全集》(第四十五卷),人民出版社,2003 年,第 145 页。
② 《马克思恩格斯全集》(第四十五卷),人民出版社,2003 年,第 167 页。

来交换他提供给产业资本的非生产性服务(即它的流通时间的减少)。这就是作为买者的商家的特定特权的来源。产业资本——需要提醒读者的是,在马克思那里并不是生产资本,而是其基本形式上的资本,也就是说,它的三种循环的统一——以它们的价值出售和购买商品。这并没有阻止商业资本——来源于产业资本并且是它一种职能的化身——参与到剩余价值的消费却无助于它的生产。资本的三种形式似乎是自治的,但任何一种就它们自身而言都不是充足的和可以理解的。

总之,我们因此可以说,生产性劳动和非生产性劳动的区分并不植根于外在的标准——例如,从使用价值或产品的物质性、商品的社会客观必要性等——而是植根于内在于资本有机体的时间标准。无论它们的社会必要性如何,特定的经济活动都代表资本主义社会的一种"时间的浪费"(loss of time),因为它们无助于价值增殖的社会过程。

一种民主的计划的经济不可能使得每一种形式的劳动都是生产性的,但是它能够扩大生产性劳动活动的范围,将其从特定的资本主义标准中释放出来。

第十四章

周转时间与固定和流动资本

正如我们注意到的，一个既定资本的周转时间是它的生产和流通时间的总和。更为重要的是，周转的概念暗含着流通的重复："资本的循环，不是被当作孤立的过程，而是被当作周期性的过程时，叫作资本的周转。"[1]

因此，周转时间就是这样的周期：在这个周期内，资本为了以与开始相同的职能结束而履行了它各种各样的职能。如果我们假定周转时间是已知的，那么很容易以时间为计量单位预测出同一资本的周转次数。例如，如果 Tturn 代表周转时间，n 代表周转次数，而 R 代表计量单位——一年，那么我们可得到如下关系：$n = R/Tturn$。

如果商品的出售时间和生产资料的购买时间似乎并没有呈现任何特殊的理论上的困难（我们将会在第十五章看到，购买时间是一个更为复杂的概念），那么同样的就不适用于资本的生产时间。生产时间如何能够被计算出来呢？生产资本的机体——不变和可变资本［它们是线性时间（linear temporality）的组成部分］——是两个对于回答这一问题并不十分有用的概念。

---

[1] 《马克思恩格斯全集》（第四十五卷），人民出版社，2003 年，第 174 页。

内在于不变资本的周转模式，并非均匀的或同质的。这种非均匀性来源于生产资本的价值部分向商品转移的模式（mode）。生产资本特定部分的价值仅仅部分转移到了生产的商品中。一部分的机器、建筑等的价值逐渐转移到（伴随着它们使用价值的磨损和撕毁）产品上，并且作为生产的商品中的价值进行流通。同时，同样价值的其它部分仍然附着在这些生产相同部分的使用价值上。这些部分将会继续参加到新商品的生产中。固定资本以这种明确的周转模式为特征，并且必须参与到任何商品的几个生产周期中。

正如我们在先前章节中所看到的，商品的生产时间起始于生产过程，而结束于当这一过程的预期效果被吸收后，也即当产品以商品形式离开这一过程的时刻。如果一架飞机的生产需要 4 个月的时间耗费在生产领域，那么它的生产周期便是四个月。不同商品的生产周期非常不同。这些周期对于一些商品是用年来计算，其它的是以月，其它的还要以天甚至是小时。例如，面包则属于最后这一类。当然，这种商品的生产周期并不是一个单位面包的生产周期，而是一个生产单位的生产周期：人们总是生产商品特定类型的既定的数量。这种数量是由投入到生产过程的专门的（technical）原料所规定的。

一个生产部分的固定程度依据于它的寿命，也就是说，依据于它生产消耗的速度，但是它生命的这种长度却不是马克思所称的"固定资本"和"流动资本"之间区分的标准。只有周转模式决定资本的本性。

流动资本是那种它的全部价值转移到生产的产品并与之一起流通的资本。大多数未加工的和辅助的原料，以及可变资本，都属于这一范畴。可以说，固定资本的价值导致一种双重存在：它的一部分仍然停留在生产领域，附着在使用价值上，在这一领域扮演着生产资料的角色；而同样价值的其它部分被转移到商品和货币上，并与它们一起流通。流动资本表现的完全不同：它的全部价值仍然附着在生产过程上，一旦这一过程的产品被生产,之后便伴随着生产商品的流通并重新回到货币上。

一般说来,未加工的和辅助的原料处于流动资本的范畴内。这并非全错,因为未加工的原料的周转几乎总是流动资本的周转。但是需要注意的是,这样的东西既不是固定资本,也不是流动资本。它们的自然属性与它们的经济规定性无关。如果它的周转模式是固定资本的周转模式,那么一种未加工的原料便能够在理论上和实践上作为固定资本来履行职能。一些用于农业的未加工的原料(例如,土壤或果树治理),并且它们对一些收成(several harvests)是充分的,那就是固定资本。它们的使用价值逐渐退化。它们价值中的一部分伴随商品流通,而另外部分仍然被束缚在生产领域。

马克思是第一个介绍一种符合资本本性的固定资本和流动资本之间合理区分的经济学家。他提到,经济学家将生产资本的物质性质——例如,它们的物质固定性——视为固定资本的直接性质,"好像那些就本身说根本不是资本,只是在一定社会关系内才成为资本的东西,可以说他们具有一定形式的资本——固定资本或流动资本"①。只有价值的流动模式,它的经济学流动模式,才决定资本的本性。

在许多生产活动中,流动资本的某些部分固定在生产领域以充足的数量来满足另外一个或几个的生产周期。但是这种流通资本的剩余或储存并非如价值或使用价值与生产的商品一起流通,因为它并不构成讨论中的生产周期的一个有效的部分。在生产周期中,有效的流动资本的使用价值被完全消耗了,以便商品的使用价值能够被生产出来。总是"另外的"(another)流动资本有效地参与到生产周期中——从它使用价值的观点看与从它价值的观点看差不多一样——然而例如同样的机器却有效地参与了几个生产周期。换言之,固定资本的周转时间必须包含几个流动资本的周转。

---

① 《马克思恩格斯全集》(第四十五卷),人民出版社,2003 年,第 180 页。

因此,我们看到,固定和流动资本的范畴是一个周期时间性(temporality)的组成部分。这两个概念仅仅属于资本的生产领域——因为只有生产资本才能够是固定的或流动的——但是它们是生产资本的范畴,因为生产资本是资本的总流通或它的周转的一个环节。马克思不再在独立于生产之外的严格意义上考察流通,或者独立于后者之外考察前者,反而视两者为资本循环相互区别又统一的环节。与固定和流动资本范畴相关的价值流通模式必须被添加到只与价值增殖模式相关的不变和可变资本范畴中。这两个系列的范畴都仅仅与生产资本相关,并且成为两种不同时间(temporalities)的部分。

资本中固定和流动或不稳定部分的周转时间代表了不同的持续时间。但是固定资本的不同部分同样有不同的周转时间。一些机器的磨损要快于其它机器,而建筑在一般意义上的退化要比机器更慢。为了知道预付资本的周转时间,也就是投入到生产资本中去的最初的货币资本返回到它最初形式(富含剩余价值)的必要间距,人们必须算出周转的平均持续时间。这是很简单的。固定资本不同部分的价值和平均消耗的流动资本的价值,必须首先算出米。为了算出这个价值,通过资本每一部分(1,2,……n)的周转次数(R/Tturn)与它的最初价值(V)相乘便足够了,并且将所得到的价值以这种方式相加:

$$(V1 \cdot R/Tturn1) + (V2 \cdot R/Tturn2) + \cdots (Vn \cdot R/Tturnn) = Vc$$
(平均消耗的价值)

预付资本的平均(加权)周转时间(Tturn)现在可以计算出来了。它等于预付价值(Va)除以平均消耗的价值(Vc):

$$Tturn = \frac{Va}{Vc} = \frac{Va}{(V1 \cdot R/Tturn1) + (V2 \cdot R/Tturn2) + \cdots (Vn \cdot R/Tturnn)}(R=1)$$

马克思自身从来没有呈现这一公式。然而这一公式就是《资本论》

第二卷中被冠以"预付资本的总周转。周转的周期"①第九章所介绍的一个算术例子的简单"转化"。然而资本周转又呈现出一些其它的问题，而这我们将会在下一章中予以考察（参见15.2部分）。

资本购买劳动力，而不是已经发挥过职能的可变资本的价值。资本平均周转时间内生产的剩余价值并不影响这一时间的计算方式。在这一周转时间的终点，不仅是货币资本回到它最初的形式，而且它是富含与剩余价值相关的一些额外的价值回报。一切事情都发生在货币资本的循环（G…etc…G′）之中，但现在 G 和 G′之间的间隔被规定为固定资本和流动资本的平均周转时间，也即投入到生产中的最初价值的不同部分的周转的平均持续时间。

伴随着周转概念的引入，没有什么比计算出年剩余价值率或历时（diachronic）剩余价值率更容易的了。知道流动资本的周转时间（Tturn）以及共时（synchronic）的剥削率变量（s/v）便足够了。剩余价值历时率便由下列公式给出：s/（Tturn · v）。例如，如果为了每天生产 100 法郎的剩余价值，100 法郎的可变资本需要被消耗，那么共时的剥削率就是 100%。如果流动资本的周转时间是 6 个月，那么年剩余价值率就是：s/（Tturn · v）= 100/（100 · 0.5），或 200%。

资本的历时剩余价值率现在可以被严格地计算出来。我们知道共时的增殖率的公式（pr）。如果人们知道一个特定时间段内消耗的不变资本（c）和可变资本（v）各自生产的剩余价值，那么人们能够计算出共时的增殖率：pr = s/（c + v）。计算出共时增殖率或年增殖率，便足以知道资本的平均周转时间（Tturn）。这之所以是可能的是由于表明价值周转模式的是固定资本和流动资本概念。由于 Tturn = Va/Vc 或 Va = Tturn · Vc，接下来如果人们用一年内生产的剩余价值（s）除以一年内资本的生产消耗（c + v）并乘以它的平均周转时间（Tturn），人们便得到年增殖率：

---

① 《马克思恩格斯全集》（第四十五卷），人民出版社，2003 年，第 204 页。

$$Pr = \frac{S}{Va} = \frac{S}{Tturn(c+v)} \text{ 或 } Pr = \frac{s/v}{Tturn(c/v+1)}$$

由于 S/v 所暗含的一年内所生产的剩余价值涉及这一时期可变资本的消耗的关系,我们将会处理共时剥削率。因此,我们可以如下书写这一公式:

$$Pr = \frac{s/v}{Tturn(c/v+1)}$$

更重要的是,由于剩余价值的年度生产所涉及的不变资本与可变资本的年度消耗构成了共时的增殖率(pr),我们同样能够以下述方式来书写这一公式:

$$Pr = pr \cdot 1/Tturn \text{ 或 } Pr = pr/Tturn$$

因此,我们发现,可变资本与不变资本、固定资本与流动资本并不是由表面的互补关系连接起来的:我们并不是处理两对并列的概念,而是由于有机的联系而统一的两对概念。

平均周转时间的概念十分重要,因为这个时间是一个决定利润率的重要因素。但是必须注意的是:固定资本的真正周转时间在经济学上同样尤其具备相当可观的重要性。

固定资本的周转时间包含 n 个流动资本的周转时期。尽管货币资本的数量在每一个周转时期内都会波动,但它却是一个周期接着一个周期地增长。伴随着商品的出售,固定资本的价值逐渐地从它的生产形式转移到它的货币形式。在固定资本的周转时间即将结束的时候,必须存在足够量的货币资本以便替换掉固定资本。因此,在固定资本周转时期内,资本投入市场的价值要大于它从市场收回的价值。马克思称之为"准备金"的目的就在于固定资本的更换。资本只有在固定资本生命的终点才需要返回市场,在固定生产资料中,它所拥有的它的等量的"准备金"就是以这种方式积累的。

流动资本必须在一个短于固定资本的间隔内被自然地替换。社会固定劳动的重要部分的物理更替——这导致相当大的时间支出的集中,构成经济节奏(economic rhythms)的必要的解释要素。换言之,它是经济循环的起源:

> 可以认为,大工业中最有决定意义的部门的生命周期现在平均为 10 年。但是这里的问题不在于确切的数字。有一点是很清楚的:这种由一些互相联结的周转组成的长达若干年的周期(资本被它的固定组成部分束缚在这种周期之内),为周期性的危机造成了物质基础。在周期性的危机中,营业要依次通过松弛、中等活跃、急剧上升和危机这几个时期。①

事实上,资本主义积累并没有停止经济活动的加速和减速阶段交替出现的情况。在这个过程中,伴随不同的"调节方式"(modes of regulation)发生变化的,是固定部分的周转时间,而不是与循环上升和下降相关的这部分时间。我们将会在处理"阶段性危机"一章中(23 章)回到这一问题。

固定资本的周转时间并不是指一种纯粹的机器部分,而宁可说是指马克思所说的"固定资本的无形损耗"。这种无形损耗与盈利的标准相关。这些标准处于资本固定部分更替的起源上,以这种方式缩减它的有效生命。

因此,我们看到马克思明确承认的是,时间因素介入到价值的规定性中。这个因素并没有自然地破坏马克思的价值理论。资本的流通时间越长,生产性投入的价值就越少。流通时间扮演否定角色,是作为价值倍增节奏的限制。周转时间与资本增殖的节奏成反比。例如,如果在一段特定的时间内,同样的资本(所有构成部分保持一样)实现了两次周转而不

---

① 《马克思恩格斯全集》(第四十五卷),人民出版社,2003 年,第 207 页。

是先前的单次,那么它增殖的节奏将会是双倍的。

这种时间对于增殖节奏的影响,或者,不如说是由它所导致的困惑,是与某些对经典价值理论的批判和提出一种可供选择的理论的尝试相关。

因此,英国经济学家威廉姆·斯坦利·杰文斯(William Stanley Jevons)——一位新古典经济学的奠基者,在他1871年的著作《政治经济学原理》(*The Theory of Political Economy*)中认为,劳动不能成为价值的源泉。这是因为在劳动支出与商品出售之间存在一个有点长的时间间隔的介入:

> 事实是,劳动一经投下,即无影响于任何一物品的未来价值。那是过去了的,永远丧失了的。在商业上,过去的永远是过去的。我们每一瞬间皆参照未来的效用,重新判断诸物的价值。实业,在实质上便是预料的,不是回想的;任一事业的结果,亦难与发起人的初意恰好符合。①

因此,在杰文斯看来,寻求一种支撑被商业承认的价格的不同基础是毫无意义的。杰文斯认为他的论证足以驳斥古典经济学的基本规律,并且他转向了一种基于边际效用(marginal utility)概念的新理论的规划。他写道:"价值只定于最后效用程度。"②他界定了之后被称为"商品的价格与效用程度成正比关系的法则":$Ua/Ub = Pa/Pb$。根据杰文斯:"生产

———————

① Jevons,1970,p.186. 中文参见[英]斯坦利·杰文斯:《政治经济学原理》,郭大力译,商务印书馆,1984年,第130页。——译者注

② Jevons,1970,p.187. 中文参见[英]斯坦利·杰文斯:《政治经济学原理》,郭大力译,商务印书馆,1984年,第130页。——译者注

费决定供给,供给决定最后效用程度,最后效用程度决定价值。"①这种断言没有也不可能被证实,因为除了生产费用,社会需要也决定"供给"——任何特定供给商品类型的实物量。一种国家收入分配的修正可能导致特定商品供给量的修正,正如它们生产费用的一种上升或降低同样能够改变供给一样。

尽管十分混乱,但杰文斯发展的另一个有趣的观点,与时间在经济中扮演的角色有关。对于杰文斯而言,资本是由于为了生产出一个有用客体所需要的那些资料的总和构成。资本的用途是通过一种"迂回的"方式生产一种有用。所以他举例说到,在农业中采用一些器具而不是"我们自己的手指"②是十分有利的。杰文斯注意到,"迂回的"生产方式就是时间的消费。在这个时间,资本被投入了。当我们必须制造一个犁,"一个经用20年的犁,我们就在开始时把巨量的劳动资本化在犁中了。这种劳动亦须在20年内逐渐补偿,故其资本化的平均期间大约是十年"③。显然,这里所表达的观点尤为不清晰。杰文斯认为,如果我们将"交换频繁"和"劳动分割"④放置在一边,资本的所有用途包含在这样的事实中,在劳动过程的开始和它的目标(一种需要的满足)之间,一定量的时间发生了。这种时间的数量取决于资本的使用。

除了这种概论外,杰文斯还试图在他的分析中引入一种与公司的生产过程相关的更为精确的时间。这种时间既不是资本周转的时间,也不

① Jevons,1970,p.187. 中文参见[英]斯坦利·杰文斯:《政治经济学原理》,郭大力译,商务印书馆,1984年,第131页。——译者注

② Jevons,1970,p.227. 中文参见[英]斯坦利·杰文斯:《政治经济学原理》,郭大力译,商务印书馆,1984年,第169页。——译者注

③ Jevons,1970,p.228. 中文参见[英]斯坦利·杰文斯:《政治经济学原理》,郭大力译,商务印书馆,1984年,第170页。——译者注

④ Jevons,1970,p.229. 中文参见[英]斯坦利·杰文斯:《政治经济学原理》,郭大力译,商务印书馆,1984年,第171页。——译者注

是生产周转的时间,而是很难详细说明的媒介事物。① 因此,他说,5 年投资 1 英镑与 1 年投资 5 英镑,代表两种经济价值相等的投资。结果便是,只有在人们将时间而不是投资单位(我们假定这是磅)纳入考虑的范围时,投资的数量才能被严格地界定。但哪个时间必须被考虑进来呢? 这是资本第一个投资单位和商品最后出售所间隔的时间。②

对我们来说似乎是,杰文斯试图将固定资本引入他的分析,却并没有成功。③ 但如果我们将固定资本搁置一旁——这构成了杰文斯分析最薄弱的观点和众多问题的来源,我们能够跟随他进入到规定"利息率"的尝试中,也就是利润的比率。

假定公司成功投入到单位资本(units of capital)的生产中。投入得越大,第一次投入和最后商品出售之间的时间就越长。我们称这个时间为 t,而与它相关的产品为 Ft。t 越长,生产的数量越多。如果这个时间 t 扩展为 dt,那么产品将会是 F(t + dt),而额外增加的产品则是 F(t + dt) − Ft。如果我们现在用总产品(它被认为与投入的时间成正比)除以额外增加的产品,根据杰文斯,我们将会得到资本的利润率,他称之为"利息率"。杰文斯宣称:"换言之,资本的利息等于生产物的增加率除以全部生产物",这允许他总结出"利息率与资本化的时间成反比例。"④事实上,如果我们用总产品除额外增加的产品,我们将会发现,每一次我们将一个

---

① 杰文斯著作的奥地利(Austrian)翻译者奥托·温伯格(Otto Weinberger)指出:杰文斯在他的一个笔记本中解释到:"资本的概念必须包含时间的概念;因为,资本(作为规定价格的价值)是通过其效用来衡量的,这等于劳动的初始效用乘以由这种劳动力的效用消费所(必然)产生的时间";杰文斯,1923,p. xv. 但是这些言论对于清晰地表述几乎没有帮助,因为特定的效用而不是"劳动必须被考虑进来"。

② Jevons,1970,p. 232. 中文参见[英]斯坦利·杰文斯:《政治经济学原理》,郭大力译,商务印书馆,1984 年,第 173 页。——译者注

③ 杰文斯没有谈及固定资本,却谈及了机器。Jevons,1970,p. 232. 中文参见[英]斯坦利·杰文斯:《政治经济学原理》,郭大力译,商务印书馆,1984 年,第 174 页。——译者注

④ Jevons,1970,p. 241. 中文参见[英]斯坦利·杰文斯:《政治经济学原理》,郭大力译,商务印书馆,1984 年,第 182 页。——译者注

新阶段(dt)的产品增加到先前产品中,资本的返回是衰减的。结果便是,"每一种职业都会运用这许多资本,使现行的利息率刚好可以获得"①。商人更愿意将自己的资本借给其它公司,也不愿意在一个低于现行利润率的行业进行生产性投入。②

这个结论对于杰文斯来说非常重要,因为在他的路径中他并没有利用古典价值理论便规定了利润率。他宣称自己与这些经济学家(他援引亚当·斯密)——据他们所说,工资的增加直接影响利润率——不一致。杰文斯认为,"决定利息的"是劳动者参与"而取得的生产物加量",但它"与劳动者为此劳动所受的总报酬全无关系"。③ 这是因为利息率仅仅取决于 dt 期间增加的输出和用 t + dt 期间总输出除以前者所得两者之间的关系。④

但是这一争论是错误的。这里所考察的资本的边际返回假定了一个给定的利息率标准的水平,关于它,我们知道的唯一事情就是它存在。如果生产企业的利息率不接近于 0——让我们提醒读者,是杰文斯谈及返回的衰减——这是因为一个利息率的标准是假定的,位于它之下的前者是不会下降的。之后仍然需要解释的是,为什么这个标准是 5% 或 10%而不是 1000% 和为什么这个利息率周期性变化。杰文斯是以他宣称解决的问题的答案为前提的。

但是这不存在任何错误:这不包含一个真实部分,甚至在这部分是偶然的情况下。丹尼斯注意到:"杰文斯的分析表明,不是利息率(利润率,正如杰文斯所相信的)被决定的方式,而是公司运用大量资本的方式被用

①② Jevons,1970,p.240. 中文参见[英]斯坦利·杰文斯:《政治经济学原理》,郭大力译,商务印书馆,1984 年,第 181 页。——译者注

③ Jevons,1970,p.246. 中文参见[英]斯坦利·杰文斯:《政治经济学原理》,郭大力译,商务印书馆,1984 年,第 187 页。——译者注

④ 除此之外,马克思将还会说:离开了剥削率的增加或减少,利润率也可以增加或减少。但这是另一章。

来决定利息率的存在(我们可能说是平均利润)。"①

从历史的观点来看,杰文斯的争论是有趣的,因为它包含第一个运用经济学论据对古典政治经济学的彻底批判。奥古斯特·孔德(Auguste Comte)想要清除政治经济学而以社会学代之,因为据他所言,经济学家的形而上学和学者的争论是毫无意义的。② 如同一般意义上的"积极的科学",孔德的社会学宣称建基于直接事实观察的基础之上,并以建立它们之间的关系为宗旨,③以至于清除了那些永远不会聚集和毫无结果的分散的观点。但是杰文斯却拒绝了"隐藏"在市场可观察的偶然性事件背后的基础的逻辑,试图以一种经济-数学家的语言辨别这些事实背后的关系。④ 这是重要的,因为政治经济学"保守的"批判不可能提供无视严格经济学语言的享受,或中立性的数学语言的出现。在其中,孔德这位数学家是公开的敌人。⑤

杰文斯的一些观点随后被欧根·冯·庞巴维克(Eugen von Böhm-Bawerk)所采用,他是奥地利经济学家和奥地利帝国的财政部部长。

在他的《资本实证论》(*Positive Theory of Capital*)中,庞巴维克宣称纠正和扩展了杰文斯的理论贡献。让我们尝试着来详细说明这一理论的内容:"现在的物品通常比同一种类和同一数量的未来的物品更有价值。这

---

① Denis,1980,p.484.

② 关于孔德与古典经济学的关系,参见 Denis,1980,pp.457-574。

③ 孔德写道:"归结为一句话,我们智力活力的基本的革命性特征包含在任何方面的替换中,由于某种不确定的原因,包含在这种对法律、对存在于能够观察到的现象之间恒定关系的简单探求。无论我们是以震撼或庄严、以思想或道德处理最不重要或最重要的影响,我们只能真正了解属于他们完成的各种相互关系,而不会渗透到生产的奥秘。"(Comte,1979,pp.26-28.)

④ 他使用欧几里德(Euclidian)几何和微分微积分的某些基本概念。

⑤ 我们不确定杰文斯在何种程度上受到法国实证主义直接或间接的影响,也不知道他是否受到其他哲学"体系"的影响。新古典经济学家受到多种哲学传统的影响。例如,里昂·瓦尔拉斯(Léon Walras)引用康德的话,认为他是一个无可争议的权威。(参见 Denis,1980,pp.486-500。)

个命题是我要提出的利息理论的要点和中心。"①

据庞巴维克所言，三个原因或因素（正如我们将要看到：存在着同义反复，考虑到第三个因素应当是第一个因素的原因，它并不是一个真正的因素而是一个简单的观察）是下述事实的起源：

（1）消费品的供应是逐渐增加的，因此供应和需求之间的平衡在随后的时刻便导致商品价值的下降。

（2）消费者"低估未来"比后者以上述指出的方式低估它自身更严重。这既是因为消费者需要用尽他所有的收入，也是因为他们低估了他们未来的需要和满足他们的资料。

（3）现在的生产资料"在技术上"②要优于未来的生产资料，并且拥有更高的边际效用。③为了理解这一断言的准确意义，我们需要重温一下如同在杰文斯那里发现的通过迂回手段运用所得到的生产的概念。庞巴维克写道：

> 需要时间的间接生产方法的生产力更大，这是我们经验中的一个基本事实。这就是说，用同样数量的生产手段，生产方法花费的时间愈长，可能得到的产品数量也就愈多。④

---

① Böhm–Bawerk,1959,p.259. 中文参见［奥］庞巴维克：《资本实证论》，陈端译，商务印书馆,1983 年,第 243 页。——译者注

②④ Böhm–Bawerk,1959,p.273. 中文参见［奥］庞巴维克：《资本实证论》，陈端译，商务印书馆,1983 年,第 264 页。——译者注

③ 第三个因素是最重要的因素，正如庞巴维克在随后的文章中所强调的那样，参见 *Zur Verteidigung und Ergänzung der"Positive Theorie des Kapitales"*, in Böhm–Bawerk, 1968, pp.53–120. 在这里，他为自己反对沃克（Walker）的理论辩护。对庞巴维克而言，构成价格下跌的这三个原因或因素，并不是"累积的"。前两个因素是累积的，第三个是可替代性因素。如果前两个因素的累积效应产生 25% 的价格下降，而第三个因素产生 30% 的减少，则减少 30%。产生更大未来贬值的因素是决定性因素。

如果逐字地审视，这种断言理所当然是错误的。① 但是庞巴维克的语言有它自身的特质。

所以对于庞巴维克来说，1910 年所能提供的一个月的劳动力显然不能为 1909 这一经济年产生任何东西，②但却能在 1910 年生产 100 单位的产品，③在 1911 年生产 200 单位，在 1912 年生产 280 单位，在 1913 年生产 350 单位，等等。如果在 1910 年，公司采用一种年度的"生产方法"，那么它在 1910 这一经济年将会生产 100 单位。如果它采用一种半年度的"生产方法"，那么对于 1911 这一经济年它将会生产 200 单位，以此类推。如果一年之后同样的企业在 1911 年投入，他只能在 1911 年生产 100 单位，在 1912 年生产 200 单位，在 1913 年生产 280 单位，等等。与第一个单位的投入相比，它因此必然在生产力方面落后于它运行一年后的。④跟随这一争论的困难的起源，是"生产方法"一词的奇怪运用。庞巴维克继续写道："当然，过去的年份只有在这样的条件下才能实现它们在技术上优于现在年份的优越性，即它们实际上也是被投于相当冗长和迂回的生产过程中的。"⑤

"生产方法"除了是生产性投入的"集中"外，什么都不是。因此，庞巴维克假定公司生产它本身的固定资本。假设情况如此，那么人们可以说，公司投入生产的时间越多，则公司在后续的时间点上生产的就越多。

---

① 正如庞巴维克所说的那样，一个年生产 10 单位的 x 公司要比一个拥有相同数量的生产资料在 2 年内生产 12 单位的 y 公司的生产效率要低。

② Böhm - Bawerk，1959，p. 273. 中文参见［奥］庞巴维克：《资本实证论》，陈端译，商务印书馆，1983 年，第 264 页。——译者注

③ 他假设同样的事情连续发生 12 次（这样年度产出就表现为 1200 单位），但是为了简化表述，他未将剩余的 11 个月考虑在内。这是一个没有使用数学概念的边际主义论点，这使得表述显得特别混乱和不准确。

④ 如果后者的第一次投入时间是在 1909 年、1910 年、1911 年和 1912 年，庞巴维克为了比较同一公司的生产率而建立了一个表格，以便证明在两个极端之间存在 4 年生产率的差异。

⑤ Böhm - Bawerk，1959，p. 274，n. 29. 中文参见［奥］庞巴维克：《资本实证论》，陈端译，商务印书馆，1983 年，第 266 页，注释 1。——译者注

　　与杰文斯相反，庞巴维克对资本的边际回报不感兴趣。他反而对投入我们虚构的公司的第一个单位感兴趣。所以越多的"迂回生产方法"（Produktionsumwege）就时间而言是价值高的，则参与到后续为生产出售的商品的第一次投入就会越大。[1] 因此，庞巴维克除了提出理解资本的边际回报外，什么也没提出，而这以一种相反的方式出现在杰文斯那里。杰文斯说，资本的边际回报是逐渐衰减的。如果人们倒过来"理解"——从最后一个单位的投入朝向第一个——人们将要（错误地）说每一单位的回报都大于它之后单位的回报（也就是，先于它的单位）。这就是为什么庞巴维克作出如下的总结："为满足 1893 年的需要，1890 年的一个月劳动给予我们 350 个单位，1889 年的一个月劳动给予我们 400 个单位"[2]，并且"较早期的（现在的）生产工具的数量在技术上要优于同等大的后期的（未来的）数量。但是它是不是在它的边际效用和价值的高度上也优越一些呢？肯定是的"[3]。

　　以这种方式，庞巴维克认为他已经证明了，每一个商人更喜欢现在的生产资料（或"现在的一个月劳动"）而非未来的生产资料（由于技术上的原因），因为资本第一个单位投入的利润的增长与它耗费在生产过程中的

---

　　[1]　让我们提供一个庞巴维克启发而来的例子。为了维持生存，一个渔民每天必须捕抓 3 条鱼（每月 90 条）。如果他成功（特别）地在一个月内使得自己的劳动时间翻倍，他将会积累 90 条鱼，并将因此能够额外生存一个月。在这种情况下，他将能够利用这额外一个月的劳动来织网。利用这个网，他每天将会捕捉 30 条鱼（每月 900 条）。结果，用来生产间接生产资料（网）的一个月的劳动，与依靠手捕鱼的一个月，更加有利可图。渔网的盈利能力因此也就是第一个月的劳动，是由未来捕鱼的结果来衡量的，而它的价值远远超过 90 条鱼。关于渔民和鱼的例子，参见 Böhm–Bawerk，1959，pp. 280–281。这个例子以与上述方法略有不同的方式被运用。它用来表明：渔民今天更愿意购买 90 条鱼，并承诺在未来偿还 180 条鱼。通过这种方式，他将安排一个月的时间来织网。利用这个网，在下月他将捕捉 900 条鱼，并偿还 180 条。更重要的是，他将由于 630 条鱼的价值而变得更富有！这是一个事实中"令人震惊的证据"，人们使得未来贬值，并且时间拥有价格。

　　[2][3]　Böhm–Bawerk，1959，p. 274. 中文参见［奥］庞巴维克：《资本实证论》，陈端译，商务印书馆，1983 年，第 266 页。——译者注

时长是成比例的。①

庞巴维克的论证既不在杰文斯论证的范围内,又非杰文斯论证的兴趣。不存在合理的材料使得它能够安全地宣称:投入公司第一个月的劳动要比随后月份对最终利润的贡献要多。不可能以相反的路径来理解资本的边际回报,因为这种回报将不再是"边际的"。看起来似乎是,对于消费品生产技术上十分必要的两个工具,劳动者 x 的工具要比 y 的工具对公司的利润贡献得多,因为它比工具 y 被买或制造得早。工具 x 比工具 y 在更长一段时间内是"稳定不变的",但是这种暂时性的差异以何种方式可以被认为对于为了出售的商品的生产量或它们的边际效用是有影响呢?

然而庞巴维克相信他能够以一种最权威和独创的方式在已有知识的基础上解决利润的源泉问题。

意识到公司本身并不生产它们的生产资料——因此他同样也意识到,与最初假设所暗含的和相反的,公司的生产并非独立于第一单元②投入的"阶段"——庞巴维克观察到,公司从市场上购买的生产资料,包括劳动,不是现在的商品而是未来的商品。它们不是(单个的)消费品。对他来说,商人以低于他未来的价格购买劳动力似乎是正确的。另一方面,工人以商品现在价值购买现在的商品,利润因此便在商人手中出现(没人

---

① 我们是否应该得出这样的结论:在同样的生产过程中,第一个月的劳动,必须在同样的生产过程中增加 9 年零 11 个月的劳动力,比在另一个过程中增加 4 年零 11 个月的一个月的劳动更"有利"? 这将是一个贫乏的诡辩。因为在一个 10 年的过程中,人们可以进行两次 5 年的生产过程,并且没有证据显示第一个商人比第二个获取更多利润。自然地说,如果我们讨论的是一个新企业在第一个 5 年后开始它的活动,那么由此被生产的价值和利润之间的差异与投入的"第一个月劳动"的盈利能力无关,而是与前者和后者之间 5 年的劳动差异相关。庞巴维克论点所证明的唯一一事情是:今天的生产性投入比明天的更可取。庞巴维克指出,公元 1 年的一个月的劳动投入,必须加上 19 个世纪的劳动,与 1909 年一个月相比将会拥有"像高山一样高"的生产力和边际效用! 并且正是第一个月将会具有这种"生产"和"效用",而不是随后 19 个世纪的"计划"劳动和投入。(Böhm - Bawerk,1959,p.274,n.29.)

② 这种第一单元是什么?

对此提出质疑）："只有在生产过程中，未来物品才逐渐地成熟变为现在物品，同时它也增殖到现在物品的全部价值。"①

这显示出，商人用特定量的现在商品在随后的时刻购买更多数量的同样的商品。② 那么这种数量上的增长将会是时间的线性函数，因为据庞巴维克所言，未来越遥远，它贬值的就越多。与社会主义者所想的相反，利润以这种方式就与劳动的剥削没有任何关系。它与财产关系就不那么相关，因为它与"人类本性和生产技术"相关。③

应该对这种令人钦佩的经济学分析中的时间或利润理论（利润被假定为时间的价格）进行学术性的批判。但是让我们注意接下来的：如果这是利润的源泉，那么生产资料的生产——出售"未来商品"的人，所拥有的利润率要低于消费品生产者。在相反的情况下，前者将会从后者那里偷窃，并且表现的与人类本性和技术生产规律相反。更重要的是，如果生产过程的"阶段"与它的利润或生产之间没有必要的关系，那么供给的提高来自哪里呢？并且因此特定量商品的未来贬值出现在哪里呢？本质上，利润被假定为起源于对未来"客观的"轻视，而这是需要解释的。我们没有发现庞巴维克在这方面如何纠正和扩展了杰文斯的贡献。

---

① Böhm–Bawerk,1959,p.301. 中文参见［奥］庞巴维克:《资本实证论》,陈端译,商务印书馆,1983 年,第 300 页。——译者注
② Böhm–Bawerk,1959,p.300. 中文参见［奥］庞巴维克:《资本实证论》,陈端译,商务印书馆,1983 年,第 299 页。——译者注
③ Böhm–Bawerk,1959,p.301. 中文参见［奥］庞巴维克:《资本实证论》,陈端译,商务印书馆,1983 年,第 299 页。——译者注

第十五章

劳动时间、生产时间和流通期间

简要界定这三个期间之后，我们将处于考察资本三个职能部分之间定量关系的状态。

15.1 三个期间的界定

马克思把三小章分别专用于他所谓的"劳动期间""生产时间"和"流通时间"。这构成《资本论》第二卷的第十二、十三和十四章。

首先，他为什么使用"劳动期间"术语，但之后谈论生产和流通"时间"呢？他使用"劳动期间"术语，是因为他表达的事情超出了"工作时间"。"工作时间"几乎是集中的、生产的和社会必要的；归结起来，这一时间在价值增殖的框架内拥有它自己的位置。与此相反，"劳动期间"是一个仅仅与价值流通相关的概念。它并不是增殖的线性的暂时性的一部分，而是重复的和周期的暂时性的替代部分。

对于"生产时间"和"流通时间"而言，这同样也是正确的。事实上，这些时间同样是"期间"。在最后这一术语的希腊起源上，周期的概念，还有重复的概念，明确地存在。这就是为什么它更精确地论及"生产期间"和"流通期间"。马克思在特定的点上使用"时间"术语,而在其它点上使用"期间"术语,但在这两种情况下这两个术语意味着同样的事物。因为不存在与价值增殖过程相关的"生产时间"和"流通时间",这些术语的使用便不重要了。

马克思称"劳动期间"是对于一件产品生产的必要的数个工作日。如果为了生产一台特定的机器,它必须在一百个十小时的工作日内工作,劳动期间便是一千小时。因此,劳动期间的长短依赖于所生产的使用价值的种类:

> 我们讲工作日,指的是工人每天必须耗费劳动力,每天必须劳动的劳动时间的长短。而我们讲劳动期间,指的是一定生产部门为提供一件成品所必需的互相连接的工作日的数目。在这里,每个工作日的产品只是局部产品,它每天继续被加工,到一个或长或短的劳动期间结束的时候,才取得完成的形态,成为一个完成的使用价值。①

注意到这里重要的不是劳动期间完全持续的时间——无论它持续一个月或两个月——而是对于特定产品生产的必要的劳动时间,是有用的。例如,一个三十天十小时工作日的劳动期间,如果这些劳动被组织进连续的轮班中,可以在十五天内完成。在这两种情况下,同样数量的流动资本都必须被预付。

以这种方式来界定,劳动期间是一个规定了为了实现增殖必须预付的资本的数量的因素。为了这个例子,马克思比较了纺织业和机器制造业。纺织业的产品是一种不显眼的种类,并且能够在非常短的时间段内退出生产领域。另一方面,机器制造业则需要几个月的劳动。即便人们假定了两个产业中日常消耗的不变和可变、固定和流动资本在两种情况

---

① 《马克思恩格斯全集》(第四十五卷),人民出版社,2003 年,第 257 页。

下是同样的,预付资本也不会一样。由于拥有非常短的劳动期间,纺织业有一个比较优势。它必然要比机器制造业预付更短的时间段内的流动资本。我们假定前者必须保证一周的劳动力、原材料和辅助物的供应,而后者则必须保证几个月的。纺织业用来购买流动资本的一定数量的货币常常是回到它的出发点并且能够重新消耗在同样的目的上,而后者用来逐渐购买流动资本的一定数量的货币必须经历不是几天而是几个月。

劳动期间越长,预付资本的数量就越多。由于一些产品需要非常长的劳动期间,因此它们只有在资本达到一定程度的积聚和集合(concentration and centralisation)时才能作为商品被生产。

经济危机根据商品所需要的或长或短的劳动期间对其有不同的影响。一般说来,那些需要较长劳动期间的比那些需要较短工作期间的更不灵活。那些生产不连续性质商品的企业能够更容易地使它们的产品适应社会需要,并且因此使它们自身适应社会生产过程瓦解的情况。今天,人们经常听到"小、动态和灵活的企业"。

"固定资本"和"流动资本"的概念如同"劳动期间"概念,都是同样暂时性(temporality)的部分。前两个与生产资料的周转模式相关,而后一个则与生产的周转模式相关。如果这种周转模式具有连续的性质,那么它需要较长的劳动期间和较多的突然在流通中发现自身的价值;如果这种周转模式具有不显眼的性质,那么它的劳动期间就较短并且在任何给定的期间内生产的价值——让我们假定每年次的——就以小剂量流通。

生产时间或必要的期间包含在劳动期间内,但它并不必须等于它。

生产期间是生产一个产品的必要时间。除劳动期间外,它还包含这样期间的时间:"劳动对象受时间长短不一的自然过程的支配,要经历物理的、化学的、生理的变化;在这个期间,劳动过程全部停止或者局部停止。"①

---

① 《马克思恩格斯全集》(第四十五卷),人民出版社,2003年,第266页。

在第一章中,我们注意到,生产时间同样包括由于劳动力的自然限制而引起的劳动过程的中断,以及因此同样的对于生产性质并不需要的中断。这意味着,当人们谈及生产时间时,人们强调对于商品生产的全部必要的时间。生产时间是处于生产资料参与产品创造期间的时间。它是参与生产过程的时间,它在这期间被发现在积极的、消极的或潜在的(例如,作为贮藏)的生产领域。与劳动期间相反,在那里强调的是商品生产的必要劳动时间而不是全部持续的时间,这里我们感兴趣的是全部持续的时间。任何特定公司的三十天的劳动期间需要一个每天确定数量的工作小时,让我们假定是十小时,与它相关的生产期间同样可能是一个月。这由生产的性质来决定。劳动期间是分布于这个月三十天的三百小时。生产期间同样持续一个月,但是它是由三十个二十四小时每天构成,也就是七百二十小时,其中的三百小时必定代表一个生产资料在其中积极活动的期间。

生产期间包含"不活跃"的生产时间,因为生产资料在劳动过程停顿和中断期间同样失去它们的价值。在这种情况下,劳动期间和生产期间可以被认为是相等的。这是因为这两个期间在时间上的一致性,尽管它们不包括相同数量的小时。以小时计算的劳动期间/生产期间的关系越高,资本"非生产性"价值失去的就越少,由于这种简单的原因:这种关系表达了劳动过程中断的相对长度。尽管这两个期间都与价值的流通相关(它的循环过程),但是它们以小时计算的商(劳动期间除以生产期间)是决定资本利润水平的一个因素。

如同劳动期间一样,生产期间与生产的周转模式相关。某些商品由于它们特殊的性质,需要在生产过程比劳动期间呆一个更长时间的期间。它们在生产领域呆的时间的扩张消极地影响到商品的周转时间,并且一般说来导致它的价格的上升。例如,农业中的生产周期性是由气候条件控制的,而且生产常常是一年一次。在农业的一整年中,劳动并不是有规律地执行。大部分的固定资本和流动资本的运用集中在较短的期间。劳动期间比生产期间短的多,因为前者持续几个月,而后者则持续一年。在上述考察的情况下,劳动期间持续时间和生产期间持续时间的差异来源于一种以小时为单位的计算。这必须被加入到起因于生产性质的差异。在第一种情况下,作为一种盈利的标准,劳动期间/生产期间的关系可以被24/(每天)小时的劳动关系所取代。在第二种情况下,人们却不能够再忽视"劳动期间"和"生产期间"这两个概念。

周转时间是一个旨在概念化不同现象的概念。在现实中,以复数谈及"周转时间"比单数更精确:我们在先前的章节中看到生产资本的周转时间是如何被计算的。我们已经讨论过两种周转时间。第一种是预付的货币资本回到它最初的形式所必需的平均时间。由于我们先前所发展的公式,这一时间很容易计算。第二种周转时间是固定资本,一种技术-经验的持续时间。固定资本每 x 年才会被替代。这是一种纯粹的观察,但却是非常重要的,因为它位于经济循环的起源上。现在我们必须来处理产品的周转时间,它同样也是流动资本的循环。前者是生产和商品的流通期间的总和,因此也就是流动资本的总和。在农业中,周转时间常常是一年。附带说一句,这就是为什么国内生产总值(GDP)以及其它这样的概念是以年为基础来计算的。

《资本论》的读者应该会为在同一卷中发现两章都被冠以"流通时间"(第五章和第十四章)①感到惊讶。两章在同一卷中拥有相同标题的事实,只能由被用于第二卷最后出版的草稿的未完成章节来解释。

《资本论》第二卷毫无疑问是对于理解资本的逻辑和内在组织完全必要的一个分析阶段。一些辩证的思考者乐于在它的某些章节尝试着将

---

① 在法文版中,这两章拥有不同的题名。前者被命名为"流通周期"(Circulation Period),而后者是"流通时间"(Circulation Time)。不过,这两个词是同义词。此外,在原版中,这两章的题目完全相同,也就是"流通时间"(Die Umlaufszeit)。

辩证法运用于经济领域。与第一卷——它绝对的清晰,尽管它的意义常常不容易破译——相反,第二卷常常遭受缺乏清晰之苦并且需要重新定义/说明某些概念的努力。这就是流通时间概念的情况。

出售时间依赖于制造者与市场、运输工具以及位于商品当作贮藏仍然固定在它们自然形式上的时间分离的距离。很显然的是,商品的旅行时间是运输产业的生产时间,但却是对于一个存在争议的生产商品的产业的流通时间。

购买时间对于货币向生产资本的转化是一个必要时间。马克思写道:

> 货币是在流通时间的后半段再转化为生产资本要素的。在考察这一段时,我们不仅是考察这种转化本身,不仅是考察由出售产品的市场距离决定的货币回流的时间。最主要的,是要考察预付资本有多大一部分必须不断处于货币形式和货币资本的状态。①

第一,购买时间因此是货币向生产资本的转化时间。当必须作为生产资本的商品并没有在市场上以贮藏的形式被发现时,这个时间就变得重要。

第二,购买时间是货币从市场返回的必要时间,也就是它的旅途时间。马克思特别思考了远离市场出售的商品的货币形式的旅途时间。今天,由于通信工具,这一部分的购买时间显著地减少了。货币并不通过船只从印度返回,而是通过银行的转账。

第三,当研究购买时间时,"预付资本的一部分必须常常以货币形式存在的范围"被考虑进来。马克思在任何地方都没真正说明这一范围与购买时间还有周转时间的确切关系。让我们简单地注意到这样的瞬间:这种货币量的范围与流通持续的时间以及生产的规模按比例增长。它与

---

① 《马克思恩格斯全集》(第四十五卷),人民出版社,2003 年,第 283 页。

购买时间的问题相联系,因为一部分资本仍然固定在它的货币形式期间的时间是购买时间。我们将会看到,存在争议的购买时间并不是直接来自于与商品一般流通相关的难题,而是直接来自于与生产的必要连续性相关的难题。它对于价值增殖的效果呈现出一定的兴趣(interest),并将被更详细地考察。

15.2 周转时间和资本不同部分之间的数量关系

被冠以"周转时间对预付资本量的影响"的《资本论》第二卷第十五章有一个非常坏的声誉。恩格斯注意到,这一章最权威的编订非常困难。①

恩格斯的问题起源于马克思旨在尽可能精确地以周转时间为基础确定资本不同职能部分之间的数量关系所进行的计算。他的一些计算是不完整的,而另一些则是不准确的,因此存在恩格斯的困难。

毫无疑问,第十五章是《资本论》中很少被人研究的章节。这是因为为了在眩晕的计算方面跟随马克思,一些智力劳动是必要的——尽管鉴于恩格斯的提升和评论。

让我们首先允许马克思确定研究的客体:

> 但是应该指出,经济学家们总爱忘记,企业所需资本的一部分不仅不断交替地通过货币资本、生产资本和商品资本这三种形式,而且这一资本的不同部分不断地同时分担这三种形式,尽管这些部分的相对量是不断变化的。经济学家们爱忘记的,特别是不断作为货币资本存在的部分,虽然正是这种情况对理解资产阶级的经济十分必要,因而这种情况本身在实践中也是很重要的。②

① 参见马克思经济著作法文版的注释(Marx,1968,p.675)。
② 《马克思恩格斯全集》(第四十五卷),人民出版社,2003年,第284页。

因此,马克思试图确定不同职能部分之间必要的数量关系。规定这种关系的多重因素,只允许一种非常近似现实的呈现。这来自于一系列简单化的、假定的和费劲计算的价格。马克思在《资本论》第三卷中用公式 m/c + v 来计算利润率。他这样做是考虑到不变资本(c)和可变资本(v)的总和同样也是预付资本的总和。如果一部分的预付资本以货币资本的形式被发现,并且如果这部分是相当大的,那么这个公式将会证明是极其近似的。在第三卷中那些处理利润率的章节之后,马克思写了我们正在考察的章节。马克思将会以与他著作的逻辑顺序相关的他研究时间顺序的相同方式对待利润吗? 第二卷第十五章的结果将会对第三卷某些章节的最权威的编辑产生影响吗?

反常的,或不如说是偶然的,这一章的结果将不会对第三卷的编辑产生任何重要的影响。为了展现这一点,我们试图使得第十五章最重要的结果成为书面文字形式(formalise)。计算被降低到绝对的最小值。

我们知道,资本的周转时间是位于最初的价值为了最终回到它起始的形式而经历不同职能形式期间的周期。这里考虑生产资本的循环 P⋯W′ – G′ – W⋯P 是有用的。正如我们所注意到的,剩余价值的生产并不影响资本的周转。更重要的是,逐步转化成货币的固定资本必须建立一个"准备金",以便于它在生命的结束能够被一个新的固定资本所代替。因此,我们能够把固定资本还有剩余价值搁置一旁。因此,P 在我们的循环中仅仅代表流动资本。生产持续一定的时间,我们可以称之为生产期间或 pt。它被流动时间或 ct 所打断,所以生产资本的连续性循环以下述方式来呈现它们自身:pt – ct – pt – ct – pt⋯⋯。为了生产的连续,在第一个生产期间的生产性投入的价值必须减少,以便第二个生产期间能够在价值经历已经回到它最初形式的它的 ct 之前开始。假定生产连续的必要性,那么能够用来生产性投入的最大价值(Vprod)是多少呢? 这是马克思自问的第一个问题。

正如我们已经看到的,他的答案能够在非常简单的数学术语中形式化:$Vprod(pt) = Va \cdot pt/Tturn$ 和 $Vprod(ct) = Va - (Va \cdot ct/Tturn)$。$Va$ 代表总的预付资本,而 $Tturn(Tturn = pt + ct)$ 代表周转时间。这两个公式分别是 $Vprod$ 与生产和流动时间之间关系的函数。当我们抽象出 $Vprod$ $(Va = Vprod + Vcir)$ 时,必须在流通期间投入以便使得生产连续可能的最小价值($Vcir$),显然与 Va 剩余的价值相等。这一最小价值同样能够以生产和流通时间的函数被表达出来,分别是:$Vcir(pt) = Va - (Va \cdot pt/Tturn)$ 和 $Vcir(ct) = Va \cdot ct/Tturn$。流通时间与生产时间之间的关系就等于 $Vcir$ 与 $Vprod$ 之间的关系:$ct/pt = Vcir/Vprod$。

这些数学关系的准确意义是什么?资本的生产期间作为一系列没有暂时性中断的生产活动出现。如果人们集中在每一 pt 的生产性投入的总量上,每一件事情犹如流通时间对于价值增殖没有消极或积极影响一样发生。最初投入到生产资料(流动资本的形式)上的资本周转时间似乎与它的生产期间相等。因此,资本的运动作为 pt – pt – pt 类型的一个连续出现。马克思告诉我们,这种连续并非毫无意义。上述关系明确表明,在生产时间中所得到的正是在空间中所失去的,也就是说,价值能够被生产性地投入。例如,如果我们在开始的 x 年将最初的 100 资本投入到流动资本中,并且如果 pt 和 ct 都是半年,我们将会在这一年中生产等于 100 的价值(我们需将剩余价值加入其中)。为了使生产连续,最初的价值必须被分成两个相等的部分,但是无论之前还是之后,这一年中所生产的价值将会等于 100。

价值被分割成两部分导致资本周转时间的一种扩张。这种扩张来自于为第二个生产期间保存的部分购买时间。在我们的算术例子中,最初的 100 价值在一年内完成了一个完整的周转。这一价值被分割成两个相等的部分导致周转时间的扩张,因为第一个 50 完成了完整的周转,第二部分在第一个生产期间完成后开始它的第一次周转。它因此只完成了它正常周转的50%（仅指它的生产时间）。独立地考察，两部分拥有同样的周转时间（1年），但是为第二个生产期间保留的部分在6个月后开始它的周转。每一件事情都犹如这一最后部分的（仅仅）第一次周转的周转时间不是12个月而是18个月一样发生。因此，这样所产生的平均周转时间的扩张是一件毫无意义的事件。[①]

但是我们已经为了更精确地界定购买时间的概念前进了一步。我们看到，一部分资本在一个特定时间段内仍然固定在它的货币形式上。这段时间等于资本的购买时间。这种购买时间并非起源于生产资料或其它这类东西购买的困难，而仅仅起源于保持生产进行的必然性。为了更好地说明这种购买时间的经济重要性，我们必须谈及马克思称之为的资本的"游离"（liberation）概念。

在我们的算术例子中，使我们感兴趣的购买时间是一种微不足道的现象，因为它仅仅在第一个生产期间存在。但在特定情况下，这样产生的购买时间不是例外而是惯例。它差不多是不变的现象。每一件事都取决于生产时间和流通时间之间的数量关系。遗憾的是，我们不能为读者提供一个算术例子。

让我们假定如下：

（1）购买时间或 put = 0。

（2）生产期间或 pt = 9 周。生产期间 = 劳动期间。

（3）售卖时间或 st = 3 周（st = ct）。

（4）工资和原材料付款的周期：pt 的每一周的开始。

（5）周转次数（n）的计算单位（R）：一年（48 周）。

（6）预付资本或 Va = 1200 货币单位。

由于 Vprod(pt) = Va · pt/Tturn 和 Vcir(ct) = Va · ct/Tturn，那么

---

① 计算的时间单位（R）越长，越少的扩展将会被呈现出来。如果它分布在几个 R 中，并将固定资本的周转时间考虑进来，那么它将更加不容易地呈现出来。

Vprod = 900 和 Vcir = 300。

位于第一个生产出 900 价值商品期间的是流通,仍然停留在货币形式(300)的价值在每一周的开始转化成生产资本。在 R 的第十二周,这个公司失去货币形式资本。但是在这周的周末,那些位于第十、十一和十二周期间的固定在商业形式中的 900 单位返回了。在这 900 中,600 必须支付为了完成第二生产期间而必须被代替的六周的流动资本。因此,在这 900 中存在一个六周期间——也就是第二生产期间——仍然未被生产性雇佣的 300 单位。这 300 单位的"游离"资本将会支付第三生产期间前三周的款项——第十九、二十和二十一周,这与第二生产期间末尾创造商品的固定的 900 单位相一致。因此,我们看到,这两个总量在它们的运动中变得混淆不清。但是存在一个建立的点:在一个商品经历它们的售卖时间的例外期间,一个价值 300 单位的资本时常以货币形式被发现。

商品总的售卖时间相当于 15 周。在 R 的剩余时间中,即在 33 周期间,一个价值 300 单位[马克思的"游离"价值(Marx's free value)]经历它的购买时间并且在货币形式上发现自身。尽管我们最初假定不存在购买时间,也就是说,由于与市场相连的条件(资本在市场上找到它需要的任何东西)使得流通时间并没有扩张,生产的连续性本身生产了一个购买时间(并不是一个永久的,但在任何情况下都是一个非常长的)。这样生产的购买时间对于价值增殖并没有消极或积极影响。它是严格中立的:无论是否存在资本的游离,在 R 期间生产的价值连一便士也不会改变。① 这种购买时间并不对在先前算术例子帮助下所进行的考察对资本的周转时间有其它影响。② 在涉及资本的"游离"时,恩格斯的重要评论似乎是

① 如果生产被认为是不连续的,那么我们例子中 R 期间产生的价值(扣除剩余价值)将是 4×1200;如果认为是连续生产,生产的价值将是(5 + 1/3)×900,因此两种情况下都是 4800 货币单位(我们用 R 期间生产周期的数量乘以一个生产周期内投入和生产的价值)。

② 在第二个数值例子中,只有一个总量为 300 单元前 9 周的购买时间导致了周转时间的消极扩展。

正确的:"这种不厌其烦的计算造成的不确切的结果,使马克思把一件在我看来实际上并不怎么重要的事情看得过于重要了。我指的是他所说的货币资本的'游离'……假定生产按照当前的规模不间断地进行,要做到这一点,就要有货币,也就是要有货币流回,而不管它是否'游离'。如果生产中断,游离也就停止。"[①]

不过,购买时间或资本的游离(Freisetzung)——一个对于每一个资本和生产过程连续性的附加差不多毫无意义的条件——不是一种完全微不足道的现象。在社会层面上,对于每一个资本来说,货币的总和集聚在一起并且经历它们的购买时间。伴随着的是,一定数量的货币不断供给。通过信用体系,这种货币在各个生产分支中促进资本的运动。

现在有必要回到我们的出发点。正如我们所看到的,马克思批评他同时代的经济学家忽视了货币形式的资本部分,这一因素"对于理解资产阶级经济,和使它自身如同在实践中非常必要"。在这样一种断言之后,马克思试图通过一系列似乎引导他至毫无结果的无尽的计算来决定这一部分。但为什么这一部分同样在实践中必要呢?似乎是,马克思并不满足于用公式 $M/c+v$ 表示利润率(M 代表每年生产的剩余价值,c 是预付的不变资本,而 v 是预付的可变资本),因为他认为它太近似。但他接受一种导致毫无结果的道路,这个道路就是资本的"游离":资本的"游离"在价值增殖或利润率中不扮演任何角色。全部的问题便能够在以下这里被发现:并不出现在生产资本的价值中的预付货币和资本的周转时间如何融入利润率的公式呢?

这个问题能够被解决。正如已经注意到的,生产过程以 $pt-pt-pt$ 类型的一个系列来呈现它自身。一定数量的货币在每一个 pt 期间被投入,但这并不是预付资本的整体。因此,经典的公式(根据马克思,增殖率必须基于预付价值的整体来计算)就变为 $M/(c+v+G)$,G 代表最初预

[①] 《马克思恩格斯全集》(第四十五卷),人民出版社,2003 年,第 315～316 页。

付的货币资本,但却不立即转化成生产资本,因为它的职能是使生产过程的连续性成为可能。更具体地说,这个价值 G(或 Vcir)同样旨在呈现不变资本和可变资本的形式,但一旦它呈现了这些形式(在流通期间逐渐地),预付资本的另一部分就变成了 G。因此,预付价值的这部分 G 代表与预付资本——它是以不变资本和可变资本的形式同时投入的——最大价值相关的额外价值。

为了继续使用我们的算术例子,让我们假设,例如流动资本的可变部分代表 300 单位,而同步(synchronic)的剥削率是 100%,我们得到的同步的增殖率如下:m/(c + v) = 300/(600 + 300) = 1/3 或 33.33%。

如果我们将 G 搁置一旁,资本(Pr)的年增殖率将会如下:

$$Pr = \frac{M}{c + v} = \frac{1600}{600 + 300} = 1.7777 \text{ 或 } 177.77\%$$

需要提醒读者的是,就与此相关的年剩余价值而言,在每一个 9 周的 pt 期间,一个相当于 300 单位的剩余价值被生产,因此 48 周期间就是 1600。

如果我们将流通期间(ct)搁置一旁,那么 Tturn = pt,我们可以通过包含预付资本周转时间(Tturn)的 Pr 公式得到恰好同样的结果:

$$Pr = \frac{m}{pt(c + v)} = \frac{300}{9/48(600 + 300)} = 1.7777 \text{ 或 } 177.77\%$$

如果我们现在将资本的 G 部分考虑进来,以便计算出年利润率,知道与变量同时的增殖率和整个预付资本的周转时间就可以了:

$$Pr = \frac{m}{Tturn(c + v)} = \frac{300}{9/48(600 + 300)} = 1.3333 \text{ 或 } 133.33\%$$

这一结果与根据年度利润率的经典公式计算的结果完全相吻合,在将预付资本的 G 部分考虑进来的情况下就以这样的方式发生了转化:

$$Pr = \frac{M}{c + v + G} = \frac{1600}{600 + 300 + 300} = 1.3333 \text{ 或 } 133.33\%$$

换句话说:

$$Pr = \frac{M}{c+v} = \frac{m}{pt(c+v)}$$

$$Pr = \frac{M}{c+v+G} = \frac{m}{Tturn(c+v)}$$

通过在利润率的公式中引入资本的周转时间,旨在保证生产连续性的货币形式的预付价值(G 或 Vcir)同样被考虑进来——没有在公式中明确地出现——当然,在这种条件下,当平均周转时间被计算时这一价值便不会被"遗忘"。

利润率的经典公式的确是近似的,因为它忽略了预付货币资本的 G 部分,或者如果我们更愿意说,它忽略了资本的流动时间(ct)。但是这对于《资本论》第三卷的编辑将只有有限的影响。当马克思在那一卷中处理评利润率、生产价格等的形成时,他将周转时间放置在圆括号内以便帮助他的计算。由于这部分预付货币资本被"包含"在周转时间内,马克思的简化并没有出现两次。

在第三卷中,马克思有回到周转时间和它对利润率影响的意图。在被冠以"周转对利润率的影响"的第三卷的第四章中,恩格斯为马克思做了这项工作。但是《资本论》的编辑者并没有尊重第二卷讨论的所有逻辑推论。这样,恩格斯尽管呈现了许多旨在证明周转时间对利润率影响的算术例子,却都忽略了预付货币资本的 G 部分。[①]

① 读者可以参考杜梅尼尔(Duménil)关于对恩格斯这些讨论的详细评论(参见 Duménil,1978,pp. 286 – 297)。

第十六章

社会资本的年周转（再生产规模）

当我们分析商品资本的循环 $W' - G' - W \cdots P \cdots W'$ 时，我们将自身限制在这样的假设中：资本在市场、销售市场上找到它需要的。每一个资本都依赖于来自其它资本的需要，包括来自于"可变资本"的需要，也就是来自于工人阶级，还有来自于国外的需要，无论是否是资本主义。

单个资本是社会资本的部分。它们的周转运动同时是社会资本周转的特殊环节（links）。结果便是，社会需要的问题不能再被认为是外在于社会资本，因为后者创造并满足它自身的需要。社会资本是否和在多大程度上依赖国外销售市场或进口商品是马克思暂且忽视的另外一个问题。他假设了一种封闭的经济。

社会资本的周转是一般社会关系、价值和使用价值以一种扩大规模的周期性再生产。它隐含着，单个资本将会在市场上发现它需要的生产资料、劳动力和销售市场。为了使得这成为可能，作为特殊和相当独立成员的资本的不同部分必须互相合作以便维持整个体系。这种合作显然既不是被计划的也不是有意的，而是市场自发力量的结果和产物。

我们将会在 16.1 小节首次呈现马克思的再生产规模，并且之后在 16.2 小节分析它的经济学意义。

16.1 再生产规模的描述

马克思称之为"简单再生产"的东西是扩大再生产的一部分,并且这就是为什么它是一个真实的现象,而不是一个很少与现实一致的简单假设。它首先假设价值和它的不同部分(m、c、v)还有使用价值,都以相同的规模再生产。也就是在积累之外,剩余价值的一部分进行生产性投入,资本必须以不变的规模再生产自身。所以注意力最初被吸引至下述问题:"生产上消费掉的资本,就它的价值来说,怎样由年产品得到补偿? 这种补偿的运动怎样同资本家对剩余价值的消费和工人对工资的消费交织在一起?"①

显然,这样一个复杂的问题只有以不成熟的简单化(crude simplifications)为代价才能够被解决。所以这种分析以没有固定资本或货币生产开始。更重要的是,马克思根据它们是否生产生产资料(第 I 部类)或消费资料(第 II 部类)将生产部门划分为两大部类。他研究的结果指向这些完全不令人厌倦的部类之间的确定的成比例关系。

一种经济价值的年度总和是一年之中所有生产部门(再)生产的剩余价值和可变与不变资本的总和。这一价值可以被分解为两部分:第一部类生产的价值和第二部类生产的价值。这是马克思确定两大部类之间必然存在成比例关系的一种尝试,以便于它们能够以一种不变的规模再生产自身。

年度净价值是两部类剩余价值和可变资本的总和,它同样能够以上述表明的方式被分解。输出价值的总和(年度生产的商品)可以通过下列方式表示:

部类 I : $I c + I v + I m = V i$(年生产资料的总和)

---

① 《马克思恩格斯全集》(第四十五卷),人民出版社,2003 年,第436 页。

部类 II：$IIc + IIv + IIm = Vii$（年生产资料的总和）

很明显，$Ic + IIc$ 代表继承自过去的价值。如果净价值的总和被扣掉，这是从生产性固定资产总值（gross values）的总和中剩余的东西。

推断出使得生产成为简单而必然存在于两部类之间的成比例关系，也就是使得价值的生产和输出能够每年完全相同的重复，并不困难。

生产资料 Vi 的价值必须代替继承自过去的价值，以便同样的过程在下一年能够重新开始：$Vi = Ic + Iv + Im = Ic + IIc$。随之而来的是 $IIc = Iv + Im$。换言之，部类 I 的纯价值等于部类 II 继承自过去的价值（总价值 − 纯价值）。

因此，我们可以得出，部类 I 在生产资料方面的需要必须要与部类 II 在消费资料方面的需要相关。没有被部类 I 所吸收的生产资料的供应必须被部类 II 所吸收，而没有被部类 II 所吸收的生产资料的供应也必须被部类 I 所吸收。这是简单再生产的必要部分。

这样，因为每件事都在没有固定资本情况下发生，就不难移除最初的简单化。单个资本拥有不同的周转时间。使我们感兴趣的是，其中的一些必须在一年内替代它们的处于实物状态的固定资本；同时，其它必须通过出售它们的商品，将它们固定资本消耗的价值转换成货币，以便之后以实物代替它们的固定资本。马克思在这一问题上奉献了复杂和大量的讨论，正是为了有助于文本本身的阅读，它其中的必要部分我们将会总结出。

让我们集中于各部门间的交换：$IIc = Iv + Im$。全部的困难包含于此：并没有被实物代替的与固定资本损耗相关部分呈现在被用来与 $Iv + Im$ 交换的消费资料 IIc 的价值中。这部分必须与 $Iv + Im$ 的一个相等部分进行交换。最初，这似乎是不可能的，因为这部分旨在以实物代替资本——无论是固定资本或流动资本——而不是为了"准备金"的创造。更重要的是，如果 $Iv + Im$ 的价值不能全部实现，那么 IIc 的价值也就不能全部实现。被说成是简单再生产的每件事似乎都瓦解了。

但问题不仅仅是表面的。为了简单化，让我们在关系中引入数字：部类 I 的 1000 v + 1000 m 必须与部类 II 的 2000c 相交换。让我们假定，2000c 中的 200c 必须保存在以"准备金"形式的耗尽的固定资本的价值中。其余部分是必须以实物代替的不变资本（固定或流动）。同样让我们假设，被代替的固定资本的价值是 200。马克思根据资本家是否以实物替代他们的固定资本将分成两类（群组 1 和群组 2）。例如，由货币调节的连续的交换可能以下列方式出现：

（1）以生产资料形式存在的 1000 v 同样以工资形式存在，因此也就是以货币形式。工人用他们的工资购买消费资料。部类 II 运用同样的货币从部类 I 购买生产资料。在这些交易的最后，1000m 的价值仍然在部类 I，而 1000c 的价值在部类 II。预付工资的 1000v 返回到它的起点，以便满足下一年同样的运行。

（2）部类 I 预付 600g（g 意味着以货币形式预付的总和）购买 600c。同样的 600 g 返回到它的起点，因为部类 II 从部类 I 购买 600m。结果便是，部类 II 仍然存在 400c 的价值（消费资料），而部类 I 仍然存在 400 m 的价值（生产资料），这并没有被交换。

事实上，谁预付那些总和和谁先购买与之后出售，并不重要。预付的货币返回到它的起点。我们已经从我们方程式的两边简单地清除了 1600 并且现在能够集中在最后的 400 上——预付的资本在这一点上并没有返回到它的起点。

（3）让我们假设剩余的 400c 在部类 II 的两个群组之间不平等的分配：群组 1 = 100c，群组 2 = 300c。让我们同样假设，群组 1 购买 200 m（生产资料）以便以实物替代它的固定资本，购买 100 m 以便替代它的流动资本，而群组 2 购买 100 m 以便替代它的流动资本。群组 1 必须处于一个预付 300g 以便购买同等价值的生产资料的状态。这 400g 返回到部类

Ⅰ,但它们并没有返回到它们的起点。群组 1 预付 300g 却收回 100g,因为群组 1 只占有了为了出售的 100 c(交换的规律并没有被违反,因为群组 1 同样占有 200m 新的固定资本)。群组 2 预付 100 g,但却通过它商品(300c)的出售收回 300 g(其中的 200 g 与它固定资本的损耗相关)。这种最后 400 c 与 400 m 交换的具体展开,只是众多其它可能性中的一种。马克思呈现了这种交换的几个可能性的变化。① 无论变化是什么,交换的规律不能被违反。群组 1 以实物代替它的固定资本。群组 2 以"准备金"的形式保存了一个与它的固定资本损耗和再生产以不变规模能够继续相关的 200 价值。

上述实际的精确意义是什么呢？每年为它的固定资本损耗准备的投进市场(以商品形式)的资本大于它从市场撤回(同样以商品形式)的价值。这样,似乎 Ⅱc = Ⅰv + Ⅰm 的交换是不可能的。但是在同一阶段以实物代替它的固定资本的那个资本,以商品形式投进市场的价值的数量要小于它从市场上以商品形式撤回的价值的数量。为了使得简单再生产发生,这个"多的"和这个"少的"必须能够互相抵消。替代它固定资本的部类(在我们的例子中是部类 Ⅱ)投进市场的货币将会通过其它部类的调节返回。在一定程度上,每一个替代它固定资本的群组在同样的形势下是作为一个新资本。为了购买它的固定资本,它投进货币流通的货币根据资本周转的速度在最后一天并且迟早将要返回到它的起点。同时,这种货币被用来实现商品的价值和其它资本"准备金"的创造。

在简单再生产条件下,扩大再生产的分析揭开了一些令人关注的比例关系。

首先,扩大再生产意味着,部类 Ⅰ 的年剩余价值的一部分,是以不变资本的形式存在,注定会进行生产性投入。这种投入修改了再生产过程的许多其它参数。如果部类 Ⅰ 投入的它的一部分价值以不变资本的形式

---

① 《马克思恩格斯全集》(第四十五卷),人民出版社,2003 年,第 574 ~ 586 页。

增加,它必须同样投入可变资本。一个更多数量的生产资料形式的价值将会被生产,这将会被部类Ⅱ部分地吸收。但如果Ⅱc增加了,Ⅱv应该同样按比例增加。让我们正式呈现两部类的生产:

部类Ⅰ:Ⅰc+Ⅰv+Ⅰm。这一剩余价值分布在ic(在Ⅰc的积累)和iv(在Ⅰv的积累)之间每年阶段的过程和im(资本家的个人消费)上。因此,部类Ⅰ的年生产能够以下列方式表述:Vi=Ⅰc+Ⅰv+ic+iv+im。

部类Ⅱ:如果部类的剩余价值以同样的方式分布,我们得到下列模式:Vii=Ⅱc+Ⅱv+iic+iiv+iim。

简单再生产的Ⅱc=Ⅰv+Ⅰm关系有必要转化成Ⅱc+iic=Ⅰv+iv+im。为什么?因为在平衡的条件下,没有被部类Ⅰ吸收的生产资料的价值必须被部类Ⅱ吸收。部类Ⅰ吸收了Ⅰc以便能够替代它旧的不变资本,为此它在以不变资本(ic)形式的同一部门增加了一个等于积累的剩余价值的价值。

更重要的是,这种关系是消费资料和生产资料供应和需求之间平衡的结果。消费资料的总需求与下列等式的左边相关,而供应则与右边相关:Ⅰv+iv+im+Ⅱv+iiv+iim=Ⅱc+Ⅱv+iic+iiv+iim。

将在方程式两边都能找到的项清除掉,我们得到:Ⅰv+iv+im=Ⅱc+iic。

同样的方式,全部生产资料的需要必须等于全部供应:Ⅰc+ic+Ⅱc+iic=Ⅰc+Ⅰv+ic+iv+im。随之而来的便是:Ⅱc+iic=Ⅰv+iv+im。

对于马克思致力于扩大再生产问题的讨论,需要进行一些反思,因为作者并未向读者很好地呈现他的观点。如同在著作的形式中一样,他是自言自语。他的计算有时是不得当的,由于这些简单的原因,这些是用于研究的计算,而不是用于描述的。但是让我们来考察一下马克思清晰的算术例子：

第一年度的循环：

部类Ⅰ：$4000c + 1000v + 1000m = 6000$

部类Ⅱ：$1500c + 750v + 750m = 3000$

让我们假设，部类的 500 m 旨在积累，其中 400 m 用于不变资本（ⅰc）、100 用于可变资本（ⅰv），以便不变与可变资本的关系仍然不变（1/4）。所以来自于部类Ⅰ的全部剩余价值剩下 500。部类Ⅰ只有一半的年度剩余价值注定要用于资本家的个人消费（ⅰm）。

由于 Ⅰv + ⅰv + ⅰm = Ⅱc + ⅱc，ⅱc = 100，如果被假设为保持不变（1/2），部类必须投入额外的 50 可变资本（ⅱm）。从部类Ⅱ的剩余价值来看，600 仍然注定要用于资本家的个人消费：ⅱm + (100)ⅱc + (50)ⅱv = 750 m。

消费资料和生产资料的全部供应和全部需求现在应该是平衡的：

部类Ⅰ，生产资料：

供应：6000

需求：$4000(Ⅰc) + 400(ⅰc) + 1500(Ⅱc) + 100(ⅱc) = 6000$

部类Ⅱ，消费资料：

供应：3000

需求：$1000(Ⅰv) + 100(ⅰv) + 500(ⅰm) + 750(Ⅱv) + 50((ⅱv) + 600(ⅱm) = 3000$

第二个循环：

部类Ⅰ：$(4000c + 400ⅰc) + (1000v + 100ⅰv)$。积累的资本显然被添加到最初的资本中去了。这样，第二个循环的生产便是：$4400c + 1100v + 1100m = 6600$

部类Ⅱ：$(1500c + 100ⅱc) + (750v + 50ⅱv)$。第二个循环的年度生产是：$1600c + 800v + 800m = 3200$

假设剥削率不变(100%)。剩余价值的生产性投入和在不变资本与可变资本之间分配的比率,在每一个部类中保持不变。经济的平衡性暗示着第二个循环的价值的年度分配以下述方式进行:

部类Ⅰ: i c + i v = 550 m。由于 i c/ i v = 4, i c = 440, i v = 110。

1100 m = 440(i c) + 110(i v) + i m, i m = 550 m

部类Ⅱ: Ⅰ v + i v + i m = Ⅱ c + ii c,或 ii c = 1100(Ⅰ v) + 110(i v) + 550(i m) − 1600(Ⅱ c) = 160。

ii c/ ii v = 2,因此, i v = 80。800 m = 160(ii c) + 80(ii v) + ii m, ii m = 560

这样,两个部类的供应和需求处于平衡中。

第一部类的供应:4400c + 1100v + 440 i c + 110 i v + 550 m = 6600

第一部类的需求:4400Ⅰc + 440 i c + 1600Ⅱc + 160 ii c = 6600

第二部类的供应:4400c + 1100v + 160 ii c + 80 ii v + 560 ii m = 3200

第二部类的需求:1100Ⅰv + 110 i v + 550 i m + 800Ⅱv + 80 ii v + 560 ii m = 3200

第三个循环:

部类Ⅰ:4840c + 1210v + 1210m = 7260

部类Ⅱ:1760c + 880v + 880m = 3520

……

在再生产的第五个循环,部类Ⅰ和Ⅱ生产一个 8784c + 2782v + 2782m = 14348 的总价值。如果年度增殖率是被计算出来的,它将在这个五年周期的末尾显示出,这个比率要略低于开始,尽管每一部类的 c/v 和 m/v 的关系是不变的。这种增殖率的略微降低来源于前 3 年周转中的总资本的 c/v 关系的上升。在第四和第五年期间,这种关系是稳定的。总资本的最初的 c/v 关系要低于从第一到第三循环中投入不变和可变资本中的总剩余价值部分的 c/v 关系:

$$\frac{\text{i c} + \text{ii c}}{\text{i v} + \text{ii v}} > \frac{\text{I c} + \text{II c}}{\text{I v} + \text{II v}}$$

换言之,在 3 年的周期内,资本的有机构成上升的同时剥削率保持不变。这导致增殖率的下降。这种下降非常有限,但这不是马克思为什么不讨论它的原因。由于一个非常简单的原因,他完全忽视了利润率的运行状况:通过选择其它的数字和其它的比率,人们可以使得利润率随意地上升或下降。

16.2 再生产规模的解释

如果马克思既没有谈及增殖率、谈及它上升或下降的趋势,也没有谈及资本的有机构成,并且如果他选择这样不能吸引读者注意力到这些问题上的数字,那是因为积累的规模是完全不同的问题的一部分。

马克思说,这里是一个差不多平等的扩大积累的条件。计算它的总数的算术模式仅仅是由经济学家基于一系列的假设和简化而发展出来的模式。但经济学家主观地选择他的数字和比率,以便他的模式能够连贯一致。再生产的全部不确定性便基于一种假设的推论:"如果我们想要 a 是,那么 b 必须是。"因此,真正的问题是:谁迫使千万个独立作出决定的单个资本(真正而不是想象的资本)去符合再生产规模——一个所有资本都参与但没控制的规模——的任何一致性? 这一问题的答案在《资本论》第三卷,即最后的理论卷中。

这并没有阻止俄国、德国和奥地利的马克思主义大家发展出最相矛盾的理论,从资本主义无限和谐发展的可能性到资本主义在它经济矛盾重压下的一个差不多即将到来的崩溃。所有这些理论都基于同样的再生产规模。这种讨论非常有趣,但并没有多少来自经济学的立场。它是运用于"马克思主义"的社会学知识的一个享有特权的客体。它是如何可能呢? 例如鲁道夫·希法亭(Rudolf Hilferding)在《金融资本》(*Finance*

Capital)这样一本名著中为关于再生产规模和危机这样未界定的主题辩护,犹如他从来没有打开过《资本论》第三卷一样? 它是如何能呢? 奥托·鲍尔(Otto Bauer)①,同时代的"新调和主义"(neoharmonicist)者,能够在选择他模式的前提时如此粗心[在他对罗莎·卢森堡(Rosa Luxemburg)的批评中]②,以至于引导亨利耶克·格罗斯曼(Henryk Grossman)呈现——以同样没有减少的系列假设——再生产过程的线索而非资本主义的崩溃③?

对这一问题感兴趣的可以参考罗曼·罗斯多尔斯基(Roman Rosdolsky)的《马克思〈资本论〉的形成》(*The Making of Marx's"Capital"*)④。这部著作呈现了奥地利马克思主义者[尤其是鲍尔、埃克斯坦(Eckstein)、希法亭和考茨基(Kautsky)]在这一问题上的见解,并包含对这些见解的批判。罗斯多尔斯基并没有将自身限制在直接的谴责和这些见解背后明显的政治动机中:如果没有危机,也就不会有革命。想象的经济和谐与现实的政治改良主义形成了恰当的一对。罗斯多尔斯基认为,这些见解在某种程度上是由于没有能力理解马克思的辩证法的结果所导致的。他同样呈现了俄国"合法的马克思主义"(legal Marxists)和"民粹派"(Narodniks)之间的争论。更重要的是,他指出了罗莎·卢森堡著作中的一些理论缺陷和尼古拉·布哈林(Nikolai Bukharin)著作中的一些错误。罗斯多尔斯基同样批判了格罗斯曼的资本主义崩溃理论。罗斯多尔斯基的著作有一个显著的特征——精确、简洁和清晰。让我们顺带注意,格罗斯曼,一位非常特别的作者(尽管他关于资本主义崩溃的观点是错误的),在法国并不十分著名,他之后改变了在这一问题上的观点:"不存在一个经济

---

① Bauer,1912 – 1913,pp. 831 – 838,862 – 874.
② Luxemburg,2003.
③ Grossman,1992.
④ Rosdolsky,1977b,pp. 445 – 506.

体系'自动'的崩溃——尽管它可能虚弱。它必须被推翻。"①

由于当代作者为了解释各种各样的现象而进行的改善和运用,马克思的再生产计划已经能够被更好地理解了。这样,曼德尔引入了一个部类Ⅲ——也就是"毁灭的资料"——来呈现1940年以来资本主义再生产过程中武器生产的重要的和特殊的经济角色。② 休斯·伯特兰(Hughes Bertrand)同样引入了一个部类Ⅲ——"出口部类"——来呈现海外市场这些年在法国经济中日益重要的角色。③ 调节学派的起点是对马克思再生产规模的精确的解释。利比兹在几行内总结了最重要的方面:

> 就精确而言,一种积累的管理体制可以被描述为一种再生产规模。……当然,不存在所有的单个资本应该平静地集合在一个连贯的再生产规模内的原因。因此这个积累的管理体制必须具体化为规范、习惯、法律和调节网络的形状,确保过程的统一性和保证它的代理商在它每天的行为和斗争(既有资本家与雇佣劳动者之间的经济斗争,又有资本之间的经济斗争)中遵照再生产规模。
>
> 把社会元素合并为个体行为[人们这里可能能够调动起布迪厄(Bourdieu)的习惯概念]的内在化规则和社会生产的集合被称为调节模式。④

让我们回到马克思。由于平衡的条件被主观臆断和概要地呈现,我们面临的问题就非常清晰了。准确地说,谁迫使资本近似地遵从一个积累规模? 并不是这样或那样的计划,而是一般意义上的再生产计划。并

---

① Grossman,1943,p. 520.

② Mandel,1999,第九章。同样参见 Mandel,1968,第二卷第九章。

③ 尤其参见伯特兰《法国:现代化和践踏》(*France:modernisations et piétinements*)的文章;参见 Boyer,1986b,pp. 67 – 105。

④ Lipietz,1987,pp. 14 – 15.

且为什么资本似乎突然地和阶段性地反抗它自身先前的真实性呢?

《资本论》第一卷教会我们价值被生产并实现,而《资本论》第二卷呈现价值的流通。第三卷将教会我们,价值给自身一个特殊的内容——差不多具体化的外在的真实性,为了它增殖和流通而必要的资料——来增长和保持自身。我们必须经受足够的训练以便能够在它的哈哈镜(distorting mirrors)和意识的虚妄(ideological whims)中,以及在能够发现它内容的最发达形式的现象部分,意识到它的面目。因为在最后的分析中,失真(distortion)是价值完成的内容在其中显示自身的形式。

有机时间：生产时间和流通时间的统一

介绍

　　作为一种社会关系,资本将它自身呈现为一种特殊组织的时间。社会必要劳动时间、剩余劳动时间或剩余劳动、劳动时间对于工人阶级的再生产是必要的,死(过去)劳动时间或不变资本、活(现在)劳动时间或可变资本、工作日和弹性工作时间是价值生产、资本生产过程的时间的主要范畴。这是一种线性的、抽象的、可分割的、能够测量和计算的时间,是一个时钟的时间。自然的,它躲避所谓精密科学的测量程序。为了证明,我们跳读几百页而着陆于《资本论》第三卷的有机时间。假设读者差不多熟悉中途的范畴,我们(罕见地)便冒着不跟随《资本论》作者所采取的逻辑步伐顺序的危险。

　　资本的流通时间与上述时间连接在一起。周转时间、流通时间、生产时间、劳动期间、固定和流动资本,是这一循环的、周期的和重复的时间的主要范畴。与生产时间相比,这种时间处于一个更低的抽象水平上。资本作为主体出现,商品、货币和生产单位是它的有机部分和不可分割统一体的环节。生产时间并没有缺席这幅图画。资本的循环,像它呈现的那样,没有忽视剩余价值,或由于劳动所致的价值的保存和倍增,或由于不变和可变资本。这就是为什么循环时间已经是一种有机时间,但是贯穿《资本论》第二卷的增殖的时间范畴出现在这一阶段最未被照亮的部分。工人和资本家仍然处在买者和卖者的阴影中,而剥削时间仍然处在周转时间之后。

　　实际上,严格意义上《资本论》并没有以生产过程为起点,而是以生产环节最初流通的路径为起点。正如我们所细致勾勒的,简单流通与它自身相矛盾,并且这样变成了一种盗窃行为的见证,一种隐藏在商品中的神秘时间,一种它的来源不能成为流通过程的剩余。因此,有必要移至另一个阶段,抛弃处于平等和公正世界中的买者和卖者,以便能够观察到出现在犯罪现场的角色。

尽管如此,在生产过程中生产的剩余价值是在合理的流通中实现的。如果商品不被出售,它就什么也不是。流通(在严格术语意义上)涉及生产,生产反过来涉及流通。因此,除了作为生产和流通的统一,或者作为再生产的循环过程,资本不能够被理解。生产被证明是流通的一个环节,并且反之亦然。它们只有通过另外一个才能获得意义。

　　这样,生产过程的范畴分成了两个。在作为增殖过程的生产范畴之后,出现了作为流通(在术语广义的意义上)环节的生产范畴。这种逻辑上的一分为二紧随生产的暂时性(temporality)分析。很明显的是,像"固定资本"和"流动资本"这样的概念——它们能够通过价值的特殊周转模式被互相区别开来——以价值和劳动时间的分析为前提条件。生产期间和劳动期间以一个既定的工作日、一个确定的紧张强度和劳动生产为前提条件;年(历时性)剩余价值率以一种共时性(马克思的话是"实际的")的比率,因此也以特定的剥削率,和不变与可变资本等为前提条件。

　　如同生产过程,这种流通过程已经是资本主义生产的"总体"。在题为"资本主义生产的总过程"的《资本论》第三卷,我们将会在实际上处理再现前一阶段中的剥削关系中的两个更高程度上的统一,以及靠近交换关系的生产时间和流通时间。正是在我们演出的第三幕中,所有的角色同时出现在舞台上。剥削者和被剥削者、买者和卖者,一起出现在舞台上,又同时像发生在现实中。但现在我们处在戏剧性地再现这种现实的面前,而作为结果,它是偶然的和无关紧要的整体的思考、重新编排和净化。作为总体的过程是生产时间和流通时间的统一,是由它们的同时性和渗透性所导致的这种具体形式的分析——例如它们出现在社会的表面,同时也是这种同时性和渗透性所导致的一种批判的表达。我们正在使有机时间(一种复杂的时间)掌控二者,在这里资本"内在的"和"外在的生命"反映了彼此并且在未成为完全相同的事物时就联接起来。

　　《资本论》第三卷并未与"外观"相连,而是价值在它自身的"出现"。

现象的形式并不是虚假的,是本质在它完全复杂性上被证明的形式。当然,这种幻影的形式同时产生了虚幻的外观。它们欺骗平常的意识并且扭曲内在的联系。但意识形态和虚幻的意识并不是随后被添加到社会关系的"现实"中去的概念。它们以如同剩余价值那样的方法形成这些关系的一部分。它是剩余价值将自身隐藏在商品和利润中用以掩饰自身、混淆为利益、不认真对待流通时间本性的特征,简而言之,隐藏它的起源。

本质和现象统一在第三卷中,这相当正确地以黑格尔的"现实"(Wirklichkeit)提醒读者。然而我们处理的是"概念"的逻辑,而不是"本质"的逻辑。后者能够在《资本论》第三卷(甚至比其它两卷更甚)中被发现,但它总是屈从于概念的逻辑。正如我们所看到的,马克思处理价值转化成价格这一著名问题的方式,便是证据。

第一部分致力于资本的具体形式:生产的成本和价格、工资与利润。

产业资本的派生形式(商业资本、金融资本等)并不仅仅履行对于资本再生产来说是必要的技术职能(流通时间的减少、生产节奏的加速和其它这样的)。它们同样是——像土地价格和地租——社会想象的特殊环节,这可归结为"三位一体公式"的完成(参考第二十一章)。

资本主义组织时间的矛盾是在资本主义危机的过渡生产中被证明的。利润率的波动,调节着经济的历史并赋予它以自身的节奏。资本生产它特殊的内容。它进入到冲突中,并最终与它们和平结束。这样,一些经济学家所谓的"调节",是资本抽象规律与它们特殊的历史性表现之间的中介。资本没有遵从一种外在于它的历史性现实,而遵从一种是它自身一方面的现实。这样,规定性的整体——这是资本——既是完成的又是开放的。它是一个过程。特殊的历史环节一个跟着一个,位于这种整体之内,将它们的可理解性归功于它。

第一篇　剩余价值、利润和时间

第十七章

成本、工资、利润与时间的假象

马克思称"生产成本"或"商品的成本"（k）是消耗在生产过程和合并到商品中的部分价值。因此，这一成本包括不变资本（c）的消耗部分和可变资本（v）的消耗部分，或固定资本和流动资本的消耗部分。因此，商品的价值（W）必然要大于它的成本，因为成本不包含剩余价值：$k = c + v = W - m$。

成本的范畴首先是一个使得利润和费用之间的差异成为可能的一个实践概念。它表达了资本为了它自身的再生产必须经常购买必要材料的需要。它也同样用来区分资本消耗的材料和它已经预付的材料。

但是在这个范畴中，可变资本和不变资本并没有出现在它们特定的特殊性上，也就是，它们在价值增殖中所扮演的角色的基础上。成本，如同它出现在经济代理人的意识中一样，是没有任何深入说明或内在差异的支出的预付资本。这样，确定在成本范畴中的过去和现在的劳动似乎在价值创造过程中以相同的方式行动。利润，或者超过它成本的销售价格，是被生产的商品在出售时才能实现，似乎来自于总资本的支出而不是它的可变部分。由于不变资本和可变资本都是成本范畴中的相同部分，剩余价值似乎中立地来自于资本的不变部分和它的可变部分。

这种神秘化并不存在于这样的事实中:它是资本而不是占有生产产物能力的劳动,因为它作为资本,劳动是生产价值的价值。正如马克思所指出:"工人自己在进入生产过程之后,就成为执行职能的并属于资本家的生产资本的一个组成部分。"①这种神秘化存在于这样的事实中:可变和不变资本之间的差异在计算模式中消失了:

> 因为在成本价格表面的形成上,不变资本和可变资本之间的区别看不出来了,所以在生产过程中发生的价值变化的起源,必然从可变资本部分转移到总资本上面。②

一般都能注意到,这种虚幻的外观既不是生产成本以这种方式计算的结果,更不是隐藏在价值被创造的术语中的每个商人拥有的个人利益。它有与生产时间和流通时间的实质结合相关的更深刻的根基。马克思很明确地指出:

> 在流通过程中起作用的,除了劳动时间,还有流通时间,它也限制着可以在一定时间内实现的剩余价值的量……直接生产过程和流通过程二者不断互相交织、互相渗透,从而不断使它们互相区别的特征分辨不清。以前已经说过,在流通过程中,剩余价值的生产和一般价值的生产一样,会获得新的规定;资本会经历它的各种转化的循环;最后,它可以说会从它的内部的有机生命,进入外部的生活关系,在这些关系中,互相对立的不是资本和劳动:一方面是资本和资本,另一方面又是单纯作为买者和卖者的个人。流通时间和劳动时间在

---

① 《马克思恩格斯全集》(第四十六卷),人民出版社,2003年,第30页。
② 《马克思恩格斯全集》(第四十六卷),人民出版社,2003年,第44页。

它们的进程中会互相交错，好像二者同样地决定着剩余价值；资本和雇佣劳动互相对立的最初形式，会由于一些看来与此无关的关系的干扰而被掩盖起来；剩余价值本身也不是表现为占有劳动时间的产物，而是表现为商品的出售价格超过商品的成本价格的余额。①

作为一种意识形式，生产成本是一种神秘化。但它是一种必要的神秘化，对于资本主义生产方式是必不可少的并且是其固有的。

商品的出售价格和它的生产成本之间的差异只不过是马克思称之为的"利润"。因此，后者仅仅是剩余价值改变了的形式。利润是本质获得它的外观的形式——剩余劳动时间在货币收入形式中也是令人困惑的形式，是总资本而不是它的可变部分的产物。结果便是，利润是一个更为复杂和更加接近具体现实的概念。因此，它比剩余价值概念更丰富：在它的反映形式中，它既是剩余价值的转化形式，又是一种必要假象的表现或环节。同工资完全一样，利润是一种现象形式，同时又是一种必要的外观。

工资——或者生产成本中为了购买劳动力消耗的部分——和利润共同拥有的东西是：它们出现在普遍的思想中，因为它们并不存在于现实中。由于利润是作为一种意识形式，是作为一种实现在生产成本中的结余（一种同样来自于便宜购买劳动力或原材料和机器的结余），那么工资被假定为是劳动而不是劳动力的购买价格。

让我们顺便注意，根据马克思的理论，"劳动价格"或"劳动价值"的表述在逻辑上是站不住脚的和荒谬的。劳动不能有任何价值，因为它就是价值本身。"劳动"要么存在于物化的形式，在这种情况下，它是商品或不变资本，要么存在于流动形式，在这种情况下，它作为可变资本发挥作用，要么存在于潜在的形式，在这种情况下，它是劳动力。恰恰因为对于他来说出售"他的"劳动是不可能的，工人正是他所是的。他不能将他

---

① 《马克思恩格斯全集》（第四十六卷），人民出版社，2003年，第52页。

的劳动作为商品出售,因为由于他与他的生产资料相分离,他不能给予他的劳动一个独立于他自身的形式。在生产单元中由工人所执行的活动并不属于他。否则,它将不可能规定资本家的角色。因为我们剩下第三种可能性,即工人仅仅能够出售他的劳动力。结果便是,只有劳动力能够拥有一个价值和价格。

然而"劳动的价格"、工资,并不是毫无意义的范畴。它标出社会想象的本质环节、资本主义合法性的基础部分。

与工资相关的一天中的部分并没有宣布它是什么。更重要的是,一天的哪一部分可以说与工资相关呢?首先,或者最后,还是其中的四小时?商品在上午被制造,还是宁可在下午被制造呢?由于社会必要劳动时间在它的技术规定性上仅仅是通过与工作条件相关的斗争和因此普遍下降的每天劳动的强度而达到的一个平均,值一个小时劳动的商品并不是在真实一个小时的过程中生产的商品。工作日是被分割成必要和剩余劳动的整体,但是剩余劳动既不能在时间上也不能在空间上区别于必要劳动。这种工作时间显而易见的不可分割性进入到它的基本成分中,并在作为"劳动价格"的工资形式中证明它自身,"工资的形式消灭了工作日分为必要劳动和剩余劳动、有酬劳动和无酬劳动的一切痕迹。全部劳动都表现为有酬劳动"①。

因此,货币的"劳动"交换出现在作为等价交换的规律和公众的意见中,也就不足为奇了:

> 资本和劳动的交换,在人们的感觉上,最初完全同其他一切商品的买卖一样。买者付出一定数额的货币,卖者付出与货币不同的物品。在这里,法的意识至多只认识物质的区别,这种区别表现在法律上对等的各个公式中:"我给,为了你给;我给,为了你做;我做,为了

---

① 《马克思恩格斯全集》(第四十四卷),人民出版社,2001年,第619页。

你给;我做,为了你做。"①

尤其,它是因为我们社会的现象形式将虚假的外观转化为真实的假象——假象是由具体现实的一种本质维度构成的——"经济基础"和"政治法律上层建筑"不能被视为两个关系是纯粹外在的概念。

尽管资本主义社会不存一种特殊的特征,必要劳动时间和剩余劳动之间这种无差别在之后将以一种特殊的方式出现。在奴隶制中,必要劳动同样不能区别于剩余劳动。这里,必要劳动如同剩余劳动一样似乎是属于主人的②,而在现代社会中,作为必要劳动出现的是剩余劳动。另一方面,"在徭役劳动下,服徭役者为自己的劳动和为地主的强制劳动在空间上和时间上都是明显地分开的"③。

如果工资是"劳动的价格",那么利润仅仅在流通过程中拥有它的源泉。售卖活动不仅仅实现利润,它还生产利润。并且相反的,由于售卖生产利润,就不存在工资不是劳动的价格或价值的理由了。"因为在一极上,劳动力的价格表现为工资这个转化形式,所以在另一极上,剩余价值表现为利润这个转化形式。"④

利润数量上等于剩余价值,它是剩余价值的改进形式。利润率和剩余价值率的情况却不是这样。后者是剩余劳动时间和必要劳动时间之间

---

① 《马克思恩格斯全集》(第四十四卷),人民出版社,2001 年,第 619~620 页。

② 对于主人来说,奴隶在一定程度上是一件生产的永恒客体,如同剩余劳动一样,必要劳动不属于主人。从另一种观点来说,任何东西都不属于奴隶,仅仅是因为奴隶属于自身。正如黑格尔所指出的,他缺乏自身能力的意识,而结果便是,他的"自我"在他主人那里。参见 Hegel,1991b,pp. 240 – 241;Hegel,1970e,p. 312。在这种联系中有趣的是,黑格尔借助于异化劳动时间数量上的差异,将工资劳动者与奴隶区分开来。前者部分地与他的劳动时间相异化,而后者在整体上与这种时间相异化。参见 Hegel,1991a,p. 97;Hegel,1970d,pp. 144 – 145。马克思从先前这些片段中引用和采纳了相关片段,参见《马克思恩格斯全集》(第四十四卷),人民出版社,2001 年,第 196 页注释 40。

③ 《马克思恩格斯全集》(第四十四卷),人民出版社,2001 年,第 619 页。

④ 《马克思恩格斯全集》(第四十六卷),人民出版社,2003 年,第 44 页。

的关系。前者是剩余价值或剩余劳动时间和总预付资本——不变和可变资本——之间的关系。在剥削率不变的情况下,利润率因此能在两个方向上都移动。

这是假象的新来源,因为由于一个不变的剩余价值率,也就是说,劳动力持续的时间、强度和价值保持不变,任何不变资本的节约转化成利润率的上升并且似乎处在额外价值生产的源泉上。

不变资本的节约除了来源于经济规模和已经考察的生产单位内的劳动的分割,还能来自生产不变资本的生产部门的生产效率的提高。例如,等量时间内更多机器的生产意味着机器单位价值的成比例下降。消耗这些机器的生产单位经历他们利润率的上升,因为同样的使用价值花费的代价更少。

劳动生产率的上升只能来自于包含科学劳动的社会劳动过程。然而对于单个的生产单位来说,社会劳动的发展作为一个资本的发展、一个不依赖于劳动的发展,它在资本家的眼中与犹如在资本家的工人眼中一样。这起源于这样的事实,生产单位中社会劳动发展消耗的机器仅仅是生产机器生产单位技术进步的结果。由于每个资本家都依赖于其他的生产力并且依赖于他们的购买力,利润率似乎构成了一个不依赖于剩余价值的变量。通过流通过程而至的社会劳动的渗透——和来源于此的节约,后者是资本家专有的事情,似乎对于工人来说是完全异化的现象。流通时间再一次将它的阴影投进增殖过程。

没有剥削,就没有利润。没有剩余价值率,就没有利润率。这不仅仅阻碍,而且同样暗含着:作为变量浮现在社会表面的利润率与剥削率没有任何关系,并且独立于它。

由于资本主义生产的动机是实现利润,不变资本的节约便内在于它。

与政府的计划经济相比（更多地以生产资料的浪费而非节约为特征）①，资本实现了重要的节约。

　　然而资本仅仅相对是导致生产资料节约的关系。资本的理性和经济性特征更多地与"事情的假象"相关，因为资本"使工人由于这种关系而处于和自己劳动的实现条件完全无关、外在化和异化的状态中"②。这种因素有助于生产资料的浪费。当代的危机——被理解为劳动福特组织危机的结果，在这一组织中对劳动漠不关心的人采取旷工、很高的人员流动率和直接破坏的形式——确认了马克思的设想。

　　以同样的方式，工资、成本和利润在马克思那里不是纯粹"统计学的"范畴，冷漠（indifference）和异化也不是纯粹"心理学的"范畴。

　　更重要的是，由于资本主义一般是由个体利润这一唯一目的所驱动，它以人类精力和自然资源的巨大浪费为特征。例如，生态循环就俭省（wirtschaftlich）意义来说并不总是经济的，但谁会怀疑它在这个世界的古老意义上是经济的（oikonomiko）呢？并且，那么巨大的商品的过量生产

---

　　①　这便是从那些致力于对这些经济进行各种分析中得出的，尤其参见 Chavance,1988；Roland,1989；or Mandel,1991。令人惊讶的是，像沙旺思（Chavance）这样一位具体分析十分出色的学者，运用马克思的概念（例如交换价值和资本）以便能够分析苏联的现实。这些概念与中央计划经济的现实完全格格不入，因为它们意味着缺乏作为社会主导逻辑的计划。离开对它们原有意义的否定，这些概念不能被用于所有情况。如果苏联的制度只能通过形式与"垄断调节"区分开来——前者以物质、人口短缺、权力过度生产为特征，后者则意味着商品、失业的过度生产和利润的逻辑，那么人们想知道什么是可以运用的本质差异。在现实中，我们在分析苏联社会这种类型上并没有如此多的兴趣，而是将兴趣放在对《资本论》的再解释上。把这些概念的有效性与苏联的现实联系起来，完全不是为了使苏维埃社会主义官僚主义合法化。"价值""资本""商品"——这些概念被如此多的阐述，以至于人们感觉它们的财富已经被消耗殆尽。但是它们的再解释仍然非常不同。

　　②　《马克思恩格斯全集》（第四十六卷），人民出版社，2003年，第99页。

（同时，人类不能满足它们最基本的需要）、广告①、以工人的健康和安全或荒谬的装备消耗为代价的不变资本的"节约"，人们能够说什么呢？

人们只能在马克思那里惊奇地发现生态思想的标志，一个半世纪以前的作者由于环境污染和生态循环的缺乏②谴责资本主义生产。一个多世纪已经过去了，这种观点才逐渐更多地和羞怯地重新出现在政治舞台上。

---

① 让我们给出例子。在德国，制药行业每年花费 50 亿马克来做广告。另外 50 亿被花在"有争议效率"的药物上。新药物的繁殖与有效药品的繁殖无关。在 1989 年，1108 个"新"药物被授权，其中仅仅 159 种是医疗上的新，而不仅仅是商业上的。这几乎抹杀了医生（他们自己说）控制处方药物的能力，并且提高了对商业广告的依赖。想要接触关于这一主题更多信息的人，可以参见纽曼（Neumann）在 1990 年题为"医生太多了"（*Den Ärzten wird's zuviel*）的文章，这是阐述与维尔茨堡（Würzburg）医生的讨论的文章。

② 《马克思恩格斯全集》（第四十六卷），人民出版社，2003 年，第 115～117 页。

第十八章

价值和生产价格（一种逻辑的解释）

价值向生产价格的转化，一个马克思投入了不超过 20 页的主题，通常被认为是马克思主义价值理论的"阿喀琉斯之踵"。经济学家——马克思主义和非马克思主义同样地——尤其关注这一问题的数学方面。马克思自身只能使用他那个时代的数学仪器，而这导致他将一些简化的假设引入到他的分析中。没有这些假设，马克思的分析是有效的吗？利用或多或少相关的论据（arguments），马克思分析的连贯性和精确性遭到批判。在 20 世纪 70 年代末期和 80 年代早期，一些经济学家说明，价值向生产价格的转化是一种数学上的完美的"辩护"。我们尤其指杜梅尼尔（Duménil）和利比兹。[①]

已经到了我们改变我们思考转化问题，并从它的数学和技术部分迈向它的逻辑意义的时候。为了避免任何误解，让我们强调，我们并不认为数学的讨论是次要的。马克思本身不满足于他的数学的公式化的表述。毫无疑问，如果仅仅为了漂亮地呈现对精确性的热爱（数学的精确，这种情况下），那么他留下了需要完成却未完成的代数工作。然而这种代数工作承担一种比需要解决问题的性质明显更为重要的重要性。正如利比兹

---

① Duménil,1980;Lipetz,1985。

所评论的,转化问题不仅被一些分析"没有生产,却拥有两个商品和一个连续代理人的经济"的经济学家用来攻击价值规律和马克思主义总体上精确性的有效性,它同样成为"被直接攻击的阿喀琉斯之踵。早在上个世纪,包括劳动环节在内的整个马克思主义"①。

我们关于转化问题的解释并不是数学解决方案的可供替代性选择,更是对它的补充。我们首先将会呈现正如马克思所概述的问题,并指出来自于这一有趣的数学解决方案基础的核心思想。之后,我们将会尝试形成一个新的解释。

18.1 马克思和价值转化成生产价格

我们知道资本增殖的公式:$Prof = m/Turn(c+v)$ 或:

$$Prof = \frac{m/v}{Turn(c/v+1)}$$

这个公式表明,剥削率(m/v)越大,平均周转时间($Turn$)越短,同时 c/v 关系越低的时候,增殖率就越人,这里它变成了利润率。

马克思注意到,在一个以资本自由和工人拥有由一个部门转移到另一个的自由为特征的系统中,假设不同部门的剥削率和价值率将会趋同是完全合乎逻辑和有必要的。

作为一种思辨的假设,由上述可以假定,每一个单个资本的利润和剥削率可以被认为是相等的。这种均衡显然从未完成。因为在这种情况下,资本主义体系处于完美的均衡中,并且资本将不会从一个生产部门转移到另一个。换言之,一种处于理想均衡状态的经济意味着一种对于所有资本的单一的利润率和单一的剥削率。结果是,商品由于不同的资本有机构成不能以(或大约以)它们的价值被出售:"如果一个百分比构成

---

① Lipietz,1983,p.54.

为 90c + 10v 的资本和一个构成为 10c + 90v 的资本,在劳动剥削程度相等时,会生产出同样多的剩余价值或利润,那就非常清楚,剩余价值甚至价值本身的源泉必定不是劳动,而是别的什么东西了,这样一来,政治经济学就会失去任何合理的基础了。"①

仔细研究下,我们公式中的 c/v 关系不是资本有机构成的表述,而是年度消耗的不变资本与年度消耗的可变资本之间的关系。如果为了简化起见将周转时间暂时搁置一旁,也就是,如果对于所有资本来说它都被认为是相同的,那么 c/v 关系能被认为是资本的有机构成。将马克思的数字放在我们的公式中检验一些便足够了,如果一个剥削率和一个利润率对于所有涉及的资本都是相同的,就不可能同时宣称商品以它们的价值被出售。因此,我们面临一种悖论、一种矛盾。价值规律似乎不再能解释任何事情。当然,一般意义上的价值仅仅通过出现在它之中的一种差异的后果而变得可计量,但更重要的是,一个部门的劳动不再与另一种劳动理想地拥有同样的价值,因为分配社会劳动时间的运动(movement)使各种生产部门之间产生了一种理想的均衡,而各种生产部门(显然)不再与各部门所消耗的劳动数量有任何关系。

转化问题吸引了批评者的注意,因为后者将它视为一种需要的答案、一种漂亮分析上的瑕疵、一种矛盾。第一章的"可通约性"②似乎拥有很多的解释力量。

马克思之前的一些经济学家,或多或少地意识到了这种矛盾,倾向于免除对现象不利的基础,或者对基础不利的现象。例如亚当·斯密,尽管他认为劳动价值仅仅对于社会的"无形"状态——即原始社会形态——是一个有效的理论,却把他全部现代收入理论建立在劳动价值上。大卫·李嘉图(David Ricardo)比亚当·斯密更强烈地意识到这种矛盾,相当明

---

① 《马克思恩格斯全集》(第四十六卷),人民出版社,2003 年,第 167 页。
② 《马克思恩格斯全集》(第四十四卷),人民出版社,2001 年,第 74 页。

确地牺牲现象来代替基础,而托马斯·马尔萨斯(Thomas Malthus)和罗伯特·托伦斯(Robert Torrens)更愿意牺牲基础来代替现象。这样,他们全都清除了矛盾,然而它却是非常真实的。①

价值向生产价格的转化,正如马克思所概述的,构成了调解外表与本质、现象与基础的一种尝试。但是它是一种基于一种逻辑的尝试,而这种逻辑则超过它所反映的事物。

福斯托②——他关于转化问题的哲学分析处于这种"使结合在一起"类型的罕见分析之中——注意到,马克思并不是试图转移这种矛盾,而是旨在完全接受它,③在它之中工作以便转移古典经济学家的自相矛盾,这样就采取了和黑格尔面对"古典"哲学自相矛盾时相同的态度。

马克思通过呈现一个拥有投入到不同生产部门、最初价值相等的五个资本的模型简化了他的思考。这些资本拥有相同的剩余价值率(m/v),但不同的有机构成(c/v)。结果便是,每一个资本以逐渐减少的规模生产不同数量的剩余价值。由于起点是一种平均利润率的假设,每一个资本应该将不是其所生产的剩余价值添加到生产成本中,而平均利润率使剩余价值的总量等于利润的总和,价值的总和等于价格的总和。因此,这个观点便非常简单:资本家在他们之间分配聚集他们使工人生产的剩余价值的数量。由此(生产成本和平均利润)所导致的价格被给予"生产成本"的名字。这样,价值规律既被否定了又被保全了,或者,如果我们喜欢,它被歪曲了以便能够实现它自身。

为了简化他的分析,马克思假定,可变资本和不变资本两者都以它们

---

① Marx,1972,pp. 14 – 15,69 – 70,81 – 85,171 – 172,194,564 – 565。

② Fausto,1986,pp. 136 – 158。

③ 这便是一些庞巴维克不能理解的事情。他非常吃惊地发现,"学者本身"(马克思)明确地承认这种矛盾(!):"我感到疑惑——他写到——我看不到任何一种解释的信号……但矛盾是纯粹和简单的。"他认为,这种矛盾对于马克思来说就是一种"科学的自杀",因为逻辑思考的人是不会承认这样一种荒谬的。参见 Böhm – Bawerk,1968,p. 344。

的价值而不是它们的生产成本被购买。他平衡掉的仅仅与剩余价值有关，然而不变资本和可变资本逻辑上也应该以它们的生产成本被购买。马克思意识到了，但是由于为了满足代数知识的需要而先前引入的简化的存在，他却不能废除掉。他认为，拥有或离开这种简化的假设，他分析的逻辑一致性都是有保证的。

伴随着这种代数知识的发展，废除这种简化和以它们的生产成本购买生产资料被认为是有可能的。但是如同任何正规化（formalisation）一样，数学的正规化需要一个很好界定的概念框架。例如，如果劳动力的价值被界定为工资使用价值的总和，那么剩余价值便不是收入形式的货币的总量，而是利润的使用价值的总和。另一方面，如果劳动力的价值被界定为通过一种给定的计算（例如，1 小时劳动 = 1 法郎）得到的与劳动小时总数相关的工资的总和，那么剩余价值必须被界定为——遵从同样的规则——货币利润的总和。不遵从这种概念性框架便会导致森岛通夫（Morishima）类型的悖论。通过选择一种计算以便价值的总和等于价格的总和，森岛通夫相信他得到了一个结果，在那里上述条件的遵从排除了利润的总和和价值总和的相等，前者大于后者。但在这种"悖论"中，不存在任何矛盾的东西：

> 那么假定，在我们森岛通夫类型的解决方案中，利润的总和大于剩余价值的总和。但之后假定，运用这些利润，（资本家）购买价格（对于这种计算）系统性地（systematically）大于它们价值的商品。他们利润的这些使用价值是否可能等于社会剩余价值呢？ 可见，事实正是如此！①

这种断言并不是没有基础的，因为利比兹在他的著作《着了魔的世

---

① Lipietz，1983，p. 74.

界》(*The Enchanted World*)中用代数的方法证明了它。①

18.2 作为一种三段论(syllogism)的转化

除了任何数学性问题外,价值向生产价格的转化引发了一系列还未排除的争论和评注的逻辑问题。这些问题与"劳动生产力""可通约性""具体劳动""抽象劳动""资本""简单交换价值"之间的关系问题相连。《资本论》第三卷在两个方面是不完全的:首先,马克思试图处理的材料并没有被排除;其次,处理的材料并没有被充分发展。几个问题仍未解决,尽管许多批评和评论已经忽略它们。

让我们从劳动生产力的概念着手。其它概念将会由它产生:

> 生产力当然始终是有用的、具体的劳动的生产力,它事实上只决定有目的的生产活动在一定时间内的效率。因此,有用劳动成为较富或较贫的产品源泉与有用劳动的生产力的提高或降低成正比。相反的,生产力的变化本身丝毫也不会影响表现为价值的劳动。既然生产力属于劳动的具体有用形式,它自然不再能同抽去了具体有用形式的劳动有关。因此,不管生产力发生了什么变化,同一劳动在同样的时间内提供的价值量总是相同的。②

劳动生产力是作为具体和有用劳动的属性出现在这一段中(选自《资本论》第一卷第一章)。抽象劳动是当"一"将具体劳动搁置一旁保留下的纯粹的和简单的东西,一种时间的"量",它的质量包含在它没有质

---

① 通过审视悖论和它们解决方案的明显来源,已经无需再处理这种问题了。为了说明马克思可以在现代数学中得到很好的辩护——条件当然是他的概念性框架得到尊重,我们已经在森岛通夫悖论上花费了数行。对于这一主题的数学规划感兴趣的可以参考已经引用过的文献。

② 《马克思恩格斯全集》(第四十四卷),人民出版社,2001 年,第 59~60 页。

量的事实中。上述的"一"不是马克思,而是交换关系或货币形式商品的否定。具体劳动的生产力不是可通约的,因为劳动生产力的力量仅仅间接与抽象劳动相连。例如,这意味着,x 部门的劳动不能被认为比部门 y 的劳动差不多更多产,由于它们缺乏"共同的一些事情"。结果是,任何给定工业部门中劳动生产力的上升或下降都会影响生产和交换商品的数量,却不影响它们返回货币的数量。

在与价值转化成生产成本相关的《资本论》第三卷的第九章中,马克思提供了另外一个完全不同的劳动生产力的概念:

> 社会劳动生产力在每个特殊生产部门的特殊发展,在程度上是不同的,有的高,有的低,这和一定量劳动所推动的生产资料量成正比,或者说,和一定数目的工人在工作日已定的情况下所推动的生产资料量成正比,也就是说,和推动一定量生产资料所需要的劳动量成反比。因此,我们把那种同社会平均资本相比,不变资本占的百分比高,从而可变资本占的百分比低的资本,叫做高构成的资本。反之,把那种同社会平均资本相比,不变资本比重小,而可变资本比重大的资本,叫做低构成的资本。最后,我们把那种和社会平均资本有同样构成的资本,叫做平均构成的资本。①

不同生产部门中的劳动生产力现在是可比较的和可通约的。在现实中,这种可通约性来自于资本的构成。当然,人们可以认为,我们这里所拥有的是由马克思而来的一个额外的"震荡"(oscillation)[正如亚迪斯(Castoriadis)将要表述的],而非起源于任何必然。然而第一章生产力的概念适合于人类需要满足的概念框架,第二种界定则适合于资本"满足"的概念框架。这意味着,伴随价值增殖是唯一目标,可变资本被不变资本

---

① 《马克思恩格斯全集》(第四十六卷),人民出版社,2003 年,第 183 页。

所"代替",或者以低于后者的速度增长,尤其因为分布在社会阶层和各个资本竞争之间的矛盾。价值增殖与人类需要的满足并没有直接的关系。因此,是资本以不同的方式界定生产力,并且改造着具体和抽象的劳动、价值和使用价值之间的关系。

在《资本论》第一章中,价值和使用价值之间的关系是一种相当外在的关系。从一种观点来看,商品是价值,而从另一种观点看,商品是使用价值(很显然,它不具备成为一个而不成为另一个的能力);一个是交换价值,另一个是使用价值。具体劳动就它自身而言并没有抽象为或屈从于抽象劳动的逻辑。

一旦简单流通被抛弃并且资本流通被考察,事情就呈现出不同。资本是已经增殖的价值。因此,它是一个过程。这个过程是价值和使用价值不断的统一,也就在它们之间不存在任何外在的关系。价值在它自身内部被分成价值和使用价值。作为一种普遍性,价值是一种与它自身的简单关系,一种与它自身无差别的统一。作为一种特殊性,它是价值和使用价值。使用价值是价值或资本的一种规定性,因为它构成了它的特殊体现,一个没有任何真正意义上"接近"或"超越"价值的逝去的瞬间。使用价值不再是商品的简单的一个方面,而是价值的一个方面。当涉及目的论关系,这种手段并非至终都在外部,而是后者的一个特殊环节。如果我们采用这种路径——这是唯一遵从马克思精神的——我们将会更好地理解远非"中立者"(neutral)的资本的"技术"(technologies),以及具体劳动的历史性革命。在革命的过程中,抽象劳动以科学的和经验的全部力量将具体和个体劳动转化成它的中介。它已经在"现实生活"层面上将个体劳动转化成抽象/具体劳动,这样便使"经验"屈从于严格的概念。

我们知道,马克思以三种路径来界定资本的构成。技术构成是生产资料与劳动力之间的数量关系,是前者和后者之间的"物质的"比率。价值构成是价值术语上的 c/v 关系。最后,马克思写道:"二者之间有密切的相互关系。为了表达这种关系,我把由资本技术构成决定并且反映技术构成变化的资本价值构成叫作资本的有机构成。"①尽管与价值之间处在一种关系之中,但"有机构成"这一术语还是被普遍地使用,由于它是价值和使用价值之间统一的环节。一般说来,当马克思谈及"资本构成"时,他指的是有机构成。

关于抽象劳动的概念,让－马里·文森特(Jean－Marie Vincent)在他的《劳动批评》(*Critique of Labour*)中如下写到:

> 运用马克思的术语来说,后者(抽象劳动)并非如许多人所相信的是一种社会平均,它是一种真实的抽象,是一系列社会操作的结果。这种社会操作根据市场规则和剩余价值实现,将个体的具体劳动转化成分布在各种生产部门之间的一种社会抽象劳动的可交换的活动,而其中部分可交换的活动是单独消耗的。……正如马克思在《资本论》中所注意到的,资本主义生产越来越作为将它的动力强加到个体上的一种巨大的社会自动机的工作出现,并不是说它使得他们屈服于一种真实的社会机械化的规则。②

上述存在的几个关于抽象劳动的观点,对我们来说似乎是完全正确的。当然,抽象劳动不是一种"社会平均",而更像是一种"社会机械化"。但是当文森特宣称抽象劳动不是"社会平均"而是根据"市场规则"和"剩余价值的实现"分布在不同生产部门之间的时候,这并没有告诉我们抽象劳动量的规定性与市场规则之间存在何种类型的关联。③但是剩余价值的实现,如同它出现在价值向生产价格转化过程中一样,旨在描绘这些关联。

---

① 《马克思恩格斯全集》(第四十四卷),人民出版社,2001年,第707页。
② Vincent,1987,p.31.
③ 抽象劳动和市场规律之间的确切关系是什么? 这位作者的博学的《批判》,从哲学角度出发,并没有明确地处理这类问题,而是含蓄地提出并邀请经济学家为他们提供答案。

马克思为我们引入了一个体系,在其中,成为特殊商品的货币表达的生产价格彼此互相关联并与价值相连——拥有平均构成的资本的生产价格与它们的价值是完全相同的——通过特殊的劳动生产力这种中介。

在这个体系中,每一种生产价格构成一个市场价格围绕其波动的相关的引力重心。这意味着,在实践中,一种劳动在市场上的价值不与其它劳动相等。当然,商品向货币的转化是减少的:在货币中,商品的特殊性消失了,并且所有保留在它之中的是来自于最开始的普遍性。然而它如此发生以至于商品不能根据它所"包含"的抽象劳动进行交换。因此,问题便出现了,关于为什么一种商品的劳动时间被社会地惩罚(punished),而相反,其它商品的劳动时间却被高估,也就是,价格围绕其波动的生产价格或相关中心为什么会被创造出来。换言之,为什么交换者 X 慷慨地给予 10 小时的劳动以便得到 7 小时?我们被迫承认,使用价值必然有一些与这有关的事情。

但我们应该仔细审视,因为这种"摆动"在新古典经济学家那里并非是真实的。生产价格——具体/抽象劳动的社会承认——最初似乎享受一种"极度的"自主并且预示着将要剥夺任何合理的经济基础(的确是马克思这样说的),是真实的。人们可能说,尽管这种"统一"被踢出门外了,但它却能通过窗户返回。尽管如此,离开了存在的"统一"或"匮乏"(scarcity),位于这一点上的供应和需求之间的关系所能解释的事情并不多于它最初所能解释的,也即一无所有。因此,理智被迫要么承认失败,要么在经济的"客观性"中找寻自身的规则。恰恰是以这种方式,马克思指明了上述引文中的问题(在这一章的开始)。如果人们知道他在其中找寻什么,经济世界只能有组织和有秩序地出现。我们看到一种三段论,因而我们找到了它。

由于三段论是基于普遍、特殊和个别的辩证法,就有必要确认这些环节与什么相一致。社会价值是三段论的普遍性,因为它分布在所有特殊商品之中，并且无处不在，如同个体情况中的类。"个体"或个别是并不必然通过高低来彼此区别的生产价格，而是凭借它的特殊，是生产力或资本的有机构成。

如果一种商品在市场上与另一种商品等值——与它们生产的社会必要劳动时间无关（相关）——如果一种劳动时间被认为比另外的更具"创造性"，这仅仅是因为这些劳动通过特殊的和特定的生产力或资本的有机构成与其它相连结。

正如我们所注意到的，生产价格构成了价格围绕其波动的相对中心。这些是相对中心，由于生产价格自身围绕一个普遍的中心波动，即价值。让我们暂且为了简化的目的，用一种平均构成的资本生产的商品和围绕它们的价值出售，来确认这种普遍的中心。

同等的资本，也同样被表述为"铁的必要性的趋势"，生产平均利润和社会剥削率，以这种方式将非等价的简单交换强加到价值术语中。因此，孤立于其它之外考察的一种生产价格似乎不遵从任何规则就变得有意义，并且不可能解释为什么它由一种货币形式的数字来表示而不是由其它。一个行星（生产价格）使卫星（市场价格）围绕其波动，却绝对不可能通过将它和它的卫星作为起点来逻辑上理解一个行星的运动。同样地，离开了任何中介也就不可能理解为什么这样一种商品在市场上比其它的商品更具有价值。因此，太阳必须被引入，一个行星围绕其运动的重力的绝对中心。我们因此要说，我们三段论中的个别，或生产价格，通过特殊与普遍或价值统一起来，也就是说，通过资本的特殊构成的方式，这同时是分开和统一相对与绝对中心的东西、为了避免破坏它们的关系保持它们有相当距离的东西。这种三段论是 S—P—U 类型的。

在资本构成越高、包含在商品中的劳动时间相应地越具有"创造性"和它的市场价值也将越高于它真实持续的时间，三段论的特殊环节在上述意义上可以被认为是一种具体的规则。这种具体的规则也不能"孤立地"有效。商品必须围绕它的生产价格被出售。更重要的是,据马克思所言,这在历史上并非总是如此。个别或生产价格,事实上构成了一个相对的重力中心,是调节具体规则/特殊与普遍中心的环节(U—P—S)。如果商品围绕其价值被出售,那么有机构成,作为使得个体之间区别成为可能的具体规则和特殊,将会伴随它们而消失。劳动产品之间的形式平等将会在简单流通层面上建立起来,但结果却不利于资本平等。

最后,价值借助于生产价格调节有机构成——生产力——的中间环节(P—U—S)。它使得混乱的清除和作为一个规律统治的整体——一个结构化和秩序化的整体,例如它就是"它自身"和为了理智——的经济世界的概念化成为可能。根据每一个部门中的生产力,全部社会必要的抽象劳动被分成具体的和特殊的劳动。它被详细规定在特殊部门和生产力中。为了保全和再生产作为同一性(抽象劳动)和非同一性(具体劳动)的同一性——也就是作为主体,它通过赋予它们相对的自主性来将它的力量传递到个别中。

为了三段论的"图像"简单化起见,我们已经将普遍的中心比作以它们的价值进行交换的商品。显然,在逻辑层面是否存在生产价格与它的价值相一致的有效商品,便不再重要。于是,可能出现这种情况:社会资本中没有哪一部分拥有平均构成,而平均构成也位于每一个单个资本之外。这里发展的三个方面的三段论,是社会价值作为资本主义经济的普遍规律。正是抽象规则的三段论规定资本主义的时间组织(the capitalist organisation of time),并且规定单个商品,以至于单个商品拥有一个产生于具体的规律与普遍的规律之间关系的生产价格。正是某种程度的劳动生产力抽象规则的三段论,劳动生产力才构成生产资本价值的一种"具体化"(specification),它才被分割成过去的劳动和现在的劳动,或有机构成。处于这种三段论之外的资本——例如,一个资本并不趋向于实现平均利润,或者并不依附于相对的或普遍的中心——都不能存在,也就是,它不能为了理智而存在，因为它不是任何必要的生产。

有机构成显然能被我们已经搁置一旁的资本的周转时间所代替。作为一种推测性的假设，如果利润率公式中的 c/v 关系被假定为对于所有资本来说都是相等的，而对于每一个资本不同的仅仅是周转时间，那么同样的结果将会出现。三段论中成为特殊性的不是 c/v 关系，这种特殊性将会是周转时间（Tturn）。在现实中，"特殊性"是 c/v 关系和 Tturn 之间的相互作用，或数学上的，利润率公式的分母——Turn（c/v + 1）。这是所有资本的特殊性，因为每一个资本都被假定为拥有同样的利润率和同样的剥削率。再仔细研究一下，这种特殊性标示出在何种方法上每一个单个资本是周转时间（Turn）和线性时间（c/v，过去劳动/现在劳动）的定量的和并行的部分。

让我们顺便注意，如果我们谈及太阳、行星和卫星，那是因为我们没有试图去隐藏这样一个事实：呈现在这里的三段论的灵感来自于黑格尔处理宇宙论体系著作中的篇章（尽管存在确定的不同，它们包含相对严格的应用），而这能够在《逻辑学》和《小逻辑》中被找到。[1]

我们将通过提出一些问题来结束这一章。社会层面的抽象劳动——包含在它的定量维度——和"市场法则"之间的关系能通过运用这种三段论体系被更好地理解吗？如果商品不能以它们的价值被出售，这是因为通过一种否定的否定（市场价格）运动来以另一种"价值"认可它们。在这种意义上，我们更愿意用"相等"来代替"许多"，注意到"生产价格变成价值法则在许多资本层面的运用"[2]，萨拉马（Salama）是正确的。当马克思考察"市场法则"的时候，他并不否认一种类型商品的价格和这种被出售商品的数量之间存在一种确定的关系。这是很明显的，并且能被经

---

[1]　Hegel, 1989, pp. 721 – 724, Hegel, 1969b, pp. 423 – 426, and Hegel, 1991b, pp. 276 – 277, Hegel, 1970e, p. 355.

[2]　Salama, 1985, pp. 143 – 155, and 151 – 152.

验地观察到。在"其它事物相等"的情况下,单位价格降低的越多,一种类别的商品被出售的越多。然而最后这种"神奇"的表述通常所引发的问题要多于它所解决的,因为有必要知道事物在事实上能否保持相等。的确,难道转移机制没有清晰地表明它们不能保持这样吗?如果某些商品常常以高于它们的价值被出售,正如马克思所告诉我们的,这是因为其它的以低于它们的价值被出售。因此,如果在经济交换的动态运动中,一种类型的商品——由于生产力的增加——能以高于它的价值被出售,这意味着其它类型以低于它的价值被出售。

因此,能假定生产价格起源于这样的事实:这些商品的生产数量是这样,以至于市场以高于或低于它们所真实"包含"的价值的价值认可它们。如果一个特定的产业能以高于商品"单个价值"来销售它们,但是"低于部门的平均价值",因此实现了"额外剩余价值",那么为什么经过必要的修改后,同样的事情不会发生在内在部门层面上呢?因此,这将会引发的问题是,理解为什么一些部门能以这样一种数量生产商品以至于能在一定程度的规律性层面上以高于它们的价值、以它们的生产价格销售它们,而其它部门则不能呢?答案非常简单,并且已经形成。那是因为资本没有相同的有机构成或相同的周转时间,简而言之,因为它们没有相同的生产率。这样,市场的经验性规律显现出它们是什么:"数据"就它们自身来说是费解的,其意义来自于它们帮助创造的整体。价值向生产价格的转换是交换行为的瞬间部分,因此也是没有生产的世界的框架。或者,更具体地说,它是这种瞬间环节的一个连续部分。不言而喻,这种现实的方面并不是现实本身。它仅仅是持续增殖的价值的历史性的一个从属环节。

最后,为了清晰和简要地表述,一个合理部分的阴影能否——一个呈现在那些更愿意在"没有生产,却拥有两个商品和一个连续代理人"情况下工作的分析中的部分——通过在它的位置加入"经验"而被"减小"?

第二篇 利润的细分或完全实现的拜物教

第十九章

产业资本的衍生形式①

19.1 商人资本

资本处于它的基本形式,或者产业资本,是以它的三种循环的平行发展为特征的:

Ⅰ. $G - W \cdots P \cdots W' - G'$,或 $G \cdots P \cdots W'$

Ⅱ. $P \cdots W' - G' - W \cdots P$,或 $P \cdots W' - G'$

Ⅲ. $W' - G' - W \cdots P \cdots W'$,或 $W' - G' \cdots P$

在马克思那里,商业资本是被单独投入到流通过程中资本的一种形式。它的循环不同于产业资本的循环。商人购买是为了以更高的价格出售:$G - W - G'$。对于产业者能够表示为 $W' - G'$,对于商人则是 $G - W$;而对于商人是 $W - G'$,对于产业者则变为 $G - W$。

---

① 《资本论》第三卷第4、5、6部分存在一些重要的翻译上的难题:(a) Handelskapital = 商人资本(从这一点开始,不要与商品资本混淆);(b) Warenhandlungskapital = 商业资本;(c) Geldhandlungskapital = 货币经营资本(不能与借贷资本混淆);(d) Zinstragendes Kapital = 生息资本,这同样能被翻译为金融资本。

从产业资本的观点来看,商业资本大大减少了它的流通时间,因为一旦商人购买它的商品,产业资本价值的实现就完成了。但是这种观点是产业者的,而非产业资本的。在现实中,我们一直面对的是 W - G 和 G - W 行为的一种分割(暂时抛开剩余价值并重新回到它稍后的一个阶段是有帮助的)。产业出售给那些将会重新出售同样商品的商人。商人从产业那里买来产业或非生产性消费者将会买回的东西。

与资本主义再生产的代理人被分割成产业者和商人相关的这种流通行为的分割,对于产业资本的三种循环毫无实质性的影响。从全部资本再生产的观点来看,产业资本没有经历这三个循环,因为产业者已经将他的商品转化为货币。商品资本拥有一个新的所有者,但它仍然作为需要转化为货币的商品资本发挥作用。它仍然发现自身处于再生产过程的一个特定阶段——流通阶段。

再生产代理人分割成产业者和商人——尽管对于资本的扩大再生产是必要的——构成了加重生产过剩危机的因素。社会消费能力的限制使他们自身感受到生产过程的暂时落后,因为产业者实现他所拥有的商品的价值,并能在产业商品资本的价值最终实现之前重新进行生产性投资。

商业行为的发展以及它们的集中,导致商品流通时间以及作为结果的产业资本的周转时间的缩减。投入到生产过程中价值的增加是因为投入流通中价值的减少。贸易的发展以及由此所导致的经济规模的发展加速了积累的过程,尽管存在这样的事实:商业行为是非生产的,既不生产价值也不生产剩余价值。

商人为生产者提供一种非生产性服务,以便能交换到他所获得的与他的"不变资本""可变资本"、利润的价值总和相关的货币总和。对于实现商品生产价格必要的劳动时间,则低于产业者自身将要非生产性投入在流通过程中的劳动时间。在马克思那里,商业利润来源于这两种时间的差异。

利润率均衡规律现在不仅对于不同的生产部门是有效的，而且对于无论是主要从事于生产过程或主要从事于资本流通的再生产的代理人也是有效的。

尽管如此，非常容易理解商业资本周转时间以不同于产业资本周转时间的方式对价格产生的影响。商业资本根据销售时间的持续时间来提高商品的购买价格。价格的提升与它的周转时间是成比例的。这里，流通时间作为一个决定市场价值的因素出现。与此相反，在现实中并不是流通时间的延长使得给定时间内的价值的增加成为可能，而是相反，并且间接的，是流通时间的缩短。对于产业资本而言，商品的价值完全不受流通时间的支配，甚至这一事实淹没在利润率和生产价格平衡中（对于较长的流通和周转时间的补偿效应）。对于产业资本而言，流通时间与给定时间内生产的价值成反比，然而对于商业资本而言，价格的上升与流通时间成正比。在商业资本运动中，劳动时间与价格之间关系的每一信号都消失了。如果不是武断的，那么利润率好像是仅仅依据于竞争的规律，正如这些规律能基于它们自身一样。谈及资本再生产的代理人，马克思如下写道：

> 在这些人的头脑中，竞争也必然起一种完全颠倒的作用。如果已知价值和剩余价值的界限，那就不难理解，资本的竞争如何把价值转化为生产价格并且进一步转化为商业价格，如何把剩余价值转化为平均利润。但是如果没有这些界限，那就绝对不能理解，为什么竞争会把一般利润率限制为这个界限，而不是那个界限，限制为15%，而不是1500%。①

更重要的是，这意味着经济学思维需要一个能被假定为性质上同质

---

① 《马克思恩格斯全集》（第四十六卷），人民出版社，2003年，第349页。

的和数量上有限的空间以便能确定处于价格规定性起源和平均利润率水平位置的规律。经济思维不能忽视数学语言，甚至必须限制它。在马克思那里，这种空间是抽象劳动时间。至于《资本论》第一卷第一章，聚焦点从可通约性问题——它调节着交换关系——转化成这一空间的同质性。但是"几何学"的规律并不能严格地测量出它，正如交换价值挣脱代数规律。我们将面临的问题是，这种空间是否会是不同于社会固定劳动的东西。在任何情况下，供给和需求——被认为是在简单流通内活动的两个力量——大多数时候能将利润率带到一个正常的水平，但是它们却不能解释这一比率为什么应该处于这一水平而不是其它，或者为什么均衡价格应该处于这一水平而不是其它。

货币经营资本是商人资本的第二种形式。实质上，这种相关的资本被投入到产业资本货币形式的技术性经营中。这种经营由流通代理人的特殊种类来进行。这些代理人处理款项的支付与搜集、账户结算、赔偿行为、转移等诸如之类的任务，并且它们在生产者和商人的地方完成这些任务。和商人一样，他们有助于产业资本流通时间的缩减。尽管这些任务常常由银行来进行，货币经营资本扮演着不同于生息资本的角色。如同商业资本，货币经营资本通过从事循环转化的任务而有助于流通时间的缩减，而生息资本如我们将会看到的则有其它职能。这就是为什么货币经营资本"位于"商人资本范畴内的原因。

19.2 生息资本

商业资本需要一种流通行为、购买和出售行为的分割。生息资本需要两个起点的一种分裂和货币资本循环的到达点：$G - G - W \cdots P \cdots W' - G' - G'$。我们处在贷方与借方的一种特殊关系之中：前者借出他的货币作为资本，而后者则雇佣它作为产业资本。

从贷方观点的角度来看，资本的"循环"被归纳为 G – G′ 的运动。预付的总和按照利息率扩张后回到他的口袋。这段时间对于它价值的增殖是足够的，并且这是在没有丝毫中介情况下进行的。价值与使用价值、普遍与特殊之间的任何差别似乎都消失了。借出价值的使用在借出自身中被消费了，因为前者是预付价值增殖的源泉。被认为是物质东西的货币，独立于任何社会关系，似乎拥有倍增的秘密性质。就它们自身而言，社会劳动积累的要求，是永恒的支撑物和未来劳动渐增的要求。

无论他是否是借方，贷方观点的主观视角反映在活跃资本家的意识中。后者公司的"纯"利润是通过减去"总的"产业资本的利息来计算的。论证是简单的。货币总额生产出百分之几的利息，这种百分比被假定为是已知的。该公司的"纯"利润因此就是利润超过这一百分之几的部分，因为在没有生产过程调解的情况下，后者的实现是可能的。这样，"纯"利润和利息就在一种关系中被计算——一个是另一个的基础，一个与另一个对立。必要劳动与剩余劳动之间的对立消失了，以至于为"产业利润"和"商业利润"之间虚构的对立所代替。货币在这里作为一种以扩大的规模合法地自主再生产自身的神秘的自主的能力出现，而"产业利润"作为一种支付活跃的商人劳动的工资出现。自相矛盾的是，在这种虚伪表象的想象世界中，剩余价值的痕迹出现了：资本主义的利润不可能全部来自于资本主义的劳动，因为在这种情况下，"商业利润"的源泉将会是什么呢？

显然，生息资本不是积聚的，因为它是借出的，借方以产业资本来使用它。产业利润并不是双倍增长的，因为货币形式的资本预付了两次。因此，很明显的是，产业利润首先在逻辑上是"一和不可分割的"；其次，它真正或理论上分布于贷方和借方、利息和公司利润之间。作为剩余价值的两个部分，最后的两个范畴涉及到它们自身并没有什么神秘的。如同利润，它们既是剩余价值的现象形式，同时又是社会想象的环节，或马克思称之为"拜物教"的环节。但是如果利润是剩余价值的现象形式,那么利息和公司利润便是利润的细分。利润这些细化与剩余劳动之间的关系并不是直接的,而是通过产业利润调解的。这种非直接性是制造疑惑的额外成分:

> 尽管利息只是利润即执行职能的资本家从工人身上榨取的剩余价值的一部分,现在利息却反过来表现为资本的真正果实,表现为原初的东西,而现在转化为企业主收入形式的利润,却表现为只是在再生产过程中附加进来和增添进来的东西。在这里,资本的物神形态和资本物神的观念已经完成。在 G – G′ 上,我们看到了资本的没有概念的形式,看到了生产关系的最高度的颠倒和物化——资本的生息形态,资本的这样一种简单形态,在这种形态中资本是它本身再生产过程的前提。①

为了解决与利息率水平有关的问题,我们必须放弃贷方和借方、非活跃的与活跃的资本家的主体性视角。利息是产业利润的一部分,但是是否存在调节利息量的规律呢? 是否存在一种利息的"自然律"呢? 利息当然要低于产业利润,因为它仅仅是后者的一部分。据马克思所说,这几乎是关于利息描述的全部:

> 没有任何理由可以说明,为什么中等的竞争条件,贷出者和借入者之间的均衡,会使贷出者得到他资本的 3%、4%、5%……的利息率,或得到总利润的一定的百分比部分,例如 20% 或 50%。当竞争本身在这里起决定作用时,这种决定本身是偶然的,纯粹经验的,只

---

① 《马克思恩格斯全集》(第四十六卷),人民出版社,2003 年,第 441～442 页。

有自命博学或想入非非的人，才会试图把这种偶然性说成必然的
东西。①

　　一种关于利息率的理论不可能得到发展，因为竞争单独决定它的水
平。没有被借出的"生息资本"并非资本，而仅仅是储存的货币。利息率
如何被决定的，则取决于产业资本和生息资本之间力量的暂时性平衡。
这便是能描述的全部，并且它不是一种解释，而是利息率波动的非解释。
当然，数千"规律"能在利息率的波动中被观察到。它们以一种特定的方
式与债券价格和证券交易所"产品"、储蓄水平、别国的利息率、经济流动
性、平均利润率、经济循环、中央银行政策等的收益率相关，但是观察和理
论化分离过程并不仅仅是一小步。

　　请允许这里稍微的离题：在他们的著作《货币暴力》（*The Violence of
Money*）中，阿格里塔（Aglietta）和奥尔琳（Orléan）如下写道："贯穿他（马
克思）的著作的是，一种形式运动的黑格尔主义概念遭遇劳动的'自然主
义'概念。"②

　　就它自身而言，这种评论是完全适合的；事实上，马克思"摇摆"（os-
cillates）在价值的"自然主义"和"黑格尔主义"理论之间。但正是这种
"摇摆"、这种矛盾的统一，给予马克思著作异常的力量。如果放弃了这
种形式的辩证法，那么仅仅保留的则是资本主义社会关系极端静止和贫
乏的洞察，一种与庸俗者和结构主义者阅读《资本论》时所分享的完全相
反的洞察。如果放弃了"自然主义"理论而赞同形式运动，价格和价值之
间所有可能的关系——当然是在定量水平上——便都被破坏了。顺便说
一下，这就是一个马克思和黑格尔的优秀专家——亨利·丹尼斯，已经做
的。丹尼斯在马克思的著作中抓住了这种摇摆（而不应该说成矛盾），并

---

　　①　《马克思恩格斯全集》（第四十六卷），人民出版社，2003 年，第 407 页。
　　②　Aglietta and Orléan，1984，p. 31.

通过两本书专门研究它（尽管在第二本书中只是部分），即《马克思的"经济学"：一种失败的历史》（*Marx's "Economics": The History of a Failure*）①和《黑格尔的逻辑学与经济体系》（*Hegelian Logic and Economic Systems*）②。在后者中，当讨论至价格时，丹尼斯辩称：对于价格量的维度我们必须放弃谋求一种合理的解释："如果人们将它们本身认成一种实在，价格是完全矛盾的东西……处理这种矛盾唯一的方法便是，彻底放弃确认价格源泉或基础的尝试。"③

由于一种纯粹偶然的原因，商品能拥有完全不同的价格吗？在价格背后是否存在与此有很大不同的坚实基础？很少有哲学家——甚至更少有经济学家并且没有实干的商人——跟随丹尼斯沿着这条路走下去。

> 交换价值（黑格尔主义的存在，纯粹的否定性，一种"无"显示出：使用价值为了保存和再生产自身就必须否定为交换价值）和价格视角的辩证法并未阻止我们认可：为了生产，就必须有劳动和土地。但是，劳动和土地被降至生产的自然条件的状态，如同大气中的空气、热量，并且所有元素都来自于自然并被用于生产过程。④

作为价值的劳动的"自然主义"和"经验主义"视角在马克思那里被清除了，以便最终"分类"这种在所有生产的"自然前提条件"的范畴中的同样劳动，以及与此一起的大气中的空气和热量；犹如劳动在所有生产方式中都不是一种人们"社会化"的方式（如果不是这种方式），包含资本主义生产方式在内，并且更加明显。

对于我们而言，我们更愿意跟随马克思的案例将这两个概念结合起

---

① Denis，1980.
② Denis，1984.
③ Denis，1984，p. 143.
④ Denis，1984，p. 143.

来，因为它们不是不可调和的，而是相反，能够成为内容丰富的资本主义"阅读"的基础。根据当下著作的第二、三、四章，价值是又不是（可计算的）劳动时间。作为这种离题的结论便是：如果在价值规定性中我们丝毫不赋予扩张劳动时间以重要性，我们将会与我们现在所处的利息率的决定性关系一样陷入与价格决定性相关的僵局中。

生息资本作为一种手段参与到一般利润率的形成中：在产业资本的生产和商业形式中，它帮助产业资本从一个经济部门运动到另一个。与产业资本不同，生息资本不能根据暂时利润率的平均水平向市场索取一个与其大小成比例的利润率。为什么不能呢？由于这一简单原因：这种生息资本不像产业资本为了实现更高的利润率能从一个部门转移到另一个、从经济领域转移到其它。一旦被借出，它以条目的形式存在于贷方的账簿上和以产业资本的形式存在于商人的手中。它如同产业资本一样，被投入到一个特定的生产领域和商业行为中。换言之，说产业资本从产业领域转移到金融领域是毫无意义的，因为生息资本或金融资本便是在借方手中迅速地以产业资本发挥职能的东西。生息资本并不是作为总体的社会资本的一部分。它不是被添加至产业资本的价值中去的。更确切地说，产业资本的固定部分也以信用的形式存在，或者以条目的形式存在于金融资本家的账簿上，因为它以借记的形式存在于产业资本家的账簿上。增长或下降的东西并非是作为产业资本对立面的金融资本，因为这两极并不以同样的方式互相反对，即一个领域的产业资本的行动与另外一个相对立。相关增加或下降的内容，是以双重形式（信用/借记）存在的产业资本的一部分。"金融投资"和金融利润并不存在，这就是说，仅仅从贷方的主体性视角的观点来看它们是积极的存在，同样地，仅仅从借方的主体性视角的观点来看它们是消极的存在。这就是为什么马克思坚持认为利息率的规定性是纯粹意外和偶然的，或"经验的"。

以一种特定的方式，生息资本是作为"财产"（property）的资本，是作为与代表作为"职能"资本的产业资本相对的资本。这并不意味着,前者在资本主义生产方式中不履行一种必要的社会职能。信用体系和银行的发展是与流通时间以及作为结果的周转时间的减少同步的;以这种方式,它加速了再生产的节奏和资本的积聚。在马克思那里,除了其它方面之外,银行代表着聚集到银行并在之后被银行家用作借贷资本一小笔货币社会化的方式。银行家的利润是他们提供给贷方与要求借方之间利息率的差异。以这种方式,储备资金和逐渐的花费收入尽管放在银行中,却在社会水平上被降至绝对最小值。这使得货币流通的加速成为可能。银行家借出并非他所拥有的资本,或者借出多于他所拥有的存款或其它形式的银行资本,在这里丝毫不起作用。

对于马克思而言,无论什么样形式(股票购买和股票交易行为通常是信用的其它形式)的信用体系,包含两个东西:第一,一种产业资本流动的简约化模式的方法,这种方法通过朝向趋向于利润率均衡的趋势变成实在和存在的事物;第二,一种降低购买和销售时间的方法,或一种将流通中的社会价值降至绝对最小值的方法。

总之,信用或生息资本——两种资本主义生产方式中不可分割的现象——没有直接地参与到财富创造中,通过作为加速再生产节奏的方法发挥作用,间接地有助于财富的创造。

第二十章

地 租

在马克思对黑格尔著作的批判中,一些不是完全清晰的,而其它的则是存在争论的。与此相反,马克思对黑格尔关于土地私有财产的批判似乎对我们来说尤为清晰和合理。对黑格尔而言,土地的私有财产关系是超出人们之间关系的人与自然之间的关系。在黑格尔那里,土地的私有财产关系是个体意志实现的行动,是通过个体物质化他的意志的行动。马克思批判了这种观点,指出:如果情况是这样,那么每一个人为了实现他自身就不得不成为土地所有者。更重要的是,什么是个体为他的意志的实现所设定的量的限制呢?黑格尔本人提出了这个问题。他坚持在"积极权利"中寻找一个答案,因为正如他所指出的:"人们不再可能从概念中推断出任何事情。"这个"概念"永久地处于僵局之中,因为它已经拥有一个决定性的合法的和社会的形式——土地所有权——成为一种内在于人与自然之间关系的绝对的和永恒的形式。这个"概念"几乎明确地意识到它的缺陷,因为它不可能抓住土地所有权的真正演化。[①]

与黑格尔相比,马克思路径的创造力包含了一种颠倒的等级制度。土地私有权——和地租——首先是人们之间的关系,之后是人和自然之

---

① 《马克思恩格斯文集》(第七卷),人民出版社,2009 年,第 695~696 页。

间的关系。后者起源于前者,而不是相反。两种关系实际上不是绝对或永恒的。

土地私有权表达了一种具体的表现形式与占统治地位的社会关系平行发展的关系。地租先于资本主义生产方式。然而马克思在《资本论》中仅仅将几页用于它的前资本主义形式(劳动、产品、货币等形式的地租)。另一方面,他认为他称之为"资本主义地租"的东西非常重要。

前资本主义的地租并非起源于土地,而以一种明显和毫无疑问的方式起源于剩余劳动。例如,当一个农民在土地所有者的小块土地上免费进行了若干天的工作,在理解土地不是剩余劳动在其上生长的树和后者不是土地而是社会的产物的基础上,智力努力是不必要的。资本——一种特殊的剩余劳动占有方式——并未更改它的源泉。价值是人们之间的一种关系,尽管它隐含着人与自然之间的一种特殊关系。结果是,关于资本主义地租的全部讨论只能以一个核心问题为中心:社会剩余价值的一部分以何种方式转化成资本主义地租?

在一个社会价值的整体被假定为要转化为利润和工资、商品以环绕生产价格(生产成本加平均利润)的价格被出售的体系中,似乎不存在一个既不是利润又不是工资的新范畴所需要的地方。然而地租如同与它相关的地主阶级一样多的存在。初看起来,地租可能仅仅是利润的一部分。

作为利润的一部分,它是"级差地租"。在一个基于土地私有权的体系中,很自然的是:某些"自然因素"——例如土壤肥力、瀑布和丰富的水资源、有利的气候条件等——是被垄断的。劳动生产率不仅依赖于一些为资本主义活劳动和死劳动组织所共同拥有的因素,而且还依赖于这些自然的和垄断的因素。这种生产价格和平均或一般利润的体系丝毫不排除超额利润实现的可能性。例如,在一个特殊的生产部门中,一个以低于部门平均生产成本进行生产的公司能以高于它的生产成本(生产成本加平均利润)的更高价格进行销售,因此实现一种超额利润。这种以更低成本所进行的生产通常不是垄断性的，因为没有任何事情能阻止其它资本引进以降低成本和提高利润为目标的同样技术。一旦这些技术普及化，超额利润由于同样的采用便消失了。这里我们只不过描述了额外剩余价值的原理。然而与其在价值和剩余价值术语中推论（reasoning），不如我们在生产价格和利润术语中推论。那些在严格意义上不能被产业资本所垄断的东西，能被农业部门的产业资本所垄断。来自于实业家让于土地所有者的这种垄断的超额利润，是马克思称之为"级差地租"的东西。

因此，级差地租以价值优先转化为生产价格为前提条件。超额利润转化为地租并非来自于处在特殊劳动生产率源头的自然因素。更确切地说，这些同样的因素允许垄断它的土地所有者去占有业已存在的社会劳动的一部分。自然因素没有价格，因为价格仅仅是价值的一个环节。马克思写道：自然因素的价格，就像土地的价格，是一种"隐藏着一种现实的经济关系的不合理的表现"，因为"在没有价值的地方，也就没有什么可以用货币来表示的"。① 土地的价格和自然因素的价格表达了资本家和土地所有者之间力量的一种平衡。这两大群体之间的关系就其本身而言并非一种市场关系（土地和它的富饶均非商品），纵然在商品世界中，这种关系只能承担市场价值的一种交换的表面形式。在这种交换中，所牵涉的术语是参差不齐的。这种交换是土地上继承自历史的合法权利与土地所有者不以任何方式参与其中的市场上（再）生产的权利。这就是为什么当我们运用发展《资本论》第一卷、根据价值和价格能潜在地携带一种绝对矛盾（土地在没有价值的情况下拥有价格）的马克思的思想的时候，必须十分谨慎，因为存在问题的价格不是商品的价格。

由于级差地租来自于特殊和一般生产价格之间的差异，很明显的是：那些以一般生产价格出售的农产品并不能引起级差地租。这些没有任何特殊优势的地块因此也不会生产任何地租。然而这并不能成为土地所有

---

① 《马克思恩格斯全集》（第四十六卷），人民出版社，2003 年，第 729 页。

者免费将他的地块让于农业资本家的充分理由。那么这些地块的地租来自于哪里呢？我们可以假定：作为区别于农民的某些人的私有财产（并且农民因此不需支付任何地租），这些地块并不存在。通过废除地租，这便能解决这一问题。对马克思而言，这样一种假设并非一种解决方案，而是逃避问题的一种方法。因此，我们必须从这样一种假设——农业资本家必须支付地租以便能耕作一个并非他们所有的地块——出发。承认这些我们同时也就承认：农业土地是被一个特殊的社会阶级所垄断，完全能反对资本的免费运动。通过这种方式，农业商品的价格能保持一个高于农民的生产成本的价格的水平。这种差异随后将会采取"绝对地租"的形式。如果财产的这种阻碍逐渐消失，新地块将会被耕作，以至于农民的货币形式的超额利润（农业利润减去平均利润）也同样消失了。绝对地租因此来自于市场价格与生产价格之间的差异，前者——时常的和异常的——高于后者。

绝对地租并不以价值向生产价格的转化为前提条件。在马克思那里，它作为一个独立于利润的范畴，尽管不独立于剩余价值。土地所有者，作为对抗产业资本的阻碍发挥作用，阻止全部农业价值向生产价格转化，因为它阻止全部农业剩余价值向利润的转化。在余留的剩余价值和价值已经转化为利润和生产价格之前，一部分的剩余价值采取绝对地租的形式。

在他关于地租的讨论中，马克思从这样的假设出发：农业的产业资本是一种低于社会平均水平的有机构成。这种假设允许他断言，农业生产的价格高于它的生产价格，但低于或等于它的价值："但是，无论这个绝对地租等于价值超过生产价格而形成的全部余额，还是只等于其中的一部分，农产品总是按垄断价格出售，这并不是因为它们的价格高于它们的价值，而是因为它们的价格等于它们的价值，或者，因为它们的价格低于它们的价值,但又高于它们的生产价格。"①

因此,绝对地租必然来自于这样的事实:农业领域的价值高于它的生产价格。这种假设暗含着,绝对地租在农业资本有机构成高于平均水平的情况下的不可能性。的确,马克思坚持认为:"如果农业资本的平均构成等于或高于社会平均资本的构成,那么,上述意义上的绝对地租,也就是既和级差地租不同,又和以真正垄断价格为基础的地租不同的地租,就会消失。"②

如果假定农业产业资本的有机构成高于平均有机构成,绝对地租将会采取我们称之为"垄断地租"的形式。这种假设是尤为不"现实的",但它在逻辑方面是十分必要的。在这种情况下,农业商品的价值将会低于它们的生产价格。地租对于所有这些将是不可能的吗?无论资本的有机构成是什么,农民必须支付地租以便能耕作并非他们所有的地块。土地所有者与资本免费运动之间的对立,在农业资本有机构成上并非偶然发生的。与它先前相比,它在与资本的关系中仍旧是一种格格不容的力量。在这种情况下,地租将等于垄断价格和农产品生产价格之间的差异,尽管后者高于农业价值。它因此将会通过地主阶级挪用社会剩余价值的一部分。理论上,土地所有者能强加这种垄断价格并且因此能挪用社会剩余价值的一部分,因为他们垄断农业土地的所有权。

在实际中,我们能想象一种似乎是没有违反《资本论》概念性整体的垄断价格(像农业价格)的体系。因此,让我们假想:全部产业资本——无论农业与否——都以高于生产价格的价格(两者之间的差异部分地与"垄断地租"相关,部分地与绝对地租相关)出售它的商品,也就是说,全部资本都如同农业资本一样处在同样的情况中。生产价值的总和将不会等于生产价格的总和,但等于市场价格的总和。只有这种转化的价值将

---

① 《马克思恩格斯全集》(第四十六卷),人民出版社,2003 年,第 862 页。
② 《马克思恩格斯全集》(第四十六卷),人民出版社,2003 年,第 865 页。

会等于生产价格,而未转化部分的剩余价值将会等于市场价格(等于社会价值)与生产价格之间的差异。在这种情况下,利润和地租的总和将会等于剩余价值的总和。更重要的是,所有的商品都不得不以高于它们生产价格的价格出售,并且常常是以高于它们价值的价格出售。

需要注意的是:垄断地租,无论产业部门基于何种考虑(农业、矿山、土地开发等),都不来自于这样的事实——该部门的价值高于生产价格,而是来自于这样的事实——垄断价格高于生产价格,两者之间的差异部分或全部转化成地租。为了保持那一部分的价值,更具体地说,社会剩余价值的一部分——与垄断价格和生产价格之间差异相关的那部分——未转化成生产价格,仅仅意味着:无论它的活动部门是什么,产业资本都以这样一种方式——利润率仅仅在地租允许它运转的免费空间(价值)趋向于平衡——发挥作用。

根据我们的分析,并非是绝对地租的量,而是垄断地租的量——并未被"农业价值减去农业生产价格"的减少所限制——是偶然地作为利息和利息率。这就是为什么资本的有机构成与绝对地租和垄断概念相联系:

> 这两个地租形式,是唯一正常的地租形式。除此以外,地租只能以真正的垄断价格为基础,这种垄断价格既不是由商品的生产价格决定,也不是由商品的价值决定,而是由购买者的需要和支付能力决定。对垄断价格的考察属于竞争学说的范围,在那里,将研究市场价格的现实运动。①

级差地租与绝对地租(和垄断地租)的不同之处在于:前者并不像后者一样能引起它来源于的价格差异。唯一能揭示这种垄断价格的特殊类

---

① 《马克思恩格斯全集》(第四十六卷),人民出版社,2003 年,第 864 页。

型和生产价格之间差异的东西便是土地私有权、继承自历史的合法权利。

　　一旦地契的价格被考虑进来，如同利息率中的情况一样，数千规律现象能被观察到。土地价格则根据投入到那块土地中资本是否增加或下降、利息率的演进、地租的演进等而提升或下降。然而在一个地契和给定数量的货币之间不存在必要的和内在的联系。马克思写道："这种说法的意义，就如同拿一张 5 镑银行券同地球的直径相比较一样。"他继续说道："一个完全的矛盾，对他们来说决不是什么神秘的东西。他们对于那些没有内在联系并且孤立地看是荒唐的表现形式感到如此自在，就像鱼在水中一样。"①

---

　　① 《马克思恩格斯全集》(第四十六卷)，人民出版社，2003 年，第 881 页。

第二十一章

三位一体的公式

　　伴随着地租,这种三位一体完成了:圣父、圣子和圣灵;资本、劳动和土地。但是这便是类比结束的地方,因为"经济科学"缺乏神学被证明具有的想象和严格性质。上帝创造了他的儿子、世界、他的其它,以便能在他之中实现他自身,以便在没有清除形式差异的他之中确认他自身。这便是上帝如何借助这种中介变成圣灵的。三位一体中每一个"孤立的"环节未孤立任何事情,却向其它展现了它相同的本性。[1]

　　资本－利润、劳动－工资……和这里是土地——"这个无机的自然界本身,这个完全处在原始状态中的'粗糙的混沌一团的天然物'"[2],使得这种神圣循环的完成成为可能:土地－地租。生产的三个因素和收入的源泉保持着自然的关系、完全外在的形式、永恒性和独立于任何特殊的社

---

　　[1]　我们正在用 Hegel,1995a,p.76 的内容来改写讨论的内容。

　　[2]　《马克思恩格斯全集》(第四十六卷,第922页)。这些术语是从奥维德(Ovid)的《变形记》(*Metamorphoses*)中借用来的。有必要补充下18世纪神学家和地理学家托马斯·伯内特(Thomas Burnet),在他的著作《地球的神圣论》(*Telluris theoria sacra*)中再现了一个非常有趣的画面:耶稣站在一个由七个地球仪组成的圆圈上,第一个代表的原始地球陷入混乱和无定形状态,最后显示一个照亮地球处于完美状态。通过这种方式,地球的地质历史直接由对神圣文本的严格解读决定。古尔德证明了犹太教－基督教时间尺度(周期性和线性或"矢状")对地质学史的决定性影响,参见 Gould,1987。

会形式。辩证的宗教不同于经济学中的一些"科学的"路径，是由于下述原因：前者是想象的产物和以固定的逻辑原则为基础，而后者则在其未提炼状态使社会想象正规化并呈现作为一种科学的要求和毫无争议的真理的原初混乱和虚幻表现。

在这个三位一体中，异化和物化融合变得难以分辨。劳动的产品对工人来说是作为一种独立于他的异化力量，一种他为了获得"他劳动的价格"而不得不使他自身屈服于的力量。这便是劳动生产——这种事情——具备购买它支付工资的生产者的能力。资本不是一种社会关系，而是一系列的事情——生产资料和货币——即为了语言的简化我们称之为"资本"。以这种方式来理解的资本，每种社会生产的一个必要条件，就如同劳动一样在它有所贡献的社会生产上要求一个合法的权利（利润）。最后，土地与它的垄断产生了混淆，土地私有权，每种社会生产的一种自然条件。这种自然的力量亲自到来并排队去接近资本，以便要求它们的地租。如同资本和劳动所做的一样，它们也如此有助于社会财富的创造。

马克思谈及拜物教和神秘化，并不是因为他正在处理一种他不能在一种可疑的唯物主义（dubious materialism）中把握的精神世界，而是因为他身处一种非物质–精神的面前，如果我们愿意——对于社会想象而言，现实是作为一种内在于可察觉事物（这种事物是作为它们物理属性之一）的自然的和永恒的现实出现。在一种社会关系中不存在任何物质的东西（尽管它涉及物质的东西），正如在语言中不存在任何物质的东西一样，却没有人疑惑这种产生声音的器官功能。这就是为什么我们不能追随丹尼斯的原因，当他宣称："黑格尔称'客观精神'为这种社会现实的一种形式（资本作为主观）。当然，马克思觉得不得不谈及神秘化和拜物教，是因为我们正在处理一种精神的现实。"[1]

_____

[1]　Denis,1984,p.39.

遗憾的是,马克思的语言对我们来说常常是不必要的复杂(无疑是因为他对不作为黑格尔非批判跟随者的出现给予了太多的关注)。这致使对他的拜物教理论真正意蕴的理解更加困难:

> 在资本-利润(或者,更恰当地说是资本-利息),土地-地租,劳动-工资中,在这个表示价值和财富一般的各个组成部分同其各种源泉的联系的经济三位一体中,资本主义生产方式的神秘化,社会关系的物化,物质的生产关系和它们的历史社会规定性的直接融合已经完成:这是一个着了魔的、颠倒的、倒立着的世界。在这个世界里,资本先生和土地太太,作为社会的人物,同时又直接作为单纯的物,在兴妖作怪。①

物化因此是物质的社会关系蜕变成事情。这种物化存在于"生产的物质关系与它们历史和社会特征的直接联合"。转化-生产的物质条件,例如存在于它们物理规定性的生产资料、土地和劳动,与针对于资本主义生产方式的那些社会关系——例如,一方面是生产资料和土地的垄断,另一方面是雇佣劳动的垄断,混淆了。因此,很清晰的是:马克思并不是为了呈现作为"理念"、作为一种社会关系的资本而批判庸俗经济学家,而是相反,他是为了概念化作为一种事情的它。

庸俗经济学家将一个主体、一个活的有机体分解成为他称之为"生产要素""收入源泉"等的一系列部分。突然,他发现自身身处一个碎片化的尸体面前。这并未阻止庸俗经济学家呈现这种作为引导他们自身生活的这种尸体的并列碎片。但是在那种情况下,我们不再处理生活,取而代之的是死的事件和无生命力的事实的想象的生活。拜物教既是一个主体的碎裂,又是它的复活。它是死的事件的复活、"生产关系的物化"和"物

---

① 《马克思恩格斯全集》(第四十六卷),人民出版社,2003年,第940页。

的人格化".①

但是作为一种主体,资本能内化、神秘化。它能将马克思所描绘的幻影转化成它自身活力源泉之一。意识形态、假象、具体化和错误的表象对它来说都是不可或缺的和必要的环节。这种生产关系向事物的转化和事物的人格化,如它所是,是它的自然环境。正是身处这种自然环境中,它能宣称它自身作为一种自由的主体、一种逃避他们意识控制的人的时间组织、一种盲目和自然的必要。这就是为什么《资本论》和《1857—1858年经济学手稿》的有心读者会注意到:拜物教在这些著作中有时是作为一种纯粹的幻觉效应,而有时又作为社会关系和经济现实的一种必要和基本的环节。每件事情都基于我们达到这种现实的路径,鉴于拜物教同时既是纯粹的幻觉效应又是社会现实的一个基本部分。

这种拜物教的"一分为二"如何更为坚定地被理解呢？它如何既是纯粹的幻觉效应又是社会和经济现实的一种基本和必要的部分呢？

拜物教在意识层面是一种消极的性质;它不是一种炫目的光泽——一种使各种代理人失明的光线的散发。它就是失明本身,一种不以任何方式重塑资本的真正本性的东西。

恰好正是这种性质对于资本来说是积极的。这种资本－关系成为这种炫目的光泽是合适的,的确成为这种普遍化的失明的客观环境——资本在其中宣称自身作为一种占统治性的、自由的和持久的社会关系——也是合适的。这就是为什么拜物教能有时以它的"消极"形式出现,而有时又以它的"积极形式"出现。它有时以外在于真正的社会关系出现(纯粹的幻觉效应——资本是那种完全独立于代理人的错误观念之外的东西),而有时又以社会关系的一种必要的规定性和一种积极的性质或资本出现。我们能比这更确切吗？

---

① 《马克思恩格斯全集》(第四十六卷),人民出版社,2003 年,第 940 页。

第三篇　资本主义时间系统的矛盾

第二十二章

利润率趋向下降的规律

利润率趋向下降规律的界定是基于一种非常简单的理念,尽管马克思是第一个明确表述它的。对于一个给定的剥削率,社会劳动生产率通过资本有机构成增长的每一次增长,都会导致利润率的降低。由于技术进步——或由同样数量的劳动力操作的生产资料价值的持续增长——是内在于资本主义生产方式,所以利润率的下降便是周期性不可避免的。

在马克思那里,这一规律不是绝对的。资本主义生产运动并非是自发地导致利润率的渐进和不可逆的下降,即便对于它下降的这种趋向被认为变得越来越强大。更确切地说,正是这种利润率下降本身似乎在制造能使它重新开始增长的条件。正是规律本身制造了否定它的力量,因此也制造了"规律"和"趋向"范畴的奇妙融合。

正如从《资本论》第三卷第十五章的特有的标题所能看到的,"规律的内部矛盾的展开",这一范畴是指那些尽管没有失去作为规律状态的自身相矛盾的那些规律。

无论是由何种原因引起的,对劳动力剥削水平的提升构成了一个对于或长或短时间段内要么放慢、要么中和利润率下降的因素。只有在不变资本的增加快于可变资本的条件下，才允许商人实现一种剩余利润或占有一种"超额剩余价值"。因此，相对剩余价值的机制是有活力的，以便工作日的基本事件能被修改而有利于资本。

　　劳动生产率的提升和相对剩余价值的生产对于资本来说是同义的："对资本来说，不是在活劳动一般地得到节约的时候，而是只有在活劳动中节约下来的有酬部分大于追加的过去劳动部分的时候，这种生产力才提高了。"①并不是劳动的每一次扩展和强化都必然跟随一种等量工资的增加，所以剩余劳动时间/必要劳动时间之间的关系能保持稳定。但即便是在这种情况下，c/v 的比率将会下降。这是因为，在固定资本保持不变的条件下，可变资本将会比不变资本增加得更快，无论劳动生产率增加多少，这就是为什么工作时间的强度和长度仍然是资本主义生产的中心问题。

　　劳动生产率在生产不变资本部分的增加、周期性地导致被雇佣的不变资本的贬值，降低了资本的有机构成，并构成中和利润率下降的一个额外因素。

　　更高生产率部门工人的解雇和这些失业工人发现他们自身所身处的社会形势，常常引发新产业——在其中，剥削率是高的并且活劳动是占支配的——的创造。

　　国外贸易或不平等交换是能构成中和利润率下降的一个因素。先进国家的资本在国外贸易中有效地以比商品价值或生产价格更高的价格出售商品，而他们同时购买那些由于低小时工资而便宜的国外商品。如果世界市场是资本主义发展的前提条件的话，它同样也是它的产物。马克思如此写道："对外贸易的扩大，虽然在资本主义生产方式的幼年时期是这种生产方式的基础，但在资本主义生产方式的发展中，由于这种生产方式的内在必然性，由于这种生产方式要求不断扩大市场，它成为这种生产

---

① 《马克思恩格斯全集》（第四十六卷），人民出版社，2003 年，第 291～292 页。

方式本身的产物。"①

　　规律和趋向范畴的融合——特别是利润率趋向下降的规律——引发了一个值得些许关注的理论问题。人们能挑战马克思的步骤,通过提出下述问题:将现实仅仅是趋向——它自身产生那种中和它而不是取消它的因素——的东西提升到规律地位的作用是什么? 这难道不是波普尔意义上的一条"可证伪性"的规律吗? 如果由于内在于它趋向的中和而使得它不显现自身常常是可能的,那么这一规律的有效性如何能被经验地证实呢?

　　为了提供这些类型问题的答案,我们首先需要注意:上述提到的中和趋向在马克思的著作中首先作为解释利润率下降的延迟性因素。

　　其次,利润率下降的趋向和与它相伴随的中和趋向,并非总是以这样一种方式在空间中同时地发挥作用以至于彼此互相中和。简言之,经济的循环运动包含利润率下降和内在于它的中和趋向一样多的经验证据。利润率下降的可逆性趋向显然不是它不存在或经验证明自身不可能性的证据。

　　总之,生产力的发展周期性地导致一种资本主义生产方式不能和平控制的劳动时间的节省。这种劳动时间的节省只不过是资本的一个令人遗憾的附带现象、是价值增殖过程的"副产品"和内在于它的剩余劳动时间的增长。利润率的下降和由它所引起的危机,因此起源于劳动时间和剩余劳动时间之间的矛盾:

　　　　这种冲突部分地出现在周期性危机中,这种危机是由于工人人口中时而这个部分时而那个部分在他们原来的就业方式上成为过剩所引起的。资本主义生产的限制,是工人的剩余时间。社会所赢得的绝对的剩余时间,与资本主义生产无关。生产力的发展,只是在它

① 《马克思恩格斯全集》(第四十六卷),人民出版社,2003年,第264页。

增加工人阶级的剩余劳动时间，而不是减少物质生产的一般劳动时间的时候，对资本主义生产才是重要的；因此，资本主义生产是在对立中运动的。①

这种思想使得马克思能以一种独创的方法来处理资本主义危机。

《资本论》第三卷的第三篇，被冠以"利润率趋向下降的规律"，包含一些作为关注资本主义生产过剩危机非常重要的篇章，尽管根据马克思关于这一主题的思想，读者将不会发现这部分的一种系统性和有组织性。

在这部分，马克思形成了关于危机问题的两个命题，也成为与他同时代的经济学家相比他思想独创性的证据：

（1）与现有人口的需要相比，资本并没有生产太多生存的手段。它周期性地生产太多的商品，以便能以一个将会引发一个更高利润率实现的价格出售它们。

（2）与能工作的人口数量相比，资本并没有生产太多的生产资料。它生产了太多能使它们作为资本发挥作用的生产资料，也就是作为以特定的利润率剥削的手段。

这些命题的独创性包含在下述事实中：马克思并未使资本和商品的生产过剩与人口的消费不足相对抗。由于资本的目的是自身的增殖，生产过剩与特定部分人口的物质痛苦并存，则是不矛盾的。

马克思并没有把《资本论》的一个特定部分或章节用于讨论危机问题。这个问题可以被认为是一个他没有系统处理的问题。同时，危机——尤其是作为一种可能性——通过这三卷被详细地呈现出来。在一个著名篇章中，马克思自己详细说明并总结了这种可能性的起源：

> 进行直接剥削的条件和实现这种剥削的条件，不是一回事。二

---

① 《马克思恩格斯全集》（第四十六卷），人民出版社，2003 年，第 293 页。

者不仅在时间和地点上是分开的,而且在概念上也是分开的。前者
只受社会生产力的限制,后者受不同生产部门的比例关系和社会消
费力的限制。①

这种危机发生的可能性,因此起源于资本生产过程和流通过程之间
的密切结合,这两者同时有机地联系在一起并且依靠于混杂的形势。每
一次危机——周期性或结构性——都起源于这种对立统一,源于这种统
一又分裂的一对,当这种分裂变成相对占支配地位。

不同的现象常常聚集在"危机"的标题下:周期性危机与产业循环联
系在一切,而它因此也是资本主义生产"正常的"、必要的和不可避免的
环节;而结构性危机是反常的或特别的,在这一点上它们可能被这一系统
的自发的或内生的机制所克服。

马克思仅仅分析了前者。在马克思那里,资本主义生产具有循环性
的特征。加速阶段与经济活动的减速阶段互相交替。扩张性阶段为停滞
性阶段作"准备",反之亦然。然而这种循环和暂时性的重复并非仅仅一
次。资本在很长时间内以两种方式来发展:它通过循环到循环来再生产
自身,而同时它变成熟。在历史过程中,周期性危机趋向于更加严重,所
以生产力不可能在资本主义社会关系的狭窄框架内无限地发展。

资本主义的历史,尤其是它的危机历史,意味着我们不能满足于马克
思所提出的简单部分。每一次结构性危机的克服已经在经济史上开辟了
一个特定的阶段,在改变过的经济、社会和政治环境中开辟了一个新的开
始。资本在它的晚期和在一种结构性危机的形势中,已经幸存下来——
历史地说——并且已经找到了一种新的活力。

在新近的分析中,资本主义并没有以一种线性和渐进式的方式变得
成熟,尽管存在马克思所假定的资本的周期性再生产和利润率的波动。

---

① 《马克思恩格斯全集》(第四十六卷),人民出版社,2003 年,第 272 页。

或者，无论在何种情况下，概念的整体性和历史时间之间的关联，如同马克思所呈现的，鉴于历史性革命而必须被限制。

这种关联是它自身的概念性和理论性。我们并非尝试建立资本的理论与危机的历史之间的相关性，而是考察整体资本和历史性事件之间的概念性关联。这一问题将会在第二十四章被处理。

第二十三章

周期性危机

在移至利润率的长期趋向之前,我们将以作为产业循环的一个特殊阶段的危机的考察为起点。

23.1 周期性危机和产业循环

周期性危机是作为产业或经典循环(classical cycle)的暂时性环节,在其中利润率是低的、预期是悲观的、商品很难被出售的。

如果我们对于马克思那里的产业循环和危机的粗略描述感兴趣,那么考察下利润率波动的原因便足够了。更具体地说,我们需要解释利润率下降趋势规律在依据内在于规律的中和趋势的同步效果的产业过程中为什么不必然是中立的。

正如我们已经注意到的,产业循环在马克思那里与固定资本的周转时间相联系,①但是注意到马克思并没有宣称通过参考固定资本的周转

① 同样,参见马克思和恩格斯之间的下述通信:马克思致恩格斯,1858 年 3 月 2 日;马克思致恩格斯,1858 年 3 月 4 日;马克思致恩格斯,1858 年 3 月 5 日,这些通信都在《马克思恩格斯全集》(第二十九卷),人民出版社,1972 年,第 278~287 页。

时间来解释循环,是重要的。更为重要的是,固定资本的周转时间在这种语境中涉及这种资本的有效的"无形"寿命,而并不是它的有形的可能的寿命(或者是在资本平均周转时间中的参与,例如它以利润率的形式出现)。

因此,它涉及利润率的标准:

> 所使用的固定资本的价值量和寿命,会随着资本主义生产方式的发展而增加,与此相适应,每个特殊的投资部门的产业和产业资本的寿命也会延长为持续多年的寿命,比如说平均为 10 年。一方面,固定资本的发展使这种寿命延长,而另一方面,生产资料的不断变革——这种变革也随着资本主义生产方式的发展而不断加快——又使它缩短。因此,随着资本主义生产方式的发展,生产资料的变换也加快了,它们因无形损耗而远在有形寿命终结之前就要不断补偿的必要性也增加了。①

在这个片段中,注意到固定资本的"无形"寿命依据利润率标准是很重要的(对于生产资料的发展,如同我们将会看到的,其它变量削减它的持续时间)。一些更深刻的出现在同样的文本中,马克思继续说道:

> 虽然资本投入的那段期间是极不相同和极不一致的,但危机总是大规模新投资的起点。因此,就整个社会考察,危机又或多或少地是下一个周转周期的新的物质基础。②

这里关键的一点是生产性投入,尤其是固定资本的重大投入,并不是

---

① 《马克思恩格斯全集》(第四十五卷),人民出版社,2003 年,第 206 ~ 207 页。
② 《马克思恩格斯全集》(第四十五卷),人民出版社,2003 年,第 207 页。

均匀地分布在 10 年循环的持续时间中,而是相反,在时间上是集中的。循环的一些阶段比其它阶段有更加密集的投资。这种规则性的纯粹观察显然不是这种经典循环的解释;相反,这种规则性有解释的需要。产业循环的问题因此是这种历史性/经验性的规则和作为积累过程的资本的概念性运动之间关系的问题。

因此,在马克思的篇章中寻找处于剥削关系和价值实现条件中的循环的解释,是合乎逻辑的:

> 过剩的工人人口是积累或资本主义基础上的财富发展的必然产物,但是这种过剩人口反过来又成为资本主义积累的杠杆,甚至成为资本主义生产方式存在的一个条件。过剩的工人人口形成一支可供支配的产业后备军,它绝对地从属于资本,就好像它是由资本出钱养大的一样。过剩的工人人口不受人口实际增长的限制,为不断变化的资本增殖需要创造出随时可供剥削的人身材料……现代工业特有的生活过程,由中常活跃、生产高度繁忙、危机和停滞这几个时期构成的、穿插着较小波动的十年一次的周期形式,就是建立在产业后备军或过剩人口的不断形成、或多或少地被吸收、然后再形成这样的基础之上的。①

在这个片段中,马克思几乎非常明确地提出从资本/劳动的对抗开始,以便理解产业循环特殊阶段的连续性。如果这种对抗被认为是起点,那么原因和效果的顺序——一种由于效果反过来成为原因等而复杂的顺序——变得可以理解。让我们跟随马克思的提议将循环划分为特定阶段:

第一,一般活跃或恢复时期。由于工资异常的低,m/v 之间的关系非

---

① 《马克思恩格斯全集》(第四十四卷),人民出版社,2001 年,第 728 ~ 729 页。

常高——但为什么我们假定这种工资是低的呢？这一问题的答案将会浮现在危机描述的因果顺序的最后。因此，为公司增加它们的生产和生产性投入而存在的条件，使得资本特别地流通起来。这种有机构成并没有上升，因为在可变资本上的投入要大于在不变资本上的，并且固定资本上的投入仍然很低。这些条件适宜于新公司的产生。劳动后备军的渐进式减少对于消费资料的社会需要有积极的影响。生产消费资料部类（部类Ⅱ）的利润率趋向高于生产资料的部类（部类Ⅰ），因为这种恢复，在它最初阶段，并不依赖于固定资本的密集投入。这些注定要被消费商品的流通时间以及与它一起的部类Ⅱ资本的加权周转时间缩减。这同样有助于这部类利润率的上升。部类Ⅱ的价格趋向于上升。

伴随着失业的减少和这种力量的剩余转向支持工人，分布在社会阶级之间的矛盾便恶化了。从这一点出发，大量固定资本上的投入开始发生。分配的矛盾与内在于资本主义的竞争一起，构成技术改革的真正驱动器，尽管后者既不是这种发展突出的也不是主要的驱动器。①

部类Ⅱ劳动生产率的上升在部类Ⅰ——它的利润上升的同时，失业进一步减少——激起了一种同样的上升。

第二，高度繁忙的生产，或激增和繁荣时期。如果我们从循环的一个特定点出发假定固定资本以其全部力量被运用，那么生产水平的上升引起了两个部类中的固定资本的大量的额外投入。这种投入在时间上是集中的；当下资本商品生产的利润率增长必然要高于社会生产的一般增长。② 我们把这称作"回声效应"（echo effect）。失业在两部类的渐进式缩减是和生产同步的，并且最终引发利润率和生产率在生产资料生产的部类比消费资料生产的部类更高的增长。但正是这种狂热的行动削弱了经济增长的基础。如果一方面充分就业鼓励活劳动被死劳动所代替，那

---

① 关于这一讨论重要性的更多的详述，尤其可参见 Lipietz，1980。
② 相关的一个数学上的例子（和关于这一问题附加的详述），可参见 Mandel，1962，p. 353。

么另一方面它致使有偿付能力的需求缺乏灵活性。分配的矛盾鼓励技术改革,而社会需求变得越来越受限制。利润率达到了它的极限。

第三,危机和萧条。资本的有机构成不可能通过凭借相对剩余价值原理的剥削率方面的同时增长而永恒中立。当有偿付能力的社会需要达到它的极限,并且当它满足消费品的时候,c/v 关系的增长便不再是中立的。这并不是因为存在更多需要满足的绝对社会需要,或因为 m/v 之间关系不可能再增长,而是因为由于缺乏销售市场,剩余价值不能被实现。当不仅 c/v 的关系而且 c/(v + m) 的关系,也就是不变资本与"附加价值"之间关系上升的时候,一个重要的契机到来了。当死劳动比活劳动增加的更为迅速的时候,同时伴随着剩余价值率上升到更高,生产过剩变得不可避免。什么样的社群在不同的环境中能转化成作为"心律不齐"(ar-rhythmia)的一种类型出现在资本主义生产方式的闲暇时间? 早在《大纲》中,马克思便写道:

> 一方面,资本的趋势是,为了增加相对剩余时间,必然把生产力提高到极限。另一方面,必要劳动时间由此减少了,因而工人的交换能力由此降低了。其次,我们已经看到,相对剩余价值增加的比例比生产力要小得多,而且这个比例不断降低,生产力已经达到的程度越高,这个比例就降得越低。但是产品的数量却以相似的比例增加——如果不是这样,那就会有新的资本游离出来,同样也会有劳动游离出来,它们不加入流通。但是,随着产品数量的增加,要实现产品中包含的劳动时间的困难也增加了——因为这要求消费不断扩大。①

销售市场——一个被期望能实现利润率的地方——首先使得它自身在交易中被感受到,其次是消费资料生产的部类,最后是生产资料生产的

---

① 《马克思恩格斯全集》(第三十卷),人民出版社,1995 年,第 406 页。

部类。

这种暂时性的裂痕是一个使生产过剩的周期性危机恶化的因素。在销售市场缺席的条件下,这些注定要消费的商品堆积成不能出卖的贮存物。部类Ⅱ的生产节奏放缓了。它在生产性投入方面的需要被缩减了。当部类Ⅱ中资本商品的投入的缩减在部类Ⅰ中以商品生产过剩的形式,和/或以超过生产性能力的形式出现的时候,部类Ⅱ中的生产过剩便采取一种局部的比例失调的形式。

在这种经典循环的停滞阶段的过程中,所有事情似乎都以倒退的形式呈现:生产性投入的下降(尤其是在固定资本方面),增长的放缓,"劳动后备军"的增加,工人阶级相关重要性的衰减,工资的下行压力,商品流通时间的扩张,为了销售积压的库存的市场价格的降低,内在于资本主义竞争的加剧,一部分社会资本的贬值,劳动强度和剩余价值率的上行压力。危机是这样一个时刻,一种非常特别的罪恶在这一时刻猛烈地证明自身;这种在讨论中的罪恶并未制造太多的使用价值,而是以期望的利润率实现它们交换价值的使用价值。

正如马克思写道:"危机永远只是现有矛盾的暂时的暴力的解决,永远只是使已经破坏的平衡得到瞬间恢复的暴力的爆发。"①马克思所提到的"矛盾"并不是资本的那些,而是作为一种特殊的时间组织的资本本身:

> 因此,资本把必要劳动时间作为活劳动能力的交换价值的界限,把剩余劳动时间作为必要劳动时间的界限,把剩余价值作为剩余劳动时间的界限;与此同时,资本又驱使生产超出所有这些界限……因此,资本一方面不断地促使自己丧失价值,另一方面又不断地成为生产力的障碍。②

---

① 《马克思恩格斯全集》(第四十六卷),人民出版社,2003 年,第 277 页。
② 《马克思恩格斯全集》(第三十卷),人民出版社,1995 年,第 406~407 页。

在对约翰·斯图亚特·穆勒（John Stuart Mill）的批评中，马克思补充到：以供给和需要互相涉及对方这样的借口来排除掉生产过剩是愚蠢的，因为"换句话说，这只是说价值由劳动时间决定，因而交换不会给价值添加任何东西，不过他忘记了，必须进行交换，而且交换能否进行（最终）取决于使用价值"①。

这里，我们在资本的层面（而不是商品的层面）发现了价值/使用价值之间的矛盾和社会必要劳动时间在其双重定义上的矛盾。

我们已经呈现了产业循环演化的一个简单化图式，这当然不是详尽的。需要注意的是：如果我们没有更一般地强调信用和货币的角色，不是因为马克思不认为这一因素非常重要。他认为，信用所授予的条款在产业循环的准确和具体发展过程中扮演了一个决定性的角色，并在积累的动力上留下了它们的标志。在危机的起点，信用是不足的，而利息率是高的，因为这一环节是一个生产性和商业性企业对于信用拥有最大需求的时刻。它是一个仅仅现金支付被计算的时刻。我们并未强调信用的角色，因为它所授予的条款在时间和空间上是易变的。虽然如此，马克思关于信用和危机之间关系的分析——对一个特定历史时期是有效的——仍然是有意义的，因为它有助于理解信用所授予新条款和周期性危机衰减之间的关系。

更为重要的是，上述提到的不平衡并不必然跟随我们所呈现的顺序。例如，各部类之间的失调在特定条件下能在注定要被消费的商品的生产过剩之前显示自身。能追溯每一次危机的准确的起源、它的特殊的个性以及与每一次危机相关的产业循环的特征，这对于经济史学家来说是非常有趣的。几乎没有必要注意 13 次生产过剩危机——从 1825 到 1929 年（1929—1937 年循环），同样也包括更近的危机——中的每一次都拥有

它们特殊的特征。① 我们的呈现旨在：证明利润率下降趋势规律的抵消趋势并不必要发挥作用，以便中和这个规律并阻止利润率的摇摆。如果在特定条件下这种或那种因素出现在经济结合逆转的起点上，那么资本主义危机在缺乏最少例外的情况下是价值生产过剩危机，也就是说，既是"利润率"/"比例失调"的危机又是"生产过剩"的危机。这是因为，这些规定性，远非矛盾的和相互排斥的，事实上是互补的。当然，例如，在它们以综合价值生产过剩危机的各种表现形式结束之前，掌握 1929 年的危机最初是否以商品生产过剩的形式出现或 1947 年的危机最初以一种"利润率"的危机形式出现，是很重要的。

从 19 世纪开始，生产不足的前资本主义危机并未消失。就我们所能理解的而言，由于绝大部分聚焦于经济史学家厄内斯特·拉布鲁斯(Ernest Labrousse)的著作②，罗伯特·博耶(Robert Boyer)注意到：在 19 世纪的前半期——一种"旧类型的规则"向一种"竞争规则"的转型时期，生产不足的前资本主义危机是由收成不足引起的，远非已经消失了，与资本主义危机一起发生的是它的社会影响(例如失业、购买力的下降等)被作为一种结果被放大了。③

在战后时期，出现了固定资本的一种相当大的加速。曼德尔在它的著作《晚期资本主义》中对这一事实给予了关注。④ 随着他指出这些以后，他的分析被随后的出版物所证实。⑤ 产业循环的平均持续时间——从 1825 到 1939 年的 13 次循环平均时间是 8 到 9 年——被大大缩减了。对于战后时期，曼德尔谈及一个平均持续时间是 4 到 5 年。

───────────

① 关于这些特征非常简洁和集中的框架，可参见 Mandel，1962，pp. 359 – 360；Rosier，1987，p. 24(仅仅关于 19 世纪的危机和循环)。

② Labrousse，1976。

③ Boyer，1979.

④ Mandel，1999，第六章和第七章。

⑤ Mandel，1982，p. 262. 他所提到的这一出版物是依据荷兰的计划局的 1974 年的研究。

让我们顺便注意,马克思本人不仅认为这种循环的持续时间是可变的,而且认为这种持续时间将会被逐渐缩减:

> 直到现在,这种周期的延续时间是十年或十一年,但绝不应该把这个数字看作是固定不变的。相反,根据我们以上阐述的资本主义生产的各个规律,必须得出这样的结论:这个数字是可变的,而且周期的时间将逐渐缩短。①

固定资本"无形"损耗的减少和产业循环周期的加速,是与战后时期的"工资关系"联系在一起的。我们尤其提到提供劳动生产率和工资的结合、最低工资和劳资谈判。在 1949 到 1959 年间,劳动生产率在法国的增长达到 4.1%,而工资增长达到 3.9%;从 1959 到 1973 年间,它们分别达到 4.8% 和 4.1%;从 1973 到 1981 年间,它们分别是 3.4% 和 2.4%。② 同时,劳资谈判使得经济代理人能预测工资水平的革命。在这种条件和战后时期的"游戏规则"下,技术改革的加速导致特定的模式统治价值分配的过程。工资的下调变得遥不可及、工资水平几乎可以预测,每一个企业必须提高劳动生产率以便实现超额利润。因此,便带来循环的缩短。

与资本主义发展的先前阶段相比,固定资本"无形"淘汰的加速并非起源于一种更加"密集的"科学技术的发展。循环持续的时间不能通过参考这种科技的发展而被解释,因为由于未独立于社会关系(和"中立的"),这种发展同样也需要被解释。技术改革的加速是由阶级斗争和经济增长的一个特殊阶段的内在于资本主义的特殊竞争所呈现的产物。③

这种周期性危机的衰减自第二次世界大战结束以后被观察到,并且

---

① 《马克思恩格斯全集》(第四十三卷),人民出版社,2016 年,第 680 页。
② 这些数据来自博耶的《报告》(de Montmollin and Pastré,1984,p. 34)。
③ 考察军事竞争和军火工业对资本周转时间的影响将是件有趣的事情。这两个集团之间的对抗是否导致了科学研究的加速,从而缩短了固定资本的"道德"生活?

它们向纯粹经济衰退的转化同样与上述提到的新的经济关系相联系。间接的和最低的工资、失业补偿、劳资谈判，还有对抗周期的政府介入——所有这些新因素都位于战后时期的增长岁月的周期性危机衰减的起点上。所有这些新奇性事物的持续性通胀，是战后增长的结构性特征。

传统危机的衰减和凯恩斯主义在一个 30 年周期内的胜利，位于一些拥有一种国际声誉的经济学家——他们都对他们的经济模型和货币与财政政策的效率太过自信——的过度乐观主义原点上。周期性危机自 1974 年的猛烈返回，揭穿了这种乐观主义。

人们可能说，甚至经济理论也难免受利润率周期性波动的影响。对于近十年关于战后增长和危机性质的研究而言，马克思的著作毫无疑问是无尽灵感的源泉。

23.2 利润率的长期趋势

马克思更愿意讨论一种利润率下降的趋势而非利润率上升的趋势，因为他认为长期的趋势将会下降，并且这种下降独立于利润率从一个循环到另一个循环的演化。我们这里需要处理的是"生产力"和资本主义"生产关系"之间的矛盾，这不仅是周期性的和可克服的，而且发展得更加尖锐和具有威胁性："资本主义生产总是竭力克服它所固有的这些限制，但是它用来克服这些限制的手段，只是使这些限制以更大的规模重新出现在它面前。"①

　　　　以广大生产者群众的被剥夺和贫穷化为基础的资本价值的保存和增殖，只能在一定的限制以内运动，这些限制不断与资本为它自身的目的而必须使用的并旨在无限制地增加生产、为生产而生产、无条

---

① 《马克思恩格斯全集》（第四十六卷），人民出版社，2003 年，第 278 页。

件地发展劳动社会生产力的生产方法相矛盾。手段——社会生产力的无条件的发展——不断地和现有资本的增殖这个有限的目的发生冲突。①

支持这种"断言"的理由相当简单。无论利润率周期性波动是什么，这种资本运动引起了劳动生产率的绝对发展。这得到了剩余价值率上升的一种表述。反过来，这种上升对于利润率有一种积极的影响。同时，这种发展引起了对于不变资本价值的一种可变量的运转是必要的总劳动时间的一种相对或绝对的减少。这种减少对于利润率有一种消极的影响。无论剩余价值率是多少，越多的资本主义生产力（技术进步、资本积聚等）从一个循环到另一个循环的发展，与它操作的死劳动相比，越少的活劳动被需要。换言之，死劳动与活劳动之间关系的上升是潜在无限的（不同于科技的连续发展，它没有限制），然而资本同时将活劳动时间转化成资产阶级财富的标准和实质。因此，利润率的长期趋势——渐进式而非线性，是下降。

更重要的是，资本积聚的越多，促进工人阶级组织化的客观条件就越多、抵抗增长趋势的能力就越强。这种阶级斗争——通过强加结构性、制度上和其它限制来调控这种剥削关系——能位于一种不能通过系统的内生机制而被克服的危机的起源处。在上述描述的情况中，利润率的下降更多的是作为平均周转时间（问题的实现）扩张的结果出现，和/或利润率方式的 c/v 关系的上升。现在，危机恶化的最初原因是 m/v 关系的低水平。

因此，我们看到：无论资本增殖所面临的逐渐增加的困难背后的主要因素是什么，这些困难起源于资本自身的内在逻辑。这一系统的内在"原理"——资本主义生产的内在规律，导致了一种更加深刻和更加剧烈的危

---

① 《马克思恩格斯全集》（第四十六卷），人民出版社，2003 年，第 278～279 页。

机。"资本主义生产的真正限制是资本自身。"①换言之,资本作为一种逻辑上的暂时性(一种规定性的体系)和社会历史矛盾的与特殊的表达,渐渐变得越来越成问题和脆弱。

处于危机逐步深化起源上的严格决定论,常常被误解。由于危机变得越来越剧烈,生产力的发展("进步"),将会伴随同样的决定论而导致对现在生产方式的超越。人们仅仅需要等待,需要足够的时间去通过。"进步"将会完成它所开始的。②

遗憾的是,马克思的一些无关紧要的表述鼓励了这些庸俗的——而不是说可笑的——表述。在被冠以"资本主义积累的历史趋势"最著名的章节中——对于《资本论》第一卷的一个简短的总结,人们能发现不同意阿尔都塞(Althusser)和令人烦恼的索雷尔(Sorel)(每个都由于不同的原因)的确定段落：

> 生产资料的集中和劳动的社会化,达到了同它们的资本主义外壳不能相容的地步。这个外壳就要炸毁了。资本主义私有制的丧钟就要响了。剥夺者就要被剥夺了。
>
> 从资本主义生产方式产生资本主义占有方式,从而资本主义的私有制,是对个人的、以自己劳动为基础的私有制的第一个否定。但资本主义生产由于自然过程的必然性,造成了对自身的否定。这是

---

① 《马克思恩格斯全集》(第四十六卷),人民出版社,2003 年,第 278 页。

② 回想起本雅明《历史哲学论纲》的第十三条："社会民主主义的理论和实践都是围绕着'进步'概念形成的。但这个概念本身并不依据现实,而是因之造出一些教条主义的宣言。社会民主党人心中描绘的进步首先是人类自身的进步(而不仅是人的能力和知识的增进)。其次,它是一种无止境的事物,与人类无限的完美性相一致。再次,它是不可抗拒的。它自动开辟一条直线的或螺旋的进程。所有这些论断都引起了争吵,招来了批评。但真正的批评必须穿透这些论断而击中其共同的基础。人类历史的进步概念无法与一种在雷同的、空泛的时间中的进步概念分开。对后一种进步概念的批判必须成为对进步本身的批判的基础。"Benjamin, 1999, p. 252. 中文参见[美]阿伦特编：《启迪：本雅明文选》,张旭东等译,生活·读书·新知三联书店,2008 年,第 273 页。——译者注

否定的否定。这种否定不是重新建立私有制，而是在资本主义时代的成就基础上，也就是说，在协作和对土地及靠劳动本身生产的生产资料的共同占有的基础上，重新建立个人所有制。①

这些篇章同时也是"黑格尔主义""决定论的"和"人道主义的"。②我们将自身限制在"决定论"的问题中，而这不应该跟随索雷尔从字面上理解。

否定之否定被认为是不可避免的。它被认为是一个普遍的规律。这里我们发现了马克思无意鼓励的庸俗的马克思主义。历史被认为是跟随它自然的过程。生产力的发展被认为经由它自身的动力而引导至自由王国。"历史规律"是不能被违反的。对于国际工人运动来说，这是最错误的观点和最糟糕的毒药。③

然而马克思无关紧要的隐喻不仅仅是一个隐喻。当他如下写的时候，索雷尔是完全对的：

> 我们不能按照字面意思来理解马克思用以描述为这场决定性战斗做准备的各种术语；我们应该重视的是它的整体描述，惟有这样，他的描述才是清晰明确的。马克思希望我们理解无产阶级的全部准

---

① 《马克思恩格斯全集》（第四十四卷），人民出版社，2001年，第874页。

② 正如吕贝尔在他的法文版《马克思的经济著作》的注释中所强调的，"个人所有制"的表达似乎令人惊讶。在马克思那里，个人所有制是指个人和社会之间的和解的时刻，即社会和个人之间的和解。在理解了这个表达的含义后，吕贝尔让青年马克思评论老年："我们知道，只有当对象对人来说成为人的对象或者说成为对象性的人的时候，人才不致在自己的对象中丧失自身。只有当对象对人来说成为社会的对象，人本身对自己来说成为社会的存在物，而社会在这个对象中对人来说成为本质的时候，这种情况才是可能的。"《马克思恩格斯文集》（第一卷），人民出版社，2009年，第190页。

③ "没有任何东西比这样一种观念更为致命地腐蚀了德国工人阶级，这种观念就是他们在随时代潮流而动。"Benjamin，1999，p. 250. On Benjamin, see Bensaïd, 1990. 中文参见[美]阿伦特编：《启迪：本雅明文选》，张旭东等译，生活·读书·新知三联书店2008年，第271页。——译者注

备完全取决于反抗现存事物状态的坚定、强大和充满激情的组织。①

　　索雷尔的价值在于吸引注意力到政治领域。的确，如果人们专心地研究《资本论》，人们会观察到：生产力和生产关系之间的矛盾沉浸于"政治"关系之中。马克思分享了他那个时代的过度的乐观主义，一种被淹没在斯大林主义的"冰水"和我们时代的法西斯主义暴虐中的乐观主义。马克思仅仅由于这种乐观主义而被批判。

　　马克思每一次谈及生产力和生产关系之间冲突的时候，他都将政治因素引入分析。在被考察的章节中，主要观点如下：资本主义生产的内在规律导致资本主义的集中，而这并没有自然地引发工人阶级穷苦、压迫和剥削的减少。同时，资本主义生产运动引发了"日益壮大的、由资本主义生产过程本身的机制所训练、联合和组织起来的工人阶级的反抗也不断增长"②。因此，这种比先前发展的更加尖锐的矛盾，使得它自身超越这一术语成为需要，不是因为生产力的发展，而是因为这种同样的发展对于被假定为变得越来越强大、越来越有意识和组织的主体来说是日渐难以忍受的。因此，如果我们不分享马克思的乐观主义，我们必须在政治领域寻找——伴随他并且超越他，不是为了加速资本主义生产力发展的条件，而是为了这将会终止人类穷苦、压迫和异化的发展。

　　在《资本论》第三卷中，同样的矛盾作为一种社会与它自身之间的不一致性、作为一种越来越难以忍受的社会异化出现。

　　资本越来越表现为社会权力，这种权力的执行者是资本家，它和单个人的劳动所能创造的东西不再发生任何可能的关系；但是资本

―――――――――

①　Sorel,1941,p.148. On Sorel,see Portis,1980. 中文参见[法]乔治·索雷尔：《论暴力》，乐启良译，上海人民出版社，2005年，第108页。——译者注
②　《马克思恩格斯全集》（第四十四卷），人民出版社，2001年，第874页。

表现为异化的、独立化了的社会权力,这种权力作为物,作为资本家通过这种物取得的权力,与社会相对立。①

因此,我们看到,马克思自己削弱了他的乐观主义。如果一方面工人阶级被假定为组织自身成为一个普遍的主体,那么另一方面资本作为一种越来越基于坚实的(solid)、自然的和意识形态的基础的自主力量而出现。工人失去了与这种"其它"——这种控制和支配他们的自然的、无处不在的、有经验的和毫无争辩的权力——各种类型的关系。

这样一个生活在它自身阴影中的异化社会如何结束异化、物化和错误意识的恶性循环呢? 这里存在一个裂痕、一个黑洞:无论是在其早期抑或是成熟时期的广泛著作中,马克思的阅读者都不可能找到一个令人满意的答案。更好的是在索雷尔、托洛茨基、卢森堡那里寻找,同样也包括列宁。这些更好的答案在列宁那里,与其说是存在于与俄国革命前现实不可分割的组织形式中,还不如说存在于这些形式之后的思想中。不能匆忙地搁置列宁,并错误地将他视为斯大林主义的先驱。

让我们以结论的方式,回到危机的问题上来。系统的内生机制(长期趋势)引发了更深层次的危机。人们会说,这里存在一个被事实遗憾地证明是错误的理念。然而现实更加复杂。对于结构性危机、重大危机和长期萧条——这些表述常常是相同的,但是却掩盖了语义上的差异——的调查,将会允许我们继续前进。

---

① 《马克思恩格斯全集》(第四十六卷),人民出版社,2003 年,第 293 ~ 294 页。

第二十四章

结构性危机

约瑟夫·熊彼特(Joseph Schumpeter)[1]以"朱格拉周期"(Juglar cy-
cle)(以法国经济学家命名)来命名工业循环,以便将其与"康德拉季耶夫
周期"(Kondratieff cycle)(以苏维埃经济学家命名)区分开来。在他的著
作《论法国、英国和美国的商业危机以及发生周期》(*Commercial crises and
their periodical return in France*,*England and the United States*)[2]中,朱格拉
主要在价格波动的基础上提供了工业循环存在的经验证据。1926 年,康
德拉季耶夫在德国出版了一篇题为"经济生活中的长波"[3]的长达 35 页
的文章,引发了关于长周期假设的国际讨论。

和朱格拉一样,康德拉季耶夫提供了价格演变的数据(见本章末尾的
附录)以便能提出一个资本主义的周期。根据康德拉季耶夫的研究,第一
个长周期——或根据他 1926 年的表达是"长波"——从 1790 年开始,终
结于 1844 至 1851 年。第一周期的阶段 A,也即上升阶段,从 1790 年持续
到 1810 至 1817 年间;而阶段 B,也即衰退阶段,从 1810 至 1817 年间持续

---

[1]　Schumpeter,1939.

[2]　Juglar,1968.

[3]　Kondratieff,1926,pp. 573–609. 这篇文章于 1935 年在《经济统计评论》(*The Review of E-conomic Statistics*)上被翻译和发表。

至 1844 年。第二个长周期从 1844 至 1851 年间开始到 1890 至 1896 年间,也被分割为两个阶段,阶段 A 和阶段 B。逆转阶段位于 1870 至 1875 年间。第三周期的阶段 A 在 1914 至 1920 年间达到了自身的极限,也成为阶段 B 开始的时刻。

当代许多经济学家提出的周期与基于价格波动的周期并没有任何差异(或略有不同)。然而价格并不是特别可靠的标准,尤其是在第二次世界大战后。曼德尔便给出了基于两个新的和更有趣标准的统计数据:工业生产的波动和世界贸易的波动(见附录)。第三周期的阶段 B 结束于 1939 至 1945 年间。第四周期的阶段 A 在 20 世纪 60 年代末的时候达到了自身的极限,也正是在这一时刻开始了当下的结构性危机。罗齐尔和多克(Rosier and Dockès)在他们的著作《经济节奏》(*Economic Rhythms*)[1]中,给出了我在后边附录中重现的被认为是非常有用的长周期描述表。此外,保尔·波卡拉(Paul Boccara)组建了关于固定资本和产出之间关系的统计数据。这些统计数据旨在表明,在被考察的案例中,衰退波段的资本的有机构成要高于上升波段。[2]

然而经济学家对这些数据并未达成一致。例如,安格斯·麦迪逊(Angus Maddison)[3]便质疑 19 世纪末一个长期衰退的存在。波耶尔[4]在突出这些数据的不确定性的同时,也毫不犹豫地比较了两个世纪之间的大危机。时代发展中的一些事例似乎印证了一些经济学家关于 19 世纪末遭遇长期衰退的假设。恩格斯在《资本论》第三卷的一个注释中写道:

> 我曾在别的地方指出自上一次大规模的普遍危机爆发以来,这方面已经发生了转变。周期过程的急性形式和迄今 10 年一次的周

---

[1] Rosier and Dockès,1983.

[2] Boccara,1983.

[3] Maddison,1981,p.101.

[4] Boyer,1986b,pp. 232 – 234.

期,看来让位给比较短暂的营业稍许好转和比较持久的含混不振这二者之间比较慢性的和拖延时日的互相交替现象,这种现象在不同的工业国发生于不同的时间。①

正如吕贝尔所指出的,上述这些引文很有可能是恩格斯在 1886 年 11 月创作《资本论》英文版序言时写下的。在这个序言中,除了其它事情,他讨论了"持续的和慢性的萧条"②。

恩格斯在这篇文章中写下的所有言语都与一种结构性危机的处境相关。后者并未消除工业循环的正常发展,但它却对上升和衰退阶段产生了一种消极的影响,使得前者短而弱小,后者长而显著。根据它们是否发生在一个长周期的上升或衰退阶段(见附录),存在显示周期性危机长度差异的数据。

康德拉季耶夫坚持认为,工业周期比长周期更不规则,前者波动的持续时间约占 57%(从 7 年到 11 年),后者则约占 25%(从 48 年到 60 年)。他还认为,长周期的交替可以通过系统的内在机制来解释。他写到:"通过断言长波的存在和否认它们发生例外的想法,我们认为长波的起源可以追溯到资本主义经济的所有本质中。"③

甚至康德拉季耶夫的文章在德国发表之前,他的观点已经在苏联引起了一些反应。早在 20 世纪 20 年代初,托洛茨基在 1923 年以俄语写的题为"资本主义发展的曲线"的信④中便表达了对康德拉季耶夫理论的保留意见。尽管托洛茨基认为应该仔细验证,但他却并没有质疑康德拉季耶夫的数据与可能出现的相反情况。他认为,有必要将重大的社会－政治事件与经济的长期运动联系起来,因为在他看来若不将一些非经济性

---

① 《马克思恩格斯全集》(第四十六卷),人民出版社,2003 年,第 554 页注释 8。
② 《马克思恩格斯全集》(第四十四卷),人民出版社,2001 年,第 35 页。
③ Kondratieff,1926,p. 599.
④ 1941 年 5 月,翻译和出版在《第四国际》。

质的因素考虑进来,便不可能把握经济的长期运动。

托洛茨基从1921年开始的一些著作①可以视作对这封信的评论。在这些著作中,他提及一种资本主义的"均衡",一种增长阶段的独有特征,并且它的不稳定是造成大危机的根源。这种均衡既是经济的又是社会－政治的,而它的破坏则导致经济秩序的动荡,国家和国际冲突的加剧,更不用说革命和战争了。

托洛茨基的预言是,新阶段(第一次世界大战后)将以这种均衡的不稳定为特征。在他看来,这一阶段将是世界霸权从一个国家的经济转移到另一个国家,即从英国到美国。他指出,扩张阶段在经典循环的框架内是可能的。他补充到,这将是在一个更为一般阶段背景下展开的扩张,这一阶段的特点是,在出现严重危机之前,不需要很长时间就会出现困难。最后,他预测了一个在"15—20—25"年内的新的扩张阶段,工人运动在这种情况下将会遭遇历史性挫折。

托洛茨基的优点在于,他并未试图将经典循环的分析转换为经济的长期运动。相反,他引入了一系列政治因素的分析。当然,经济是一种政治关系。然而制度性质、社会妥协等关系、国家和国际力量平衡、游戏规则——简而言之,一个长周期相对稳定和均衡的特征——并不是逐渐演变的,而是跨越式发展的;经济一旦发展,抽象的积累活动便会破坏自身的政治基础。在结构性危机阶段,不仅是经济平衡陷入危机之中,而且社会和地缘政治平衡更普遍地陷入其中。在托洛茨基那里,任何严格的决定理论都不能保证从结构性危机中恢复过来。对于1921年的托洛茨基而言,内战阶段工人阶级的失败是其它许多事情中的一种可能。

1930年,康德拉季耶夫被斯大林解职、逮捕和驱逐出境,在"苏维埃民主"中以思想罪为名,通过这样一种特殊的方式判处他死刑。他的思想与当时的正统学说存在矛盾,这种正统学说预言了资本主义的"自然分

---

① Trotsky,1921.

解",并用货币理论来解释长周期现象。[1] 早在 1928 年,托洛茨基便被流放(后来被暗杀),不是由于他的经济思想,而是因为他的反官僚主义活动。[2]

20 世纪 20 年代,康德拉季耶夫和托洛茨基之间的讨论集中在这样一个中心问题上:有关工业循环的分析能否被转换为长周期的分析? 从长期衰退阶段到上升阶段的转化,是否就像在循环的高峰期发生的变化一样,是自动的和业已确定的? 这些问题在今天仍然非常重要。此外,它们也构成了当代分析所依据的基本观点之一。为了更加精确地识别这一问题,我们必须考察内生因素、资本的抵抗力量和再生力量,例如在结构性危机中出现的它们。如果将这些关于经典循环的分析运用到长周期的分析中,我们将会发现这些因素和力量能确保一个新的、长的和有规律的发展阶段。

康德拉季耶夫和熊彼特成功确定了不同扩张阶段与表现在长期创新中的技术革命之间的关系。时至今日,这已经被人们广为接受:第一次扩张阶段是与蒸汽机(工业革命)的大规模推广相伴随,第二次则是随着铁路网(第一次技术革命)的发展而发展,第三次则是由于电和石油的使用(第二次技术革命),而第四次则是电子、核能与合成化学的使用(第三次技术革命)。

因此,以那些产业发展为特征的这一阶段(1848 至 1873 年)与铁路网的扩张相联系。钢铁工业和机械工程行业充当其它经济部门的火车头。

1896 至 1914 年这一阶段的两个新能源(电和石油)以及与其相连的两个新的引擎产生了新的动力和主导性产业:电气工程行业(照明、电报、电话、广播、电影等)、化工行业(铝及其合金)和汽车产业。

---

① Rosier and Dockès,1983,p. 116。

② Pierre Broué 出版了一本关于托洛茨基的不朽传记(参见 Broué,1988)。

最后,战后的发展与新的动力和主导产业的扩张相伴随:合成化学工业、石油化工、航空工业、电子工程行业、电子产品行业,而汽车工业则达到了顶峰。

如果每一个加速扩张的阶段都与技术革命相吻合,那么下述假设便是成立的:较长的衰退波段创造了鼓励研究和技术革新的条件,并且产生了格哈德·门施(Gerhard Mensch)称之为的"基本创新"①。这位作者表明,基本创新在衰退阶段更为频繁,具体说来就是在 1825 至 1835 年、1865 至 1895 年和 1930 至 1945 年间(见附录)。毫无疑问,近年来的衰退在重大创新方面是富有成效的。我们尤其想到电子和微电子在已经停产的行业(机器人)和服务行业中的运用。

因此,我们看到,最重要的原初创新出现在衰退阶段。扩张阶段以先前危机中,小规模应用的新技术产品的普遍化趋势为特征。这种普遍化需要有利的社会经济条件来进行生产性投入。

这些创新与每一阶段的社会冲突的特征相关。第一次技术革命的基础创新与英国工人成功赢得缩短工作日斗争的胜利并不完全无关。让我们作出如下回顾:12 小时工作日可以追溯至 19 世纪 30 年代初,而 10 小时工作日则可追溯至 19 世纪 40 年代。马克思在《资本论》第一卷的第十三章描述了这些重要创新。

强有力的工会的存在以及组织良好的劳动运动,对 20 世纪 90 年代末的严重危机产生了强烈的影响。时间资本的积聚和集合是由力量平衡的打破引起的。在与组织和联合起来的工人对抗中,资本不能保持分裂和碎片化状态。由趋向于更加积聚和集合的资本运动所创造的垄断所引发的持续的科学研究导致了重要的技术革新。例如,由于多数石油公司财务手段的集中,导致燃气发动机被发明和发展起来(大约在 1880 年),

---

① Mensch,1975.

而早在 1882 年，石油公司便创立了庞大的"标准石油信托"（Standard Oil Trust）①。

第三次技术革命之前的基本创新与发生在第二次世界大战之前和之中的冲突相联系：

这种非常特别和令人毛骨悚然的血腥的（超过 5000 万人死亡）社会斗争的形式（这里是与法西斯主义的斗争），成为伟大的交战双方（美国、德国）有系统地鼓励和有计划地创新的一剂神奇的兴奋剂——这承担了最重要"非盈利性"研究负担的主要部分——和科学与技术"进步"的一个真正的实验室。②

这种"新技术"最近在工业中的运用构成了对 20 世纪 60 年代强大而有组织的劳工运动的回应，这一运动对"劳动的科学组织"（scientific organisation of labour）提出了挑战。本杰明·科里特（Benjamin Coriat）描述了泰勒主义危机的各个方面（人事变动、旷工、破坏、罢工），并且展现了它们与资本增殖过程所遭遇的日益增多的困难之间的关系。③

劳工组织的动荡通常会引发生产过程的中断以及工人们的反应，因为这些动荡常常意味着工作条件的恶化，在过渡时期尤为如此。因此，"工作的科学组织"在 1896 至 1914 年间扩张阶段结束时进行了实验，却在战争期间才被大量引入，其特征是工人阶级比重的相对缩小和赢利性使用资本困难的增加。连续轮班的技术被应用于战后增长阶段的许多行业当中，特别是那些持续的生产过程，但是当下它趋向普遍化，并且伴随着结构性危机的开始，它开始与其他弹性工作时间相联合。作为这次危机的产物——对失业和贫困的恐惧，已经成为发达资本主义世界的一个结构性特征。

––––––––––––

① Rosier and Dockès，1983。

② Rosier and Dockès，1983，p. 201.

③ Coriat，1979.

失业在经济长周期中扮演的角色类似于经典循环中的失业。结构性危机以投资下降和失业上升为特征,创造了剩余价值率上升的有利的社会条件。

我们因此发现,一系列内生机制在结构性危机期间被激活,促进了一个新的长时期的增长:技术进步、更高效的工作组织、剩余价值率潜在的增长、衰退阶段周期性经济危机期间资本的持续贬值、资本的积聚、新公司的创建、新商品和新需要等。

然而这些机制是否能像康德拉季耶夫分析所显示的那样自行解释衰退阶段的逆转? 主要由于下列两个原因,我们认为并不能。

首先,这种分析低估了结构性危机期间制度变迁动力的相对自主性,一种并不必然与生产力的转变相一致的动力。我们有机会通过法律与剥削率之间关系的范式仔细考察马克思赋予制度的重要性。一旦危机结束,生产力方面的变化对一个较长阶段和(相对)正常增长的解释,是以制度框架、国家和国际层面“游戏规则”适当修改为前提的。然而没有什么能保证这两种(在生产力和制度上)变化之间的一致性。变化仅仅是产物,是历史的结果、矛盾各方的冲突,以及社会阶级和国家之间的斗争。

其次,这种分析预测经济状况和阶级斗争几乎绝对同步。它仅严格地从其经济方面来审查历史。然而历史现实无疑要复杂得多,而且显然不能简化为一系列经济“规律”。

康德拉季耶夫之后的分析将它们自身限制在运用这种将经典循环引入长周期的逻辑之中。例如,波卡拉因此赋予长期衰退阶段的失业率波动和工人阶级相对比重缩小以极大的重要性,这对他来说是经济形势逆转的重要解释因素。[①] 为了强调这一观点,波卡拉研究了人口的发展。根据他的理解,当衰退阶段的机制已经完成了它们的任务,旨在克服实现问题的良好经济政策将足以开创一个新的长期的增长阶段。衰退阶段向

---

① Boccara,1983.

上升阶段的过渡被认为遵循了一种严格的决定论。

不能根据失业率的上升和就业率的萎缩，就将社会冲突视为一种与工人阶级数值相关的数学函数。1921 年的德国革命及其暂时的失败，1921 年在意大利北部的暴动、罢工和工厂占领，法国和西班牙的人民战线（the popular fronts）的经验，西班牙的内战，德国革命的最终失败以及法西斯主义的抬头，或美国新政所引发的斗争……如何适应这种模式呢？

从内战年代的长期萧条中恢复，并没有在 1933 年发生。当然，那年在美国是 1929 至 1933 年过渡生产危机逆转的一年。然而在 1937 年，即美国摆脱大萧条的最后一年，生产基本达到 1929 年水平，而 1938 年的衰退将其推回到 1924 年水平。因此，新政并不是长周期逆转的根源。相反，长周期逆转的根源可以在国际工人运动的历史失败——并且特别是欧洲工人运动（尤其是德国革命的失败和法西斯主义的暂时性胜利）——和由于这种失败所引发的战争中发现。在"福特模式"（Fordist model）能成功在发达资本主义世界推广之前，基本的阶级之间以及世界经济与地缘政治之间力量平衡的全球重新定义是必要的。应用于长周期，经典循环的机制掩盖了一系列与长期经济形势的逆转直接相关的历史事件。

似乎对我们而言，19 世纪结构性危机的复苏根本不能从长期积累的动力中推导出来。更具体地说，前者不能被简化为后者。正如曼德尔所指出的那样，从 1848 年开始的结构性危机的复苏，并不是系统内生机制的纯粹和自发的结果。[1] 经过 1848 年的革命，东欧、太平洋和近东的许多领土突然被纳入世界市场。[2] 帝国主义国家之间的世界划分，对"边缘"国家的出口数量大幅度增加，以及原材料价格下降，都成为始于 1893 年的新增长时期的根源。一般说来，每一次从结构性危机中的复苏，并不完

---

① Mandel,1980.
② 曼德尔同样强调了加州金矿发现的作用及其对价格演变的影响。

全服从于那些具有历史意义的和不变的经济规律。只有对资本主义特定历史阶段的具体分析,才能为各种结构危机的各种复苏提供解释。这就是为什么长周期相对对称性的背后不是规律而是可能性。这种对称性是可能性的产物。这就是为什么"长周期"这个概念是非常成问题的,并且必须谨慎使用。

波耶尔对于康德拉季耶夫之后分析的简短批评总结了争论的核心:

既然妥协和旧的行为规则在确保制度的经济和社会一致性方面没有成功,斗争、开放或潜在,冒犯性和/或防御性,创新的突破或后退的诱惑等便通过开拓经济形势的特殊性以便试图对不同的"游戏规则"施加影响,无论这些是原始的还是旧的做法的反应。正是最后这一标准明显将我们的方法与康德拉季耶夫的追随者区分开来。一方面,不存在任何自动性能确保从衰退的阶段 B 到上升阶段 A 的转化,这与工业循环顶点处所发生的正好相反。另一方面,没有任何永恒的规律能确保我们预测正在诞生的过程中的积累的最终组成部分是什么。[1]

任何给定的概念性整体都以某种方式表现为暂时性和非历史性。简单地说,这就意味着,自 19 世纪开始至今天,我们能随意地使用一系列未曾失去它们任何功能的范畴:"价值""商品""货币""可变资本""交换关系"——概而言之,"资本",它就是这样的概念整体。如果我们撇开其他的生产方式,资本——作为时间和社会关系的一种具体组织——似乎在逃避历史时间,并成为一种暂时性。然而经济和社会状况自资本主义诞生以来已经毫无疑问地发生了变化。资本主义并非一种惰性的和静态的现实,而相反是社会历史上空前活跃的一个极具活力的系统。在如此不同的社会环境中,资本的概念如何抵制这些变化并保持一致呢? 经济学家所使用的概念是否直接来自于《资本论》的滥用?

当然,没有什么比为了给这些问题提供答案采用"质量"和"数量"这

---

① Boyer,1986c,pp.69–70.

样的概念更肤浅的了。在社会关系保持不变的背景下，社会变化如何能被定性？在现实中，我们面临黑格尔哲学的核心问题之一，它可以被归纳为如下问题：概念性的整体如何既是一种永恒，又是一个完成的过程？就我们的目的而言，资本主义运动如何能与所设想的完成了的不动相和解？

并非仅仅在其所征服的社会环境中运动，资本产生这种环境的客观内容；它产生了它自身的历史。资本主义的每一特殊阶段，每一次从结构性危机中的复苏，都是资本终结自身的和平。这种和平允许资本踏上相对稳定增长的新阶段。

事实上，我们在这里处理的是一种可以从黑格尔的讨论中吸取灵感的现象，黑格尔对这个"理念"进行了研究，正如我们所看到的，这一时刻标志着"主观性"和"客观性"的统一。这种"主观性"与"客观性"之间的对应关系，并不具有外部经验现实、中性历史时间的资本的概念性总体。相反，它是前者与它产生的客观决定的相对的对应关系。①

例如，作为战后经济增长的一种结构性现象，通货膨胀是与产生它的社会关系相适应的一种现实。对于社会关系来说，它甚至是一种必要，因为它构成经济形式的一种，由资本产生，允许它踏上一个正常增长的新阶段。同样，信贷的新模式和机制、国家干预主义以及规范工资关系的制度和实践，都对战后积累的动力产生了决定性影响。资本主义生产的一般规律、资本作为时间的组织，并没有被作为内在于当下运行的"调节模式"中的这些变化所消除。另一方面，中央计划是一种消除资本一般规律的现象，并且在最后的分析中不是一种特殊的资本主义经济形式。

作为一种"理念"的资本，是时间的逻辑组织——遵从它自身内在的标准——和历史时间的一致。这种一致是紧张和冲突的永恒关系，是时而隐藏时而明显的矛盾关系。危机，尤其是结构性危机，是敌对势力之间的暴力冲突时刻。它们打开了各种可能性，其中便是资本的"主观方面"

———————————
① 这个讨论借鉴了弗莱施曼（Fleischmann）1968 年的第十一章。

和"客观方面"的新"和平"。这就是为什么资本主义是一个连贯的决定体系,同时也开放、充满活力和流动性。我们刚刚谈及的"和平",是最终能被称之为"调节"①的东西。

阿尔都塞主义者的优点之一是在马克思的著作,尤其是《资本论》中寻找适合它的概念性结构的资本主义生产的一般规律。然而通过审查结构的矛盾,他们以一种非历史的和静态的资本主义观而告终。

调节学派的优点之一是重新引入矛盾,因此将历史引入到资本主义生产方式(the capitalist mode of production)的分析之中。然而通过强调变化的东西,它趋向于忽略仍然保留的东西。更具体地说,价值/资本与调节模式之间的关系受到很大不确定性的影响,并且越来越模糊,与马克思之间的关系也越来越远。当然,并非所有的调节学家都如此(利比兹便是最显著的反例)。这种歧义出现在"调节模式"和"积累制度"②的每一个定义中。

由于我们在这里不能更加冗长地考察这些调节学者提出的中介概念,因此我们将局限在波耶尔《调节理论:批判性分析》(Regulation Theory : A Critical Analysis)的简短而批判性的评论上。

波耶尔对马克思的批判没有问题:

一方面,确定生产关系与特定阶段生产力之间的严格对应关系,是毫无疑问的。另一方面,经济结构与司法和政治上层建筑之间的二元对立,不是鼓励而是阻碍了社会分析,从而阻碍了从来自于依据经济和物质力量形态的最新实例的规定性中实现对自身的解释。③

---

① 关于认识这种变化的"静止"的困难,已经出现在调节学派的第一次分析中。因此,米歇尔·阿利叶特(Michel Aglietta)写道:"社会关系创造历史,因为它们所意味着的敌对状态被转化为永久的形式。因此,我们必须既要在那些永久不变东西的意义上避免使用'再生产'这一术语,又要在社会矛盾运动所产生的结果的意义上。"Aglietta,1976,p. vi."价值""资本"和"不变"难道不是资本主义的元素?难道在它们的运动中不存在任何静止?

② Boyer,1986c,pp. 130 – 135.

③ Boyer,1986c,pp. 42 – 43.

这种批评在我们看来是完全有效的。的确,马克思的一些公式导向了一种机械的和错误视野的社会生活。然而他的理论不是比这些笨拙和错误的公式更加富有成效吗? 这就是我们试图在这部著作中展现的,这里我们就不再重复这一论点。

相比之下,这是不可理解的——对于那些存在问题的调节学者更是如此,他们对马克思的价值理论,也就是资本理论只字未提。但是在他们关于"积累制度"的任何定义中,都存在着"价值"和"资本"这样的术语;[①]概而言之,即便是粗略地阅读这本书,也足以观察到这本书中充斥着"剥削关系""价值""资本增殖""利润"等这样的概念。但是如果人们对于价值规律的问题采取一种不可知论的态度,那么这一系列概念的意义又是什么呢? 它们指向"增殖"吗? 定量地定义利润的规律是什么? "剥削关系"是调节学者所谈论的国民收入和生产核算,还是马克思所认定的呢? 而如果后者并非如同马克思所认定的,那么这些调节学者如何能明确地利用"资本"这样一个出现在马克思那里的概念? 他们如何经由一个概念转换到另一个呢?

波耶尔以及其他更一般调节学者借助马克思著作进行的研究,无疑极大地有助于我们理解当代社会和经济生活。关于危机的整个问题和资本主义的分期问题、长期的动力、通货膨胀、信用和货币、国家和制度形式、不同时间和空间中的资本主义竞争形式与国际经济关系……简而言之,这些不可分割的双重积累制度/调节模式,丰富了当代的经济思想。

遗憾的是,这个学派的主要概念冒着在真空中漂浮的风险,在一定程度上对马克思的引用变得越来越怯懦和遥远。如果它要成为它所是的那样,一个"中介"(intermediary)概念(例如调节中的这个)就使两个"极端"(extremes)的存在成为必需。然而如果价值规律和/或利润率下降的趋势能避免,那么这种极端至少必须被修正和重新定义。仅仅回避它是

---

① Boyer, 1986c, p.46.

不够的。

矛盾的是，似乎对我们来说，在一些结构主义者和调节学者背后，存在一个普遍的潜在的康德哲学前提。这用哲学术语便是思想和"经验"世界之间的二元论，这在经济中便是再生产是资本的一般规律和资本主义历史之间二元论的形式。但是这种二元论并不存在。这个断言需要进行一些澄清。

根据人们思考事物的一般方式，经验世界被认为是概念"运用"的地方；它是大众的场所，而不是思想；它是统一和概念的世界。一方面，存在"经验的世界"，而另一方面，存在"范畴"——这两者只是维持表面和外在的关系。但是正如尤金·弗莱希曼(Eugène Fleischmann)所正确发问的那样："如果不是思想本身，什么能够与思想和经验世界的分裂相关呢？"①

黑格尔如下写道：

> 假如逻辑的理性被看作是形式的，那就显然必须认识到它在本质上也是与内容有关的理性，甚至一切内容毕竟只有通过理性的形式，才能够是理性的。……只有这样，理性才把自己提高到超于有限、有条件、感性的东西之上，……理性在这种否定性中在本质上是充满着内容的，因为它是作为规定了的各端的统一那样的统一；但这样，理性的东西便只有是推论。②

黑格尔破坏了世界的双重视野。离开了经验世界，普遍理性什么也不是；离开了历史的特殊性，它被视为一种形式。离开了前者，后者根本

---

① Fleischmann, 1964, p. 278.
② Hegel, 1989, pp. 664–665. 中文参见［德］黑格尔：《逻辑学》（下卷），杨一之译，商务印书馆，2009 年，第 341～342 页。——译者注

什么也不是。思想和经验世界、纯概念的世界和历史世界之间不存在分离关系。取而代之的是相互借鉴、矛盾（和动态）统一，这就是推论中"个别"作为一种相对永恒和相对持久的整理（codification）。

尤金·弗莱希曼写道：

> 理性正是由"个别"统一起来的思想的普遍性和事物的特殊性的世界的辩证统一的表达，这就是人类的自由意志……在一定程度上，经验历史的现实是特殊的，概念辩证法也越来越多地出现在差异化和特殊化方面……这并未阻止它成为这种同样的普遍概念的辩证法，这是理性，世界按照自身且依靠自身自由地运动。逻辑和历史因此在本质上被联系在一起，因为历史以其特殊性提供了概念，而思想的普遍性则来自于逻辑，从而给予历史以意识、自由。①

对这部分来说，我们当然不处理这样复杂的关系（理性/历史/自由），而是一个更为简单却逻辑上相似的问题，即抽象－资本之间的关系，它的特殊历史阶段和它们的矛盾统一，这是资本与自身达成的暂时性妥协。

我们在数次机会上可以对经济基础和法律－政治上层建筑进行批判。这些概念过多承载了马克思主义任何简化和庸俗化的有用解释。但这两个概念本身就不那么教条主义。有一系列的规定性形成了一个系统，它的抽象和普遍性的"方面"是一种"内在的目的"，一种"盲目的理性"，一种脱离了人的意识控制的自主的社会关系。这是价值或资本的抽象和普遍的"方面"。只有当它体现在"外部"世界时，这种内在的目的才自然地存在；它出现在多少有点多变和流动的现象的法律－政治世界——一个世界的实践、规律和习惯在空间和时间中不断改变，这就是它

---

① Fleischmann, 1964, p. 279.

的特殊性。经济的"经验"世界,包含它的法律－制度和政治维度,并不与马克思称之为"资本"的这种内在的目的相疏远。它是资本本身。更具体说,它是它的某一"方面",概念在其特殊形式上。因此,历史性变化可以作为起点趋近于资本本身。它处于资本之内,在一个由于自身矛盾而必然处于运动中的系统的规定性之内。

正如我们已经指出的,我们这里处理的概念性整体是一种遵循自身内在标准的社会时间的组织。这些标准不可能以任何"形式"实现,但它们表现的"形式"随着时间和空间的变化而变化。

这个系统普遍和特殊"方面"之间的相对规范化和稳定的关系——在更长或更短的阶段内有效,资本以终结自身所生产的内容而实现的和平——(为什么不?)是称之为"调节"的东西。因此,后者应该在特定的历史时期内通过它们更完整的表述标明资本主义"一般规律"的对应关系。以这种方式定义的调节将会是一个中介概念,使我们能理解它们关系之中的极端。

如果经济学家采用黑格尔的观点,那么在考察作为一种普遍的概念性整体和资本主义特殊阶段之间关系时,他将非常轻松。《资本论》的抽象逻辑将不会空洞地漂浮在非历史的"结构"中。历史阶段的特殊性将不会把模糊的影子投射到整个生产模式基本的逻辑特征上。在"普遍主义"和"特殊主义"之间,反对它们两者普遍的二元论,可以给予普遍和特殊的互惠借鉴以优先权,以便统一"逻辑"和历史。

黑格尔写道:"一切事物并不是在时间中产生和消逝的,反之,时间本身就是这种变易,即产生和消逝,就是现实存在着的抽象,就是产生一切并摧毁自己的产物的克洛诺斯。"[①]当时间以这种方式被定义时,它就变成了概念,有限的和短暂的现实的生产,它们的否定和毁灭,以及对这一

---

① Hegel,1970j,p. 230;Hegel,1970f,p. 49. 中文参见[德]黑格尔:《自然哲学》,梁志学等译,商务印书馆,1980 年,49 页。——译者注

否定的否定。① 时间是这些现实的暂时性，并且它也变成了非暂时性，或者如果我们愿意，它变成一个过程，而非过程本身。在马克思那里，资本是一种现存的关系（主体），它既考虑客体，又发现它自身成为自身的客体。它是时间的逻辑的和历史的组织。资本是历史的逻辑和一种逻辑的具体历史：资本主义的经济时间。

24.1 附录

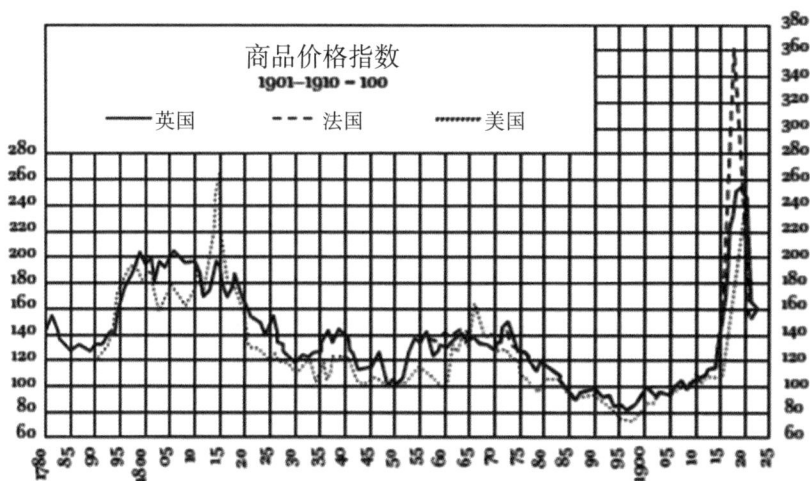

Source: Kondratieff 1926, p. 579.

图 1　价格的长期波动

---

① 在黑格尔那里，否定的否定并不产生"积极"的事情。例如，个别或特殊是否定的否定，但本身也是一种"无限的消极"。这个概念（时间，绝对形式）是"不"——如同马尔库塞（Marcuse）所指出的那样，总结现实并且决定现实。测量的辩证法将它们自身很好地贡献给明显地呈现这种形势的任务：度量在底层被"否定"，而底层在本质上被否定。然而正如我们所看到的，后者是一个"明显消极"的概念。

表 1　国际贸易的波动

	年	百分比
世界贸易的年复合增长率 （不变价格）	1820—1840	2.7
	1841—1870	5.5
	1871—1890	2.2
	1891—1913	3.7
	1914—1937	0.4
	1938—1967	4.8

资料来源：Mandel,1980,p.3.

表 2　工业化生产的波动

	年	百分比
英国工业产量的年复合增长率	1827—1847	3.2
	1848—1875	4.55[a]
	1876—1893	1.2
	1894—1913	2.2
	1914—1938	2.0
	1939—1967	3.0
德国工业产量的年复合增长率 （1945 年以后：联邦德国）	1850—1874	4.5
	1875—1892	2.5
	1893—1913	4.3
	1914—1935	2.2
	1936—1967	3.9
美国工业产量的年复合增长率	1849—1873	5.4
	1874—1893	4.9
	1894—1913	5.9
	1914—1938	2.0
	1939—1967	5.2

　　a 曼德尔注意到这个数字是有争议的,参见 Van Duijn 资料来源,1979。曼德尔认为 Van Duijn 似乎是正确的。

　　资料来源：Mandel,1980,p.3。

表3　部分工业国家的实际和年度 GDP 增长百分比

	1963—1973 年	1974—1980 年	1981—1989 年
美国	3.9	2.1	2.7
西德	4.4	2.2	2.0
法国	5.5	2.8	1.9
英国	3.2	2.8	2.6
意大利	5.3	2.8	2.1
日本	9.9	3.8	4.7

资料来源:Gélédan,1990,pp. 333 – 338。

表4　扩张的月份与收缩的月份的比率

	美国	英国	德国
1848—1873 年的扩张性长波	1.80	2.71	1.61
萧条性长波	0.86	0.76	0.79
扩张性长波	1.14	1.62	1.33
萧条性长波	0.67	1.36	1.82

资料来源:Mandel,1980,p. 29。

　　下图与格哈德·门施的略有不同。我们将门施用来指示 1840 年的点移走了(我们的标记为 A),因为其它的点间隔十年,指示 1745、1755、1765 年等。同样对我们来说,门施省去了结尾的第十五个十年,也即 1895 年(我们标记为 B)。

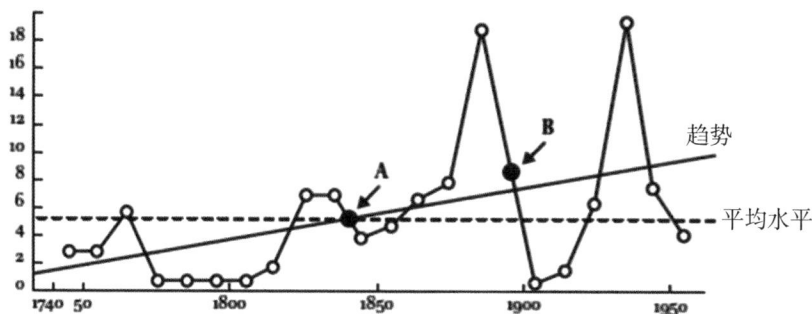

Source: Mensch 1975, p. 142.

图2　重大创新和长期低迷的频率

表5　长周期和分期

	资本主义的形式/形式	相关的长周期
阶段 I	竞争资本主义 不受市场的调节 通过: —利润的机制 —经典危机扮演的角色	周期 I :1789/93—1849/50 周期 II ,阶段 A:1850—1873
阶段 II	垄断资本主义的出现 1. 在"大萧条"和寡头垄断的市场结构中创造巨大的公司,但却仍坚持市场调节。 2. 以其模糊性进行的长期扩张标志着工业集中的继续,以及系统对相对剩余价值的追求。生产秩序的发展仍然是不完整的。 3. 在长期萧条时期,大危机标志着大规模生产与盈余的增加、工资停滞不前、有效需求不足(考虑到劳动力的增加)的矛盾,市场调节已经过时。工业集中加剧。	周期 II ,阶段 B:1873—1895 周期 III ,阶段 A:1895—1919 周期 III ,阶段 B:1919—1939/45
阶段 III	"完成了"的垄断资本主义受制于垄断(福特主义)和国家(凯恩斯主义)的调节,带来一个以前所未有的节奏进行长期和规律性扩张的阶段。	周期 IV ,阶段 A:1940/45— 1968/73
阶段 IV	垄断资本主义世界于具有跨国的垄断资本主义阶段的长周期收缩期间出现,以垄断和政府调节的放松为标志。	周期 IV ,阶段 B:1968/73……

结　语

　　作为一种完成和开放整体出现的资本，被一种来自"灵魂"（soul）内部的东西激励着。它是一个建立在普遍异化基础上的暂时性和周期性的自主组织。社会时间不再与个人及他的真实需要有任何直接的关系。资本是一种鲜活的社会关系，它被赋予自身的意志，以便能根据它自身内在的标准来组织人类生活：

　　　　在必要劳动时间之外，为整个社会和社会的每个成员创造大量可以自由支配的时间（即为个人生产力的充分发展，也为社会生产力的充分发展创造广阔余地），这样创造的非劳动时间，从资本的立场来看，和过去的一切阶段一样，表现为少数人的非劳动时间、自由时间。资本还添加了这样一点：它采用技艺和科学的一切手段，来增加群众的剩余劳动时间，因为它的财富直接在于占有剩余劳动时间；因为它的直接目的是价值，而不是使用价值。

　　　　于是，资本就违背自己的意志，成了为社会可以自由支配的时间创造条件的工具，使整个社会的劳动时间缩减到不断下降的最低限度，从而为全体社会成员本身的发展腾出时间。但是，资本的趋势始终是：一方面创造可以自由支配的时间，另一方面把这些可以自由支配的时间变为剩余劳动。如果它在第一个方面太成功了，那么，它就要吃到生产过剩的苦头,这时必要劳动就会中断,因为资本无法实现剩余劳动。①

这篇 150 多年前的文章,从未像在今天这样意义重大。不是在 1858 年,而是在 1988 年,安德列·高兹(André Gorz)在当下危机的语境中完全正确地写下下述话语:

> 因此,我们生活在这样一个社会体系内:它既不知道如何分配,也不知道如何控制,更不知道如何使用自由时间。这个体系害怕自身的发展却又尽其所能加速其发展,而在结束时却为自身找不到任何目的,除了那些试图通过任何手段将它转化为现金——例如,货币化、转化为就业、保存在迄今为止最专业化的市场服务的形式,包含那些为能满足它的意义的自由和自主活动。②

贯穿整个研究,我们在没有详细讨论的情况下强调了马克思的方法。这是因为方法是不能公然宣布的。它能被运用。无论在马克思抑或在黑格尔那里,方法都不是一种理论,而更像是一种理论的实践,以至于方法的理念源于它之前的内容。

资本主义社会的财富有望成为“商品的大量积累”。起点是基本形式是商品的无差别的整体。每一位经济学家都理所当然地对这种形式产生了兴趣。虽然有些人发现了它的个案中的一些琐事[尤其是,“红冬小

---

① 《马克思恩格斯全集》(第三十一卷),人民出版社,1998 年,第 103~104 页。
② Gorz,1988,p.21.

麦 2 号"(red winter wheat n. 2)〕，①马克思发现了整个世界。这种商品并不是一种和其他一样的东西。更确切地说，"它却是一种很古怪的东西，充满形而上学的微妙和神学的怪诞"②。

首先，对一种东西而言，这种商品似乎占有一种相当罕见的品质，即语言。因此，它开始与货币进行批判性和自我批判性的对话。但是语言的形式，使得这种最初无组织的整体通过内部差异化的方法发展。资本的逻辑范畴来源于这种发展。它们被逐渐组织和建构进一个体系。"思考"并未在"经验"现实——这种直接的具体中发现它的范畴，却常常在它们之中发现它们的名字：货币、商业资本、利润等。这是概念自我发展的个例吗？是的，如果说这是什么意思，那就是资本主义理性的自我发展。因为这种存在问题的概念并非马克思的思想，而是一种普遍性质的社会理性。思想不可能创造出剩余价值，而商业资本也不可能诞生于简单的循环。这些规定同时已经存在于经济现实，或者如果我们愿意，存在于"客观精神"③，也即资本中。理论思想并未创造这个经济世界；更确切地说，它创造或发现了那个世界的逻辑规定性。没有理由从一个"推论"出另一个，却有必要根据链接和关系的顺序使这些概念关联起来。黑格尔根本没有从"是"(Being)中"推论"出"存在"(Essence)。"存在"在两千多年前就已经呈现在哲学思想中了。更确切地说，他证明了是－存在－概念之间的顺序既不是偶然的也不是无关的，而是在事实上符合逻辑

---

① 杰拉德·德布鲁注意到："现在可以用一些例子来介绍商品的概念。最简单的是像小麦这样一个经济的商品，我们将详细地考察它。有许多种小麦，要完全定义一个特别好的小麦，必须描述一个人正在谈论的小麦，特别是它的质量，例如，红冬小麦 2 号。更重要的，立即可用的和一周时间内可用的小麦对于需要使用它们的面粉厂来说扮演着完全不同的角色。因此，在特定日期的好和随后时间的好是完全不同的经济对象，而规定日期对这种好来说是必不可少的。最后，明尼阿波利斯(Minneapolis)和芝加哥(Chicago)所能够提供的小麦，对于需要使用它们的面粉厂来说，也同样扮演着完全不同的角色。"人们还能够规定其它细节吗？

② 《马克思恩格斯全集》(第四十四卷)，人民出版社，2001 年，第 88 页。

③ 在黑格尔那里，"精神"这一术语并不是一个理论概念，而是希腊"常识"这一术语的翻译。

和有必要的。

商品的价值不是由时间衡量的"劳动"，而是一种遵循自身内在逻辑的时间的具体组织。更重要的是，马克思的方法正是在这一点上与所有量化的形式主义截然不同。马克思在经济现实中寻找它的逻辑，而后者无论是昨天的抑或是今天的都并未被简化为有关数量的有限语言。由于这一初衷，《资本论》的逻辑并未疏离于现实的分类和类别结构。"分类学"并不能消除主观的任意性。正是这种任意性，猛烈地贴近现实才发现它们自身，结果是被它们名字的这种静止人为地阻挡了。

"任何经济都是一种时间的经济。"这就是为什么资本的逻辑是一种具体的时间组织的逻辑。从劳动时间——它的形式是价值——开始，我们看到，价值概念拥有批判它所经历的实体的可悲的特权。简单循环否定自身，否定是一种错误，错误是片面的真理，真理是错误的清除。因此，价值或资本将它自身的矛盾转移到它的概念运动和历史进化的驱动力中。

矛盾或错误，并不总是同样性质的。例如，社会必要劳动时间的矛盾是一种资本主义生产的"错误"，生产过剩的危机也是如此。它是一种必须以这样的方式来断言的非均衡经济的真正矛盾。简单循环或商业资本①的矛盾本质上是不同的。如果它不是一个虚假的矛盾，那是因为表象是资本主义现实的一个方面和一种产物。但是如果它被确认为这样，那么表象只能在逻辑表象中找到一个适当的位置。在资本循环中，简单循环出现了"逆转的迹象"。资本不仅能消除和保存它，而且还能记住它表面上的"积极"，它（部分地）欠它的，不是它的可理解性，而是它所固有的虚幻形式的可理解性。因此，对表象形式和逻辑表象的批判并非两种平行的话语，而是交织在一起的同一话语的两个维度。因此，一方面是规

---

① 我们指的是出现在《资本论》第一卷中被分成资本流通和商业资本来分别进行考察的简单流通。

定历史性变化的矛盾,而另一方面是表象的概念运动,它们并非属于同一性质。

价值所经历的不同阶段在时间上并不以一个序列而存在。高利贷资本在历史中先于工业资本,却逻辑地跟随它,因为高利贷资本将自身的可理解性归于工业资本。生产价格是否历史地跟随价值,便无足轻重了。重要的是,它们逻辑地跟随它。

这就是为什么概念性运动必然是周期性的:如果资本是逻辑的建构,并且如果这种逻辑的建构在清除错误的运动中证明自身,那么它回到起点便是很自然的,在其中包含它已经经历的阶段。简单地说,《资本论》前两卷中的"价值"并没有被生产价格所抵消,它没有任何初始的"假设"。如果它不毁灭自身,它就会在生产价格是其一部分的关系体系中找到一种具体的表达,这是因为它"召回"了它的运动阶段。因此,最后或完成,只能是这种虽然被认为是不动的运动。

作为一种普遍性的最初无差别的整体,通过内部的差异而发展,但是后者可能产生新的内部差异等。因此,《资本论》中正在展开的逻辑以一种内化新知识而不破坏其一致性的显著能力为特征。没有任何错误不包含真理的元素,不管它有多么微不足道。显然,非均衡经济的有效概念——"动力""生命"——不能用数学术语表达,但马克思会欢迎数学知识的发展,并且将会在《资本论》中为它找到一个合适的位置(数学越来越趋向于处理质量,而不仅仅是数量,这一点更重要)。①

《资本论》在一页的中间被打断了,使得它的读者感到不满意。说它是"完整"的,我们仅仅是观察到:为了批判它的批判者,它的范畴在马克思逝世一个多世纪后被充分地阐释出来。但是《资本论》没有完成,而这并非偶然。马克思的真理是希腊诗人伊萨卡岛(the isle of Ithaca),②是趋

---

① Guibert,1986.
② Cavafy,2009,p.36.

向真理的真实方向。不安是永恒的,好奇心永远不会满足。一旦地标像这样被确定,我们便已经进入了另一海域的未知水域:社会阶级、国家、世界市场。

对马克思而言,这种目的性取向并不仅仅适用于知识领域。消除错误和逐渐趋向于真理的辩证运动同样是一种社会方向。

科技的发展使得"可支配时间"与"剩余劳动时间"之间的矛盾越来越尖锐,并未给资本主义生产方式的发展设置最后的界限:

> 这个矛盾越发展,下述情况就越明显:生产力的增长再也不能被占有他人的剩余劳动所束缚了,工人群众自己应当占有自己的剩余劳动……因为真正的财富就是所有个人的发达的生产力。那时,财富的尺度[Ⅶ—4]决不再是劳动时间,而是可以自由支配的时间。①

但是对谁来说,上面"变得明显"呢?对于理性?对于工人阶级?对于工人阶级所体现的理性?对于一个幼稚时代的模糊而乐观的意识,或者更确切地说,是一个普遍的主体,一个积聚的救世主力量的载体?或同时对于这些?"历史唯物主义"的确是一个比预期更困难的计划,并且历史的"意义"常常是不确定的。无论对于资本主义的未来我们有何种观点,我们都不能放弃对其现状的批判:这将相当于放弃它的解释。也许解释并不能使得世界变得更不适合居住。然而它确实使世界变得更加能被理解,并且已经以这种方式稍微改变了它。

---

① 《马克思恩格斯全集》(第三十一卷),人民出版社,1998 年,第 104 页。

参考文献

1. Aglietta, Michel 1976, Régulation et crises du capitalisme: L'exemple des Etats – Unis, Paris: Calmann – Lévy.

2. ——1986, La fin des devises clés, Paris: La Découverte.

3. Aglietta, Michel and André Orléan 1984, La violence de la monnaie, Paris: Presses Universitaires de France.

4. Althusser, Louis 2010, For Marx, London: Verso.

5. Althusser, Louis and Etienne Balibar 2009, Reading Capital, London: Verso.

6. Amin, Samir 1970, L'Accumulation à l'échelle mondiale, Paris: Anthropos.

7. Amin, Samir, Giovanni Arrighi, André Gunder Frank and Immanuel Wallerstein 1982, La Crise, Quelle Crise?, Paris: Maspero.

8. Amir, Shmuel and Jörg Baumberger 1979, 'On the meaning of equilibrium and disequilibrium in economic systems', Economie appliquée, 2 – 3: 339 – 65.

9. Anderson, Perry 1976, Considerations on Western Marxism, London: Verso.

10. Aristotle 1938, Organon, translated by H. P. Cooke, London: Heine-

mann.

11. ——1989, Nicomachean Ethics, translated by H. Rackham, London: Heinemann.

12. Aron, Raymond 1970, Marxismes imaginaires, Paris: Gallimard.

13. Attali, Jacques 1982, Histoires du temps, Paris: Fayard.

14. Bachelard, Gaston 1963, La dialectique de la durée, Paris: Presses Universitaires de France.

15. ——1985, L'intuition de l'instant, Paris: Denoël.

16. Backhaus, Hans – Georg 1969, 'Zur Dialektik der Wertform', Beiträge zur marxistischen Erkenntnistheorie, Frankfurt am Main: Schmidt.

17. Badiou, Alain 1989, Manifeste pour la philosophie, Paris: Seuil.

18. Balibar, Etienne 1976, Sur la dictature du prolétariat, Paris: Maspero.

19. ——1979, Cinq études du matérialisme historique, Paris: Maspero.

20. ——1991, Ecrits pour Althusser, Paris: La Découverte.

Batra, Ravi 1988, La grande crise de 1990, Paris: First.

21. Bauer, Otto 1912 – 13, 'Die Akkumulation des Kapitals', Neue Zeit.

22. Beaud, Michel 1987, Le système national/ mondial hiérarchisé, Paris: La Découverte.

23. ——1989, L'économie mondiale dans les années quatre – vingts, Paris: La Découverte.

24. Benetti, Carlo and Jean Cartelier 1980, Marchands, salariat et capitalistes, Paris: Maspero.

25. Benjamin, Walter 1999, Illuminations, translated by Harry Zorn, London: Pimlico.

26. Bensaïd, Daniel 1989, Moi, La révolution, Paris: Gallimard.

27. ——1990, Walter Benjamin, Paris: Plon.

28. Bergson, Henri 1948, Essai sur les données immédiates de la conscience, Paris: Presses Universitaires de France.

29. ——1968, Durée et simultanéité, Paris: Presses Universitaires de France.

30. Bidet, Jacques 1985, Que faire du 'Capital'?, Paris: Klincksieck.

31. ——1990, Théorie de la modernité, Paris: Presses Universitaires de France.

32. Billaudot, Bernard, André Gauron and Yves Barou 1985, Croissance et crise, Paris: La Découverte.

33. Bloch, Ernst 1977, Sujet – Objet, Eclaircissement sur Hegel, Paris: Gallimard.

34. ——1985a, Das Prinzip Hoffnung, Frankfurt am Main: Suhrkamp Verlag.

35. ——1985b, Neuzeitliche Philosophie II: Deutscher Idealismus, Die Philosophie des 19 Jahrhunderts, Frankfurt am Main: Suhrkamp Verlag.

36. Boccara, Paul 1974, Etudes sur le capitalism monopoliste d'état: sa crise et son issue, Paris: éditions sociales.

37. ——1980, 'L'analyse des cycles longs audelà de l'empirisme et de la spéculation. L'élaboration théorique', Issues, 8:26 – 54.

38. ——1983, 'Cycles longs, mutation et crise', Issues, 16:5 – 60.

39. Böhm – Bawerk, Eugen von 1959, Positive Theory of Capital, translated by G. D. Huncke, South Holland, IL: Libertarian Press.

40. ——1968, Schriften II, Frankfurt am Main: Verlag Sauer und Auvermann.

41. Bourgeois, Bernard 1969, La pensée politique de Hegel, Paris: Presses Universitaires de France.

42. Boyer, Robert 1979, 'La crise actuelle. Une mise en perspective historique', Critiques de l'Economie Politique, 7 – 8.

43. ——(ed.) 1986a, La flexibilité du travail en Europe, Paris: La Découverte.

44. ——(ed.)1986b, Capitalismes fin de siècle, Paris: Presses Universitaires de France.

45. ——1986c, La théorie de la régulation: une analyse critique, Paris: La Découverte.

46. Boyer, Robert and Benjamin Coriat 1984, 'Marx, la technique et la dynamique longue de l'accumulation du capital', Cepremap, 8414.

47. Boyer, Robert and Jacques Mistral 1978, Accumulation, inflation et crise, Paris: Presses Universitaires de France.

48. Braudel, Fernand 1985, La dynamique du capitalisme, Paris: Flammarion.

49. Bravo, Gian Mario 1979, Les socialistes avant Marx, 3 volumes, Paris: Maspéro.

50. Brémond, Janine 1989, Les économistes néo – classiques, Paris: Hatier.

51. Brohm, Jean – Marie et al. 1986, Marx…ou pas? Réflexions sur un centenaire, Paris: études et documentation Internationales.

52. Broué, Pierre 1988, Trotsky, Paris: Fayard.

53. Brus, Wlodzimierz 1986, Histoire économique de l'Europe de l'Est, Paris: La Découverte.

54. Castoriadis, Cornelius 1978, Les carrefours du labyrinthe, Paris: Seuil.

55. Cavafy, Constanie P. 2009, Collected Poems, revised edition, transla-

ted by E. Keeley and P. Sherrard, Princeton, NJ: Princeton University Press.

56. Chatelet, François 1979, La Philosophie, Verviers: Marabout.

57. Chavance, Bernard 1988, The Soviet Economic System, Pune: Gokhale Institute of Politics and Economics.

58. Clerc, Denis 1983, Déchiffrer l'économie, Paris: Syros.

59. Clerc, Denis, Alain Lipietz and Joel Satre – Buisson 1983, La crise, Paris: Syros.

60. Cohen, Francis 1989, Perestroika 89, Paris: Editions Sociales.

61. Colletti, Lucio 1972, From Rousseau to Lenin, New York, NY: Monthly Review Press.

62. Comte, Auguste 1979, Discours sur l'Esprit Positif, Hamburg, Felix Meiner Verlag.

63. Coriat, Benjamin 1976, Science, technique et capital, Paris: Seuil.

64. ——1979, L'atelier et le chronomètre, Paris: Bourgois.

65. ——1983, La robotique, Paris: La Découverte. Dallemagne, Jean – Luc (ed.)1974, La Logique de Marx, Paris: Presses Universitaires de France.

66. ——1978, L'économie du 'Capital', Paris: Maspéro.

67. Debeir, Jean – Claude, Jean – Paul Deléage and Daniel Hémery 1986, Les servitudes de la puissance, Paris: Flammarion.

68. Debreu, Gérard 1984, Théorie de la valeur, Paris: Dunod.

69. Deleplace, Ghislain 1981, Théories du capitalisme, une introduction, Paris: Maspéro.

70. Denis, Henri 1980a, L' 'Economie' de Marx Histoire d'un échec, Paris: Presses Universitaires de France.

71. ——1980b, Histoire de la pensée économique, Paris: Presses Universitaires de France.

72. ——1984, Logique hégélienne et systems économiques, Paris: Presses Universitaires de France.

73. ——1989, Hegel penseur politique, Lausanne: L'Age d'homme.

74. Destanne de Bernis, Gérard 1983a, 'De quelques questions concernant la théorie des crises', Economies et Sociétés: Cahiers de l'Ismea, série HS, 25: 1277 – 1330.

75. ——1983b, 'Une alternative à l'hypothèse de l'équilibre économique général: la régulation de l'économie capitaliste', Crise et régulation, Grenoble: Presses Universitaires de Grenoble.

76. ——1983c, 'Théorie de la regulation et historique des crises', Crise et régulation, Grenoble: Presses Universitaires de Grenoble.

77. Derrida, Jacques 1994, Specters of Marx: The State of the Debt, the Work of Mourning and the New International, translated by P. Kamuf, London: Routledge.

78. D'Hondt, Jacques (ed.) 1970, Hegel et la pensée moderne, Paris: Presses Universitaires de France.

79. ——1972, De Hegel à Marx, Paris: Presses Universitaires de France.

80. ——(ed.) 1974, La logique de Marx, Paris: Presses Universitaires de France.

81. Dockès, Pierre and Bernard Rosier 1983, Rythmes économiques, Crises et changement social, une perspective historique, Paris: La Découverte.

82. Dognin, Paul – Dominique 1977, Les sentiers escarpés de Karl Marx, 2 volumes, Paris: Cerf.

83. Dostaler, Gilles (ed.) 1985, Un échiquier centenaire, Théorie de la valeur et formation des prix, Paris: La Découverte.

84. Dubarle, Dominique and André Doz 1972, Logique et dialectique,

Paris：Larousse.

85. Duménil，Gerard 1978，Le concept de loiéconomique dans 'le Capital'，Paris：Maspero.

86. ——1980，De la valeur aux prix de production，Paris：Economica.

87. Einstein，Albert，La relativité，Paris：Payot.

88. Engels，Friedrich 1977，Anti – Dühring，Paris：éditions Sociales.

89. Fausto，Ruy 1986，Marx：Logique et politique，Paris：Publisud.

90. Feuerbach，Ludwig 1988，Das Wesen des Christentums，Stuttgart：Reclam.

91. Fichte，Johann Gottlieb 1977，Ausgewählte Politische Schriften，Frankfurt am Main：Suhrkamp Verlag.

92. Fleischmann，Eugène 1964，La philosophie politique de Hegel，Paris：Plon.

93. ——1968，La science universelle ou la logique de Hegel，Paris：Plon.

94. Fleischmann，Jacob 1964，'Objektive und subjektive Logik bei Hegel'，Hegel – Studien，1：45 – 54.

95. Gélédan，Alain 1990，Les mutations de l'économie mondiale 1975 – 1991，Paris：Le Monde éditions.

96. Godelier，Maurice 1983，Rationalité et irrationalité en économie，2 volumes，Paris：Maspéro.

97. Goethe，Johann W. 1964，Faust，Eine Tragödie. Erster und zweiter Teil，München：Goldmann Verlag.

98. ——1977，Schriften zur Naturwissenschaft，Stuttgart：Reclam.

99. Goldmann，Lucien 1959，Le Dieu cache，Paris：Gallimard.

100. ——1970，Marxisme et sciences humaines，Paris：Gallimard.

101. Gorbachev，Mikhail 1987，Perestroika，Paris：Flammarion.

102. Gorz, André 1988, Les metamorphoses du travail. Quête du sens, Paris: Galilée.

103. ——1990, 'Pourquoi la société salariale a besoin de nouveaux valets', Le Monde Diplomatique, 435.

104. Gould, Stephen Jay 1987, Time's Arrow, Time's Cycle, Cambridge, MA: Harvard University Press.

105. Graziani, Giovanni 1982, Comecon, Domination et dépendances, Paris: Maspéro.

106. Grossman, Henryk 1943, 'The Evolutionist Revolt against Classical Economics', The Journal of Political Economy, 51 (5 – 6): 381 – 96, 506 – 22.

107. ——1992, The Law of Accumulation and Breakdown of the Capitalist System, London: Pluto.

108. Guibert, Bernard, 1986, L'ordre marchand, Paris: Cerf.

109. Guitton, Henri 1985, Le sens de la durée, Paris: Calmann – Lévy.

110. Gurvitch, Georges 1962, Dialectique et sociologie, Paris: Flammarion.

111. Habermas, Jürgen 1973a, Erkenntnis und Interesse, Frankfurt am Main: Suhrkamp Verlag.

112. ——1973b, La technique et la science comme idéologie, Paris: Gallimard.

113. ——1979, Raison et légitimité, Paris: Payot.

114. ——1990, Die Moderne – ein unvollendetes Projekt, Leipzig: Reclam.

115. Haussmann, Ricardo and Alain Lipietz 1983, 'Marx et la divergence entre production en valeur et revenus nominaux', Revue d'Economie Poli-

tique,2:270 - 300.

116. Hegel, Georg Wilhelm Friedrich 1969a, Wissenschaft der Logik 1 Werke 5, Frankfurt am Main:Suhrkamp Verlag.

117. ——1969b, Wissenschaft der Logik 2 Werke 6, Frankfurt am Main: Suhrkamp Verlag.

118. ——1970a, La théorie de la mesure, translated by André Doz, Paris:Presses Universitaires de France.

119. ——1970b Phänomenologie des Geistes Werke 3, Frankfurt am Main:Suhrkamp Verlag.

120. ——1970c, Nürnberger und Heidelberger Schriften 1808 - 1817 Werke 4, Frankfurt am Main:Suhrkamp Verlag.

121. ——1970d, Grundlinien der Philosophie des Rechts Werke 7, Frankfurt am Main:Suhrkamp Verlag.

122. ——1970e, Enzyklopädie der Philosophischen Wissenschaften im Grundrisse 1830 Wissenschaften der Logik I Werke 8, Frankfurt am Main:Suhrkamp Verlag.

123. ——1970f, Enzyklopädie der Philosophischen Wissenschaften im Grundrisse 1830 Die Naturphilosophie II Werke 9, Frankfurt am Main:Suhrkamp Verlag.

124. ——1970g, Enzyklopädie der Philosophischen Wissenschaften im Grundrisse 1830 Die Philosophie des Geistes III Werke 9, Frankfurt am Main: Suhrkamp Verlag.

125. ——1970i, Vorlesungen über die Ästhetik I Werke 13, Frankfurt am Main:Suhrkamp Verlag.

126. ——1970j The Philosophy of Nature, translated by M. J. Petry, London:Allen Unwin.

127. ——1971a, Vorlesungen über die Philosophie der Geschichte I Werke 18, Frankfurt am Main: Suhrkamp Verlag.

128. ——1971b, Vorlesungen über die Philosophie der Geschichte II Werke 19, Frankfurt am Main: Suhrkamp Verlag.

129. ——1971c, Vorlesungen über die Philosophie der Geschichte III Werke 20, Frankfurt am Main: Suhrkamp Verlag.

130. ——1977, The Phenomenology of Spirit, translated by A. V. Miller, Oxford: Oxford University Press.

131. ——1986, Phaenomenologie des Geistes Werke 3, Frankfurt am Main: Suhrkamp Verlag.

132. ——1989, Science of Logic, translated by A. V. Miller, New York, NY: Humanities Press International.

133. ——1991a, Elements of the Philosophy of Right, translated by H. B. Nisbet, Cambridge: Cambridge University Press.

134. ——1991b, The Encyclopaedia Logic, translated by T. F. Geraets, W. A. Suchting and H. S. Harris, Cambridge: Hackett Publishing Company.

135. ——1995a, Lectures on the History of Philosophy volume 2, translated by E. S.

136. Haldane and F. H. Simson, London: University of Nebraska Press.

137. ——1995b, Lectures on the History of Philosophy volume 3, translated by E. S. Haldane and F. H. Simson, London: University of Nebraska Press.

138. Heller, Agnes 1978, La théorie des besoins chez Marx, Paris: Union générale d'éditions.

139. Heller, Agnes and Ferenc Feher 1981, Marxisme et démocratie, Paris: Maspéro.

140. Hilferding, Rudolf 1968, Das Finanzkapital, Frankfurt am Main: Europäische Verlagsanstalt.

141. Horkheimer, Max 1980, Les débuts de la philosophie bourgeoise de l'histoire, Paris: Payot.

142. ——1981, Traditionelle und kritische Theorie, Frankfurt am Main: Fischer Taschenbuch Verlag.

143. Horkheimer, Max and Theodor Adorno 1984, Dialektik der Aufklärung, Frankfurt am Main: Fischer Taschenbuch Verlag.

144. Hyppolite, Jean 1955, Etudes sur Marx et Hegel, Paris: Librairie Marcel Rivière.

145. Itoh, Makoto 1987, La crise mondiale, Théorie et pratique, Paris: études et documentation internationales.

146. Jevons, Stanley 1923, Die Theorie der Politischen Oekonomie, Jena: Verlag von Gustav Fischer.

147. ——1970, The Theory of Political Economy, London: Pelican Books.

148. Juglar, Clément 1968, Les crises commerciales et leur retour périodique en France, en Angleterre et aux Etats – Unis, Farnborough: Gregg.

149. Kant, Emmanuel 1962, Kritik der reinen Vernuft, Hamburg: Felix Meiner.

150. Keynes, John Maynard 1936, The General Theory of Employment, Interest and Money, London: Macmillan.

151. Kondratieff, Nikolai D. 1926, ' Die Langen Wellen der Konjunktur', Archiv für Sozialwissenschaft und Sozialpolitik, 56(3):573 – 609.

152. Kosik, Karel 1970, La dialectique du concret, Paris: Maspéro.

153. Krahl, Hans – Jürgen 1971 ' Zur Wesenlogik der Marxschen Warenanalyse', Konstitution und Klassenkampf, Frankfurt am Main: Neue Kri-

tik.

154. Labica, Georges 1973, Le Marxisme d'aujourd'hui, Paris: Presses Universitaires de France.

155. ——1976, Le statut marxiste de la philosophie, Brussels: Complexe.

156. Labrousse, Ernest 1976, Histoire économique et sociale de la France, Paris: Presses Universitaires de France.

157. Lefebvre, Henri 1978, De l'Etat tome IV, Paris: Union générale d'éditions.

158. ——1985, Pour connaître Karl Marx, Paris: Bordas.

159. Lefebvre, Jean – Pierre and Pierre Macherey 1984, Hegel et la société, Paris: Presses Universitaires de France.

160. Leithäuser, Gerhard 1986, 'Des flexibilités et pourtant une crise', in La flexibilité du travail en Europe, edited by Robert Boyer, Paris: La Découverte.

161. Lenin, Vladimir Ilyich 1961, Collected Works volume 38, translated by C. Dutt, Moscow: Progress Publishers.

162. ——1978, Sur l'économie, Paris: Union générale d'éditions.

163. ——1979, Karl Marx et sa doctrine, Moscow: Progress Publishers.

164. ——1988, What is to be Done?, London: Penguin.

165. Lipietz, Alain 1980, 'Conflits de repartition et changements techniques dans la théorie marxiste', Economie Appliquée, 33, 2:511 – 39.

166. ——1983, Le monde enchanté, Paris: La Découverte.

167. ——1984, L'audace ou l'enlisement, Paris: La Découverte.

168. ——1985, The Enchanted World: Inflation, Credit and the World Crisis, translated by I. Patterson, London: Verso.

169. ——1987, Mirages and Miracles: The Crisis in Global Fordism,

translated by D. Macey, London: Verso.

170. ——1989, Choisir l'audace, Paris: La Découverte. Löwy, Michael 1979, Marxisme et romantisme révolutionnaire, Paris: Le Sycomore.

171. ——1980, Le marxisme en Amérique Latine de 1909 à nos jours, Paris: Maspéro.

172. ——1986, Paysages de la vérité, Paris: Antropos.

173. ——1988, Rédemption et utopie, Le judaïsme libertaire en Europe centrale, Paris: Presses Universitaires de France.

174. Lukács, Georg 1971, History and Class Consciousness, London: Merlin Press.

175. ——1973, Der junge Hegel, 2 volumes, Frankfurt am Main: Suhrkamp Verlag.

176. Luxemburg, Rosa 2003, The Accumulation of Capital, London: Routledge.

177. Maddison, Angus 1981, Les phases du développement capitaliste, Paris: Economica.

178. Mandel, Ernest 1962, Marxist Economic Theory, translated by B. Pearce, London: Merlin Press.

179. ——1971, The Formation of the Economic Thought of Karl Marx, translated by B. Pearce, New York, NY: Monthly Review Press.

180. ——1980, Long Waves of Capitalist Development, Cambridge: Cambridge University Press.

181. ——1982, La crise 1947 – 1982, Paris: Flammarion.

182. ——1984, Delightful Murder: A Social History of the Crime Story, London: Pluto Press.

183. ——1986, 'La place du marxisme dans l'histoire', Cahiers d'étude

et de recherche, 1.

184. ——1991, Beyond Perestroika: The Future of Gorbachev's USSR, translated by G. Fagan, London: Verso.

185. ——1998, Late Capitalism, translated by J. de Bres, London: Verso.

186. Marcuse, Herbert 1987, Hegel's Ontology and the Theory of Historicity, translated by S. Benhabib, Cambridge, MA: MIT Press.

187. Marx, Karl 1934, Letters to Dr Kugelmann, London: Martin Lawrence.

188. ——1956, The Poverty of Philosophy, London: Lawrence and Wishart.

189. ——1961, Zur Kritik der politischen Ökonomie Werke 13, Berlin: Dietz Verlag.

190. ——1963, Oeuvres Economie Tome 1, Paris: Gallimard.

191. ——1964, Das Kapital Kritik der politischen Ökonomie 3 Werke 25, Berlin: Dietz Verlag.

192. ——1966, Politische Oekonomie Band II, Frankfurt am Main: Fischer Verlag.

193. ——1968, Oeuvres Economie Tome 2, Paris: Gallimard.

194. ——1970, A Contribution to the Critique of Political Economy, translated by S. W. Ryazanskaya, Moscow: Progress Publishers.

195. ——1972, Theories of Surplus – Value Part Ⅲ, translated by E. Burns, London: Lawrence and Wishart.

196. ——1973, Grundrisse: Foundations of the Critique of Political Economy (Rough Draft), translated by M. Nicolaus, Harmondsworth: Penguin Books.

译后记

　　资本是一种运动。时间与空间是物质运动的存在形式。马克思曾指出:"资本一方面要力求摧毁交往即交换的一切地方限制,征服整个地球作为它的市场,另一方面,它又力求用时间去消灭空间,就是说,把商品从一个地方转移到另一个地方所花费的时间缩减到最低限度。"①国外学术界近些年从空间与时间角度对《资本论》进行了研究——美国学者哈维从空间角度对《资本论》进行了研究,斯塔维洛斯·汤巴佐斯的《马克思〈资本论〉中的时间范畴》则从时间层面对《资本论》进行了探析。

　　《马克思〈资本论〉中的时间范畴》英文版书名为 *Time in Marx : The Categories of Time in Marx's Capital*,出版于 2014 年。它最初版本为法文,出版于 1994 年。经过 20 年的沉淀,英语国家将其翻译成英文,表明其具有重要的学术价值。我们是根据该书的英文版翻译的。

　　近年来,我国翻译出版了一些《资本论》研究方面的著作和论文。我在组织翻译本书过程中,还负责翻译英戈·施密特和卡洛·法内利主编的《〈资本论〉的当代解读》一书(由中国人民大学出版社出版)。与其他著作相比,本书的翻译难度是比较大的:除了本书的内容具有极强的思辨性以外,它还大量引用了马克思和恩格斯的著作。我们在翻译过程中,将本书引用马克思和恩格斯的话,在《马克思恩格斯选集》《马克思恩格斯

---

① 《马克思恩格斯文集》(第八卷),人民出版社,2009 年,第 169 页。

文集》《马克思恩格斯全集》中对应找到。同时,为了更好地翻译本书,我们还学习了黑格尔的《逻辑学》《精神现象学》《小逻辑》《法哲学原理》《自然哲学》《哲学科学全书纲要》等著作。尽管我们对黑格尔的辩证法和其他方面的思想仍然一知半解,但是我们深切地体会到学习和了解黑格尔的这些著作对于理解本书作者的思想,规范和延续已有的学术语言是至关重要的。为了使我国的研究者能够更好地理解和评价本书的思想,我们努力学习和把握黑格尔的哲学思想,将能够找到涉及黑格尔著作的大多数引文的中文版也标注出来。

本书在内容上涉及一个重要的主题就是马克思与黑格尔思想的关系。这是西方学术界长期研究的重要问题,有不同的学术观点,甚至存在截然对立的看法。2006 年,美国学者诺曼·莱文出版了《分裂的路径》(Divergent Paths)一书,考察了马克思和黑格尔之间关系,并将学术界对于两者之间的关系的看法分为两派:"断裂派"和"连续派"。莱文本人将自己定位于"连续派",并在 2009 年《马克思中的黑格尔连续性》(Hegelian Continuities in Marx)一文中认为"任何对黑格尔和马克思之间连续性的评价都必须分为两部分:思辨哲学和方法论"。他在该文中还指出,马克思在 1836—1850 年间从黑格尔是一个思辨的唯心主义者出发解读黑格尔,导致了马克思对黑格尔的误解,特别是对法哲学的误解,但马克思对黑格尔哲学的错误评价并不意味着他否定了黑格尔的方法论。

总体上看,西方学者对于马克思和黑格尔思想之间的关系存在两类不同的观点:一是认为马克思和黑格尔思想之间存在着密切联系,马克思是黑格尔主义者;一是认为马克思主义是排斥黑格尔辩证法的,主张将黑格尔思想从马克思主义中清除出去。就前者而言,存在两种极端的观点:一是将马克思"黑格尔化",一是将黑格尔"马克思化"。从卢卡奇到当代的肖恩·塞耶斯等都多少带有将马克思"黑格尔化"这种倾向。卢卡奇也正因为如此,才有他晚年的"反思"。卢卡奇也被视为黑格尔派马克思主义的代表人物。肖恩·塞耶斯在 2011 年出版的《马克思与异化——关于黑格尔主题的论文集》(*Marx & Alienation – Essays on Hegelian Themes*)中说"黑格尔哲学是正确理解马克思的关键"。另一些研究马克思的西方学者则将黑格尔"马克思化"。马尔库塞说,黑格尔研究经济和社会事务的方法是唯物主义的。汤姆·洛克曼在《马克思主义之后的马克思——卡尔·马克思的哲学》中认为:"黑格尔不仅对当时的事件非常了解,而且对当时经济学理论的现状也很有见地。在整个一生当中,他对任何有关现实社会状况和政治生活有关的事情都感兴趣",所以"马克思主义者不断努力使唯物主义和唯心主义对立、使马克思和黑格尔对立,就是根本错误的"。

坚持其所理解的马克思主义、排斥黑格尔辩证法的代表性学者是阿尔都塞及其后来的一些法国学者。阿尔都塞是结构主义马克思主义的代表人物。他认为,马克思思想存在着"认识论断裂",在早期马克思还受到黑格尔思想的影响,而这恰恰是他思想不成熟的表征。成熟的马克思则坚持更科学的理解社会的方法。众所周知,马克思批判地吸引了黑格尔的辩证法。他正是运用唯物辩证法科学分析了资本主义社会的历史趋势和无产阶级的历史使命。因此,批判马克思的辩证法成为坚持马克思和黑格尔之间思想对立的另一种表现。西方"分析的马克思主义"的一些学者就是这方面的突出代表。埃尔斯特在《理解马克思》中说:"当马克思明确地指向了辩证法的时候,通常用的是这些一般的甚至是枯燥的语词,这很难看出它对更详尽的分析有什么意蕴。尽管他一再倾向于表明黑格尔辩证法的合理内核,但他从未花时间和精力去这样做。"本书的作者批判过阿尔都塞寻求"将马克思从黑格尔的遗产中解放出来"的看法。他在本书中则主要批判继承阿尔都塞衣钵的比岱的观点。

就《资本论》和黑格尔的辩证法来说,马克思本人在《资本论》第二版跋中指出:"我公开承认我是这位大思想家的学生,并且在关于价值理论的一章中,有些地方我甚至卖弄起黑格尔特有的表达方式。"马克思在《资本论》中多次引用黑格尔的著作并给予积极的评价,如"在这里,也像在自然科学上一样,证明了黑格尔在他的《逻辑学》中所发现的下列规律的正确性,即单纯的量的变化到一定点时就转变为质的区别","旧贵族的思想,如黑格尔正确地指出的,是主张'消费现存的东西'"等。马克思在《资本论》中批判地运用了黑格尔的辩证法,甚至主张马克思主义排斥黑格尔的辩证法的阿尔都塞也认为《资本论》带有黑格尔的辩证法的遗迹,只有到马克思更晚一些的著作如《哥达纲领批判》等才彻底清除了这种遗迹。

列宁曾指出:"不钻研和不理解黑格尔的全部逻辑学,就不能完全理解马克思的《资本论》。"马克思的经济学研究计划有一个从"五篇"计划、"六册"计划到"四卷"计划嬗变的过程,这与马克思对于黑格尔的辩证法的理解不无关系。马克思正值写作《资本论》手稿时期,在 1858 年 1 月 14 日致恩格斯的通信中说:"我又把黑格尔的《逻辑学》浏览了一遍,这在材料加工的方法上帮了我很大的忙。"有的西方学者认为马克思在不同时期吸收和运用了黑格尔不同的著作。2005 年,美国学者诺曼·莱文在《马克思对黑格尔的第一次利用》(*Marx's First Appropriation of Hegel*)一文中认为马克思与黑格尔的关系分为两个时期:第一个时期从 1839 年到 1847 年,也就是从马克思对他的博士论文《论德谟克利特哲学和伊壁鸠鲁自然哲学之间的差别》的研究开始,到出版《哲学的贫困》;第二个时期从 1857—1858 年写作经济学手稿开始。马克思在第一个时期"利用"了黑格尔的《精神现象学》和《法哲学》,第二个时期则是黑格尔的《逻辑学》。在这里,我们对莱文的观点不作过多的评论,但至少可以看到西方学者认同马克思的《资本论》运用了黑格尔的逻辑学。

但是"理解黑格尔的全部逻辑学"和"理解马克思的《资本论》"并不是容易的事情,况且还有以马克思主义理论和方法为指导,将两者结合起来进行深入研究的问题。做到这些的前提是既要阅读和理解黑格尔的逻辑学著作,也要深入研究马克思的《资本论》。西方一些学者很难做到这两点。仅仅就马克思的著作来说,英国学者梅格纳德·德赛在《马克思的复仇:资本主义的复苏和苏联集权社会主义的灭亡》中曾不无尖刻地指出:"所有那些嘲弄甚或是崇拜马克思的人们,究竟读过他多少著作呢?"因此,在一定程度上说,学术界长期以来将上述经典论述特别是列宁的看法,更多地视为一种口号,很少有研究者真正将黑格尔的逻辑学与《资本论》结合起来进行深入研究。本书的重要学术价值在于在这方面作了一些尝试。汤巴佐斯在本书中强调流通过程的重要性,即"经济范畴中的第一个整体",将价值看作一个过程,认为资本是一个时间的概念性组织。所以他紧扣时间这个范畴,对《资本论》三卷分别进行了探索:第一卷围绕"生产时间",它是线性的、均匀的和可测量的;第二卷围绕"流通时间",涉及资本循环和周转时间,具有周期性和重复性;第三卷则围绕汤巴佐斯特别称之为资本的"有机时间",它是生产时间和流通时间的统一。当然,汤巴佐斯也存在着一些不正确的地方:强调资本主义流通而相对忽视资本主义生产,这在《资本论》研究中体现为重视第二卷而相对忽视第一卷;马克思在《资本论》中运用历史与逻辑相统一的方法研究资本主义,而汤巴佐斯认为《资本论》(特别是第一卷的第一篇)的困难恰恰在于逻辑和历史的同时存在,并将马克思对资本主义的历史分析降为次要地位。

本书是由我和孙炳炎同志合作翻译的。我翻译了英文版导言、序言、法文版后记、导言、第一部分及第二部分第一篇。孙炳炎翻译了第二部分第二篇、第三部分以及结语。我在 2015 年就接受委托,翻译本书,到最终定稿,历时 6 年左右。孙炳炎同志也由一名中国人民大学马克思主义学院博士生成长为南开大学马克思主义学院副教授。他理论基础扎实,特别令人佩服的是他认真做事的态度和对学术研究的执着精神。本书的责任编辑郑玥老师,认真敬业,对书稿提出很多极富专业水平的修改意见。在此,向孙炳炎同志和郑玥老师表示感谢。

我们在翻译过程中与本书的作者斯塔维洛斯·汤巴佐斯先生取得了联系。我们与汤巴佐斯先生在邮件中探讨本书所涉及的一些重要概念和理论问题,克服了翻译中的许多障碍。在此,我们也向汤巴佐斯先生表示感谢。

由于我们理论水平和翻译水平有限,本书肯定有许多翻译上的纰漏,敬请读者提出宝贵意见。

郑吉伟

于中国人民大学人文楼